A-Z WIG...

GW01548688

Key to Map Pages	2-3
Map Pages	4-63
Large Scale Town Centre	64

Index...
Villa...
and s...

REFERENCE

Motorway	M6
A Road	A577
B Road	B5375
Dual Carriageway	
One-way Street Traffic flow on A Roads is also indicated by a heavy line on the driver's left.	
Road Under Construction Opening dates are correct at the time of publication.	
Proposed Road	
Restricted Access	
Pedestrianized Road	
Track / Footpath	
Residential Walkway	
Railway	Station, Level Crossing, Tunnel
Built-up Area	PEEL LA
Local Authority Boundary	
Post Town Boundary	
Postcode Boundary (Within Post Town)	
Map Continuation	8, Large Scale Town Centre 64

Car Park (selected)	P
Church or Chapel	†
Cycleway (selected)	
Fire Station	■
Hospital	H
House Numbers (A & B Roads only)	213 8
Information Centre	i
National Grid Reference	³60
Park and Ride	East Bond St. P+R
Police Station	▲
Post Office	★
Safety Camera with Speed Limit Fixed cameras and long term road works cameras. Symbols do not indicate camera direction.	30
Toilet: without facilities for the Disabled with facilities for the Disabled	▽ ▽
Viewpoint	☀
Educational Establishment	
Hospital or Healthcare Building	
Industrial Building	
Leisure or Recreational Facility	
Place of Interest	
Public Building	
Shopping Centre or Market	
Other Selected Buildings	

SCALE

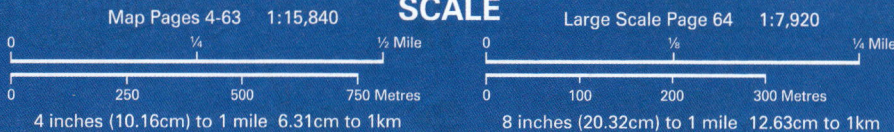

Map Pages 4-63 1:15,840 ¼ ½ Mile
0 250 500 750 Metres
4 inches (10.16cm) to 1 mile 6.31cm to 1km

Large Scale Page 64 1:7,920 ⅛ ¼ Mile
0 100 200 300 Metres
8 inches (20.32cm) to 1 mile 12.63cm to 1km

A-Z AZ AtoZ
registered trade marks of Geographers' A-Z Map Company Ltd.

www.az.co.uk

EDITION 6 2016
Copyright © Geographers' A-Z Map Co. Ltd.
Telephone: 01732 781000 (Enquiries & Trade Sales)
01732 783422 (Retail Sales)

© Crown copyright and database rights 2016 OS 100017302.

Safety camera information supplied by www.PocketGPSWorld.com.
Speed Camera Location Database Copyright 2016 © PocketGPSWorld.com

Every possible care has been taken to ensure that, to the best of our knowledge, the information contained in this atlas is accurate at the date of publication. However, we cannot warrant that our work is entirely error free and whilst we would be grateful to learn of any inaccuracies, we do not accept responsibility for loss or damage resulting from reliance on information contained within this publication.

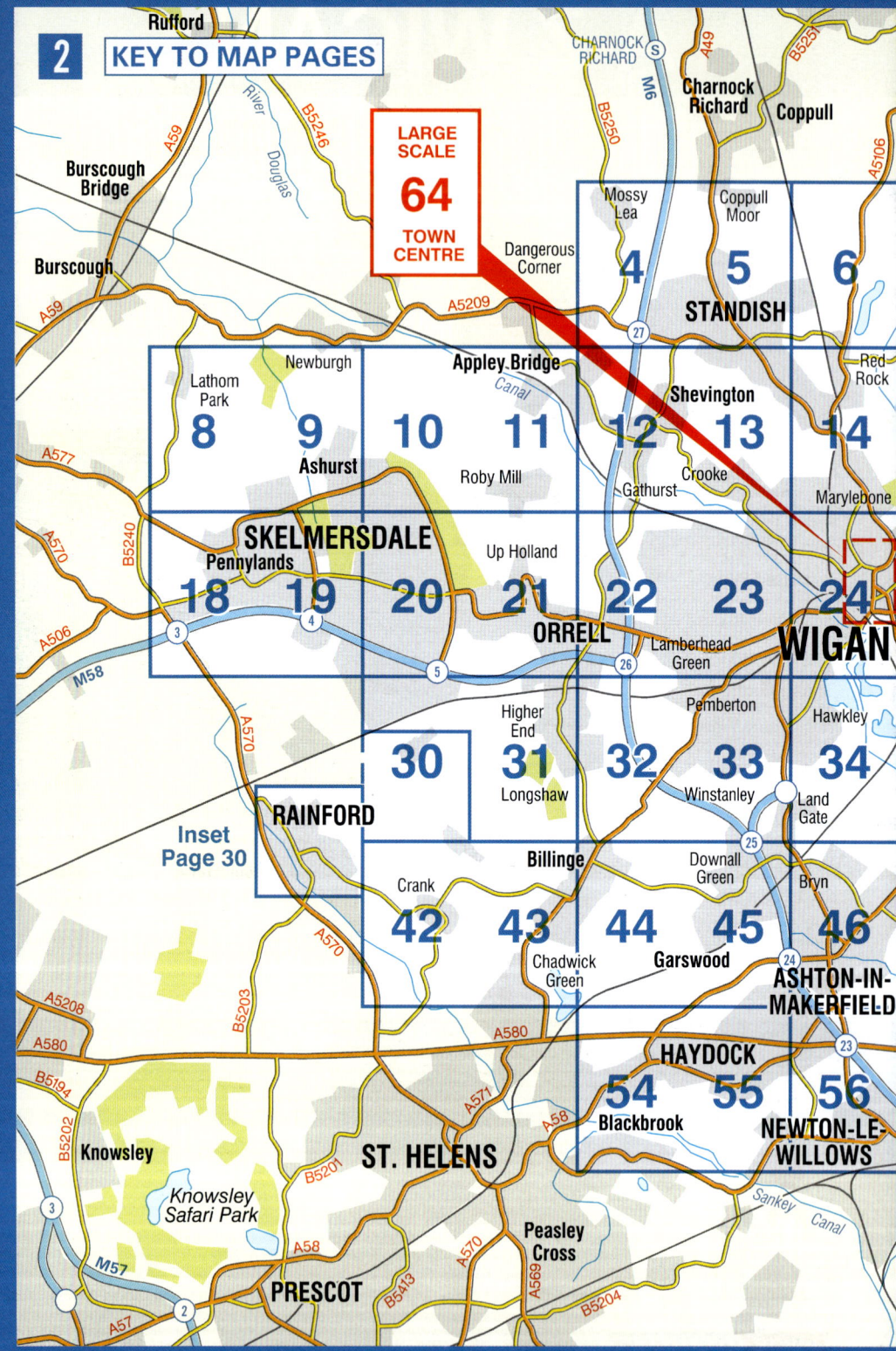

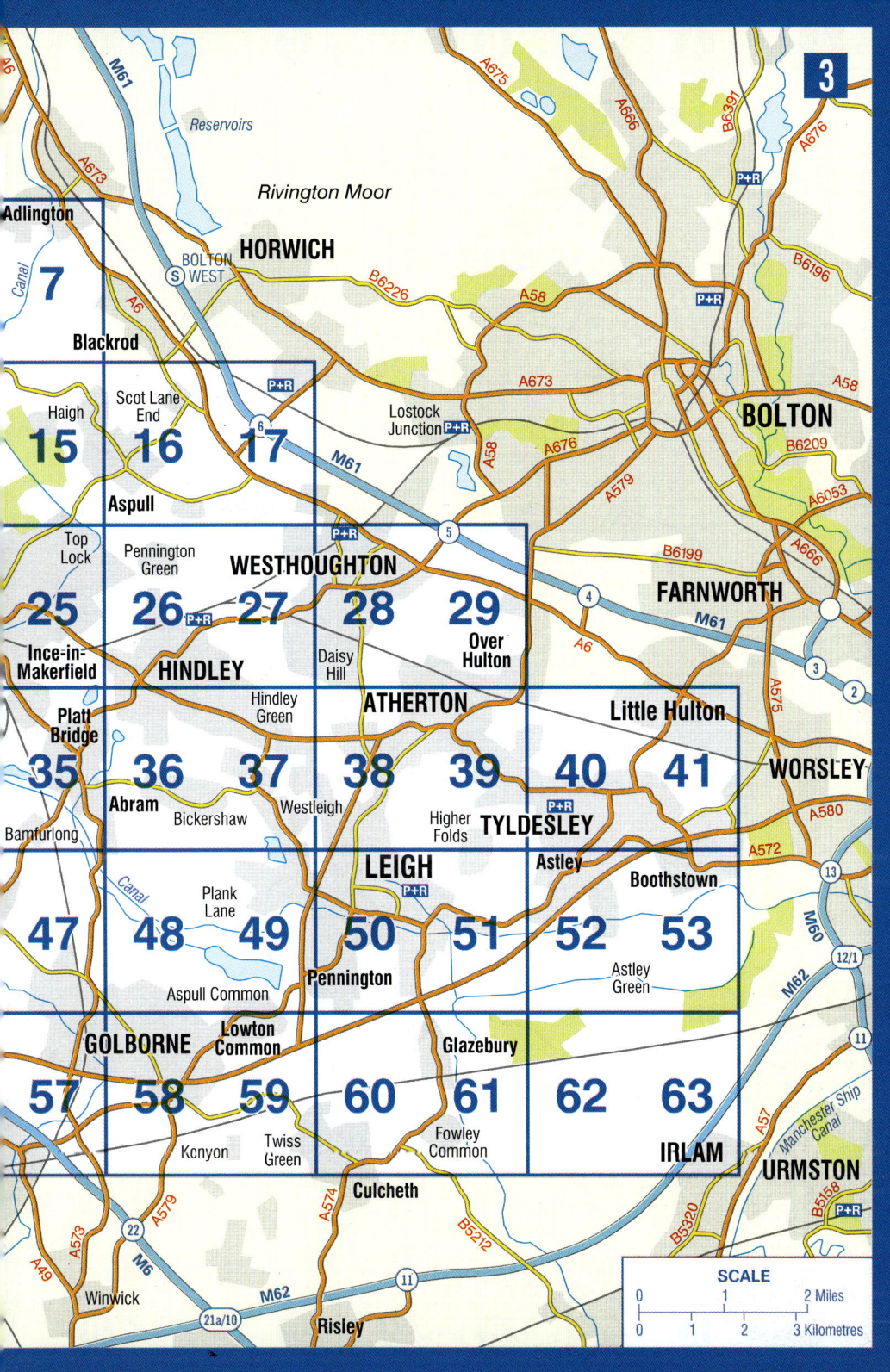

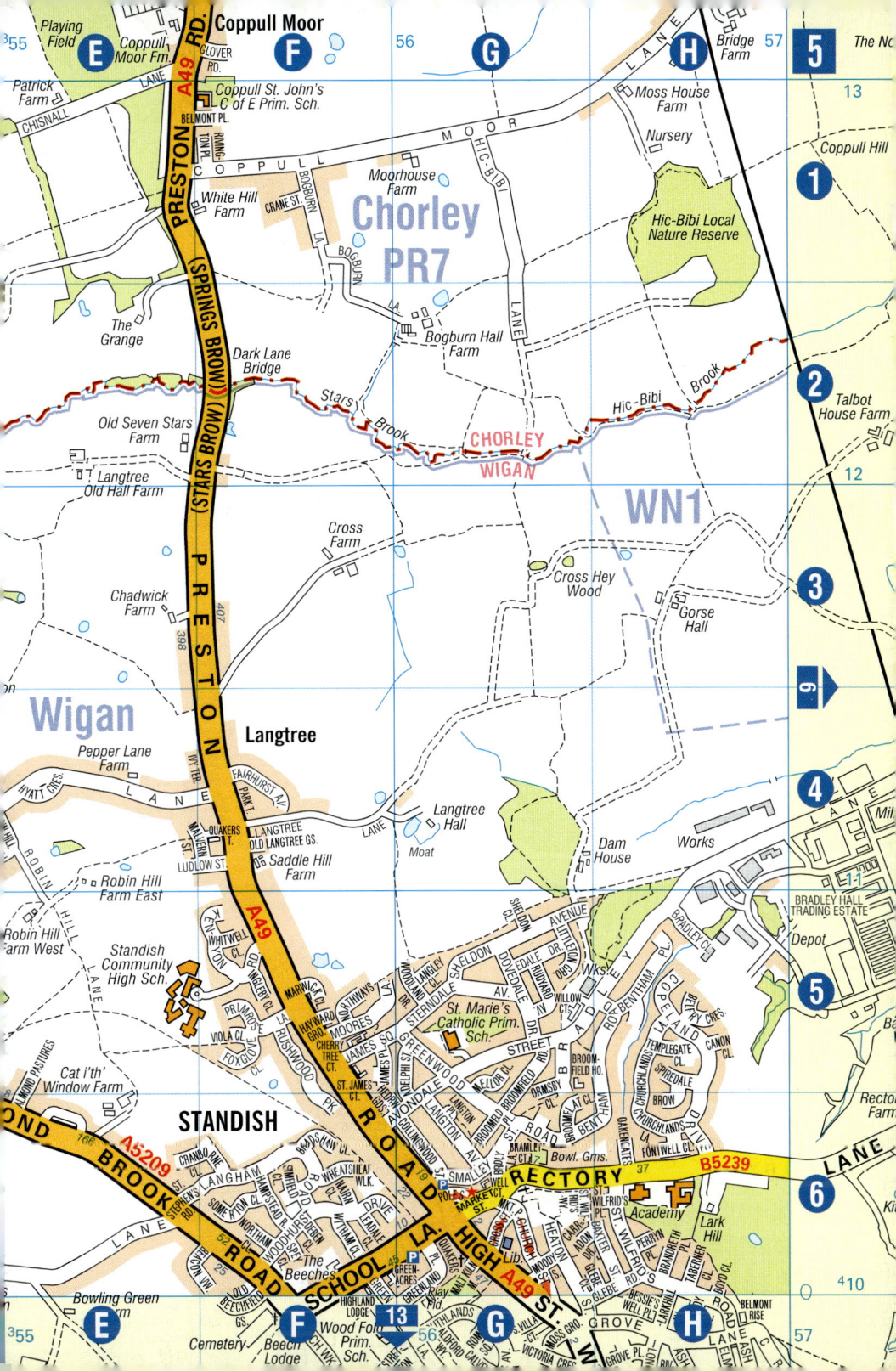

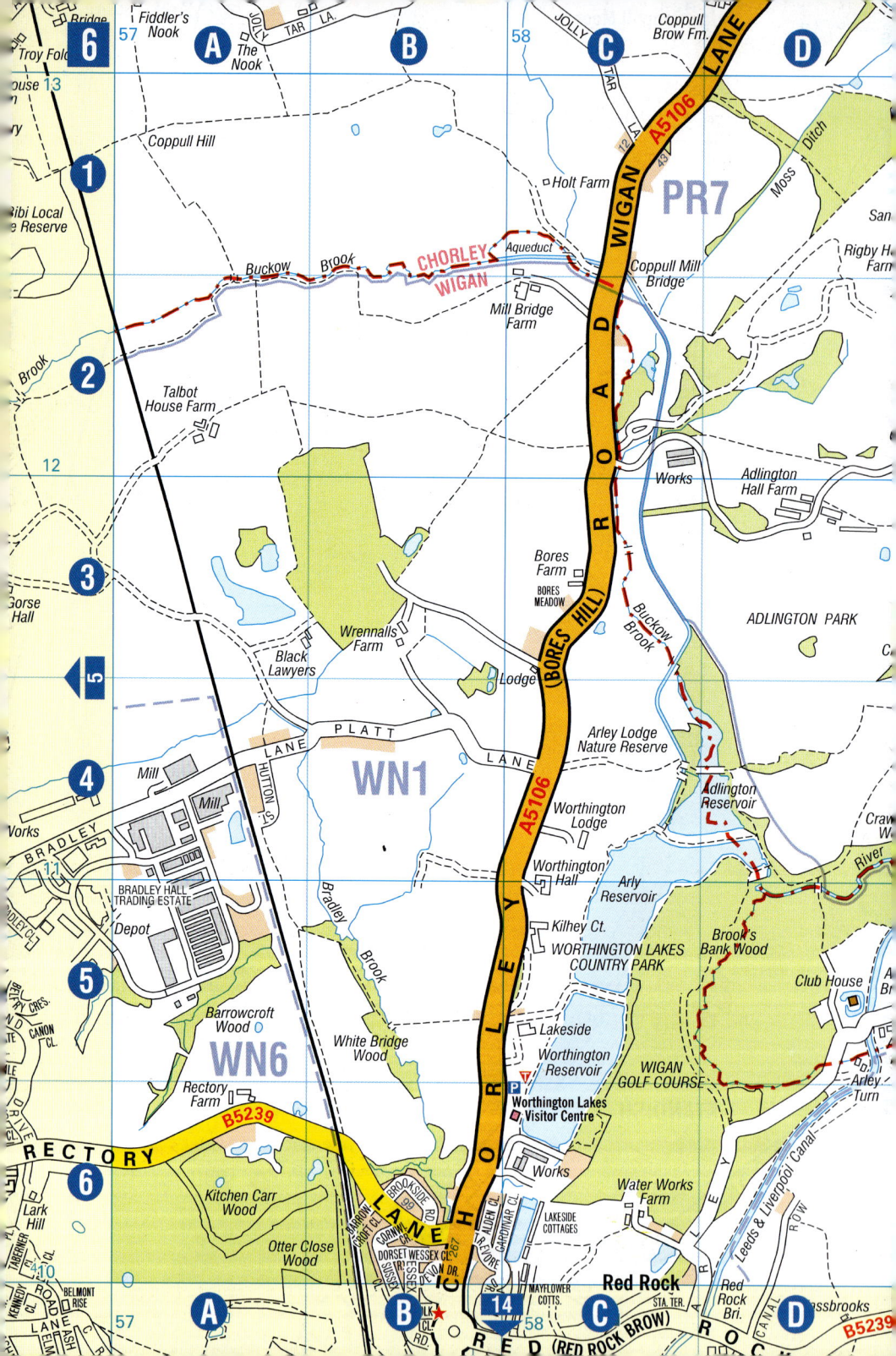

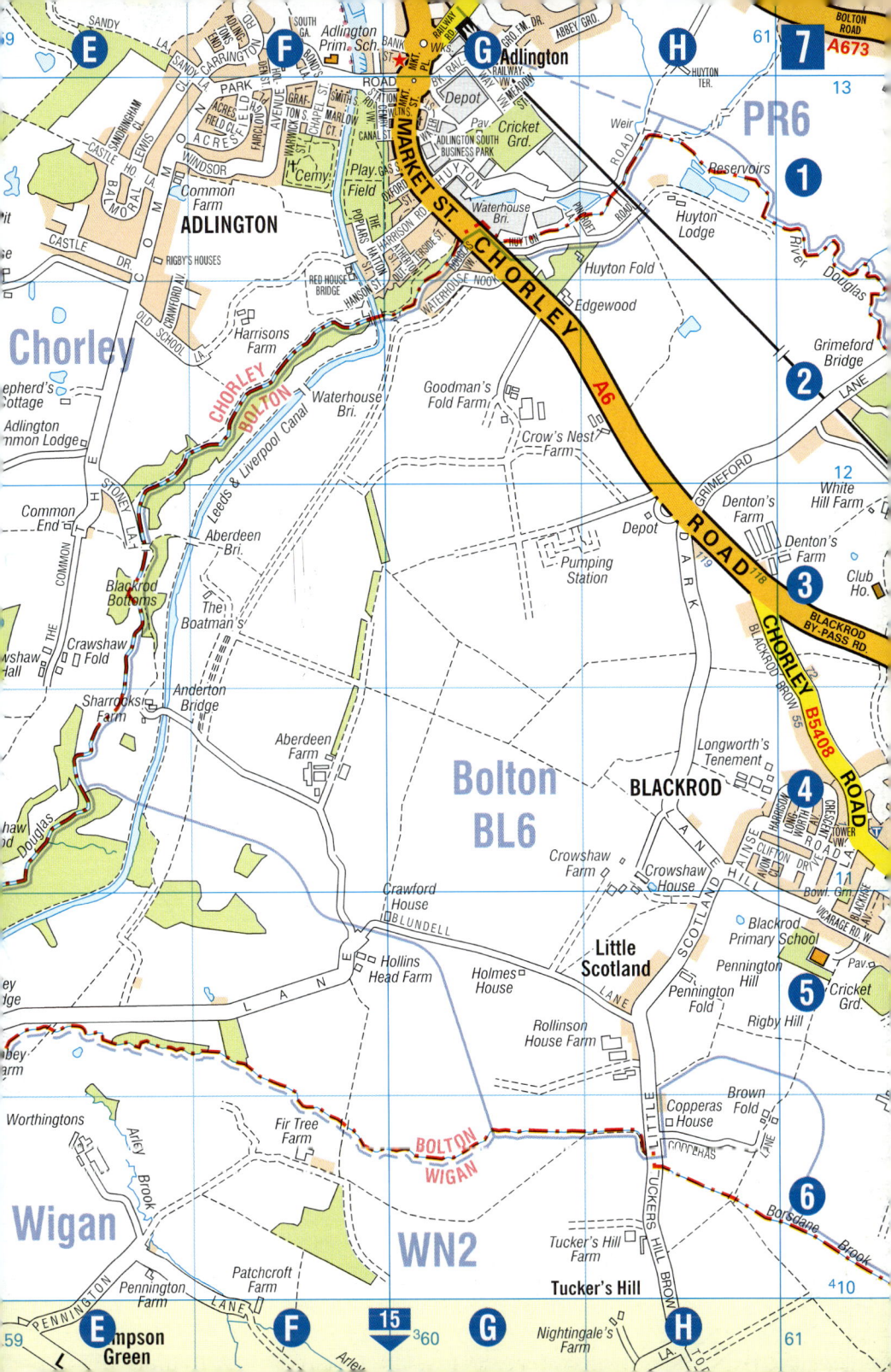

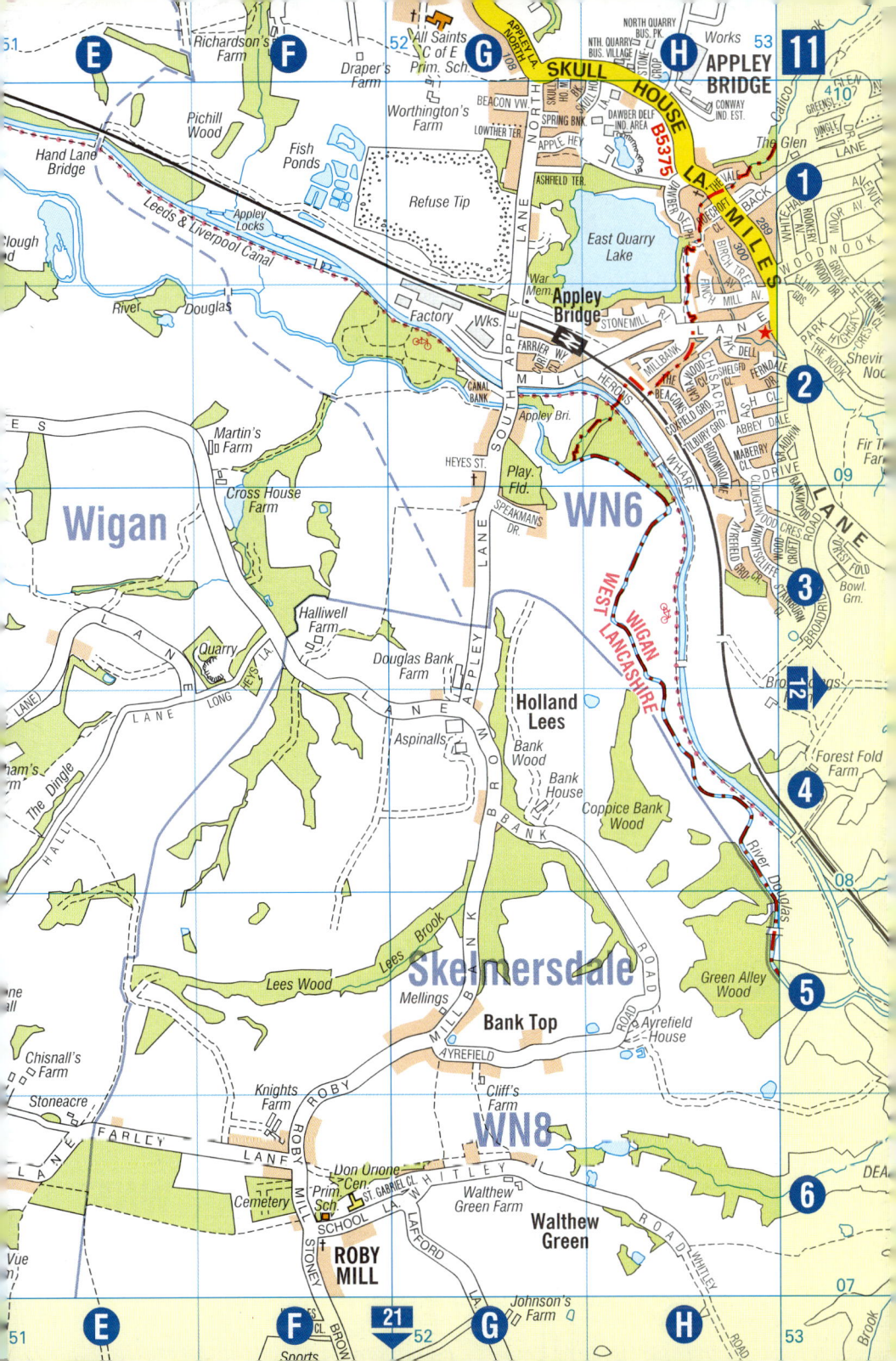

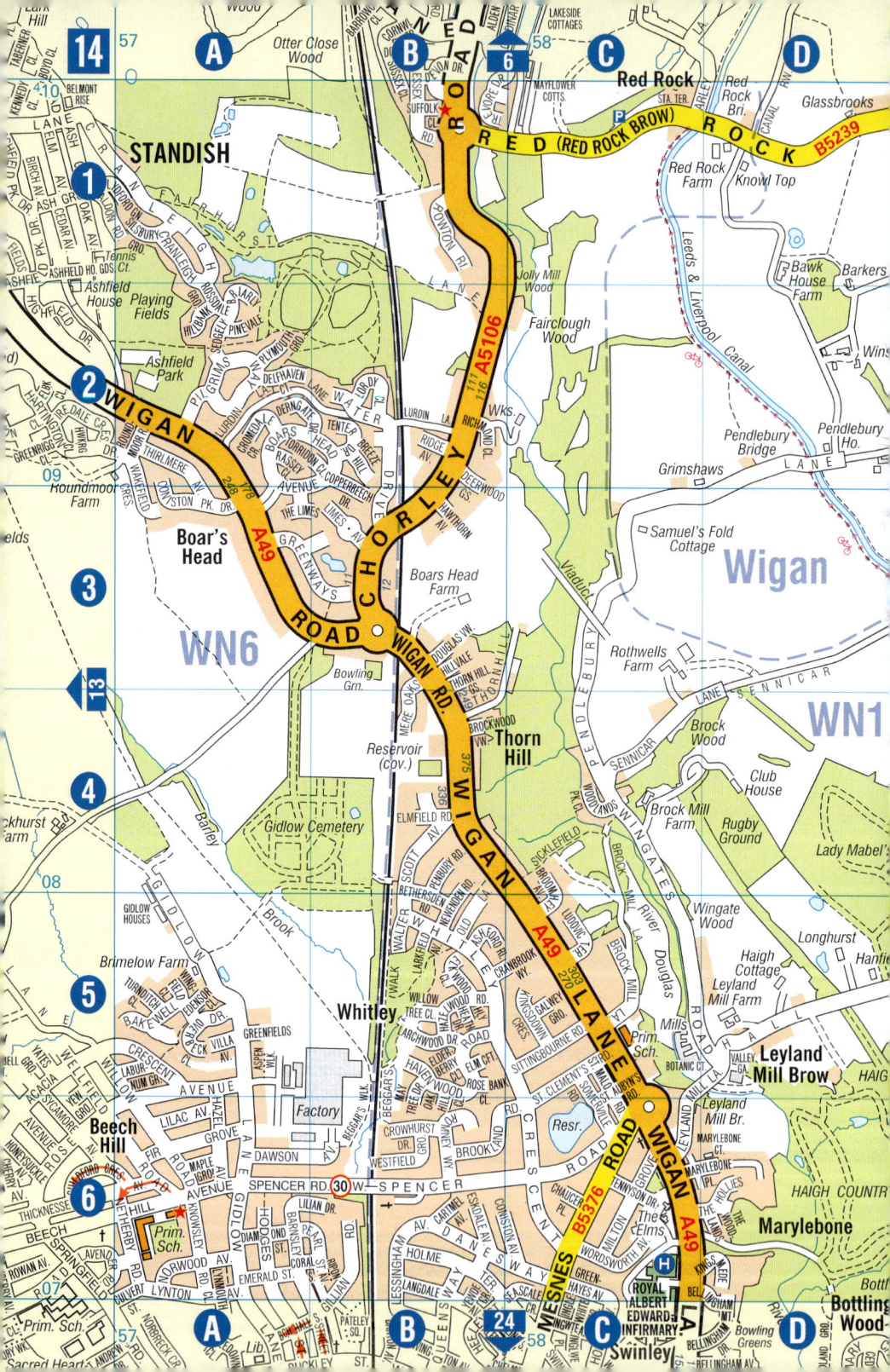

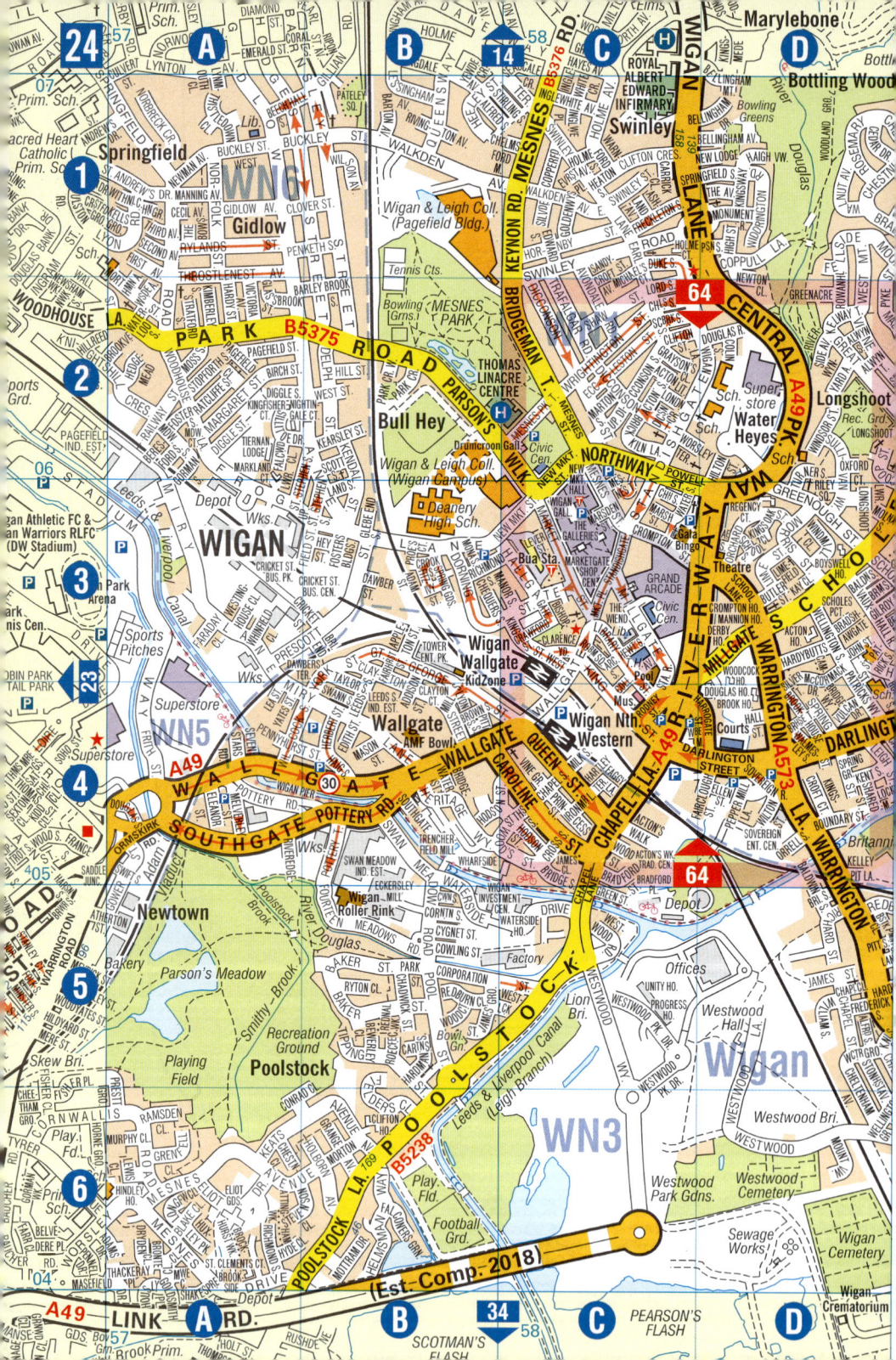

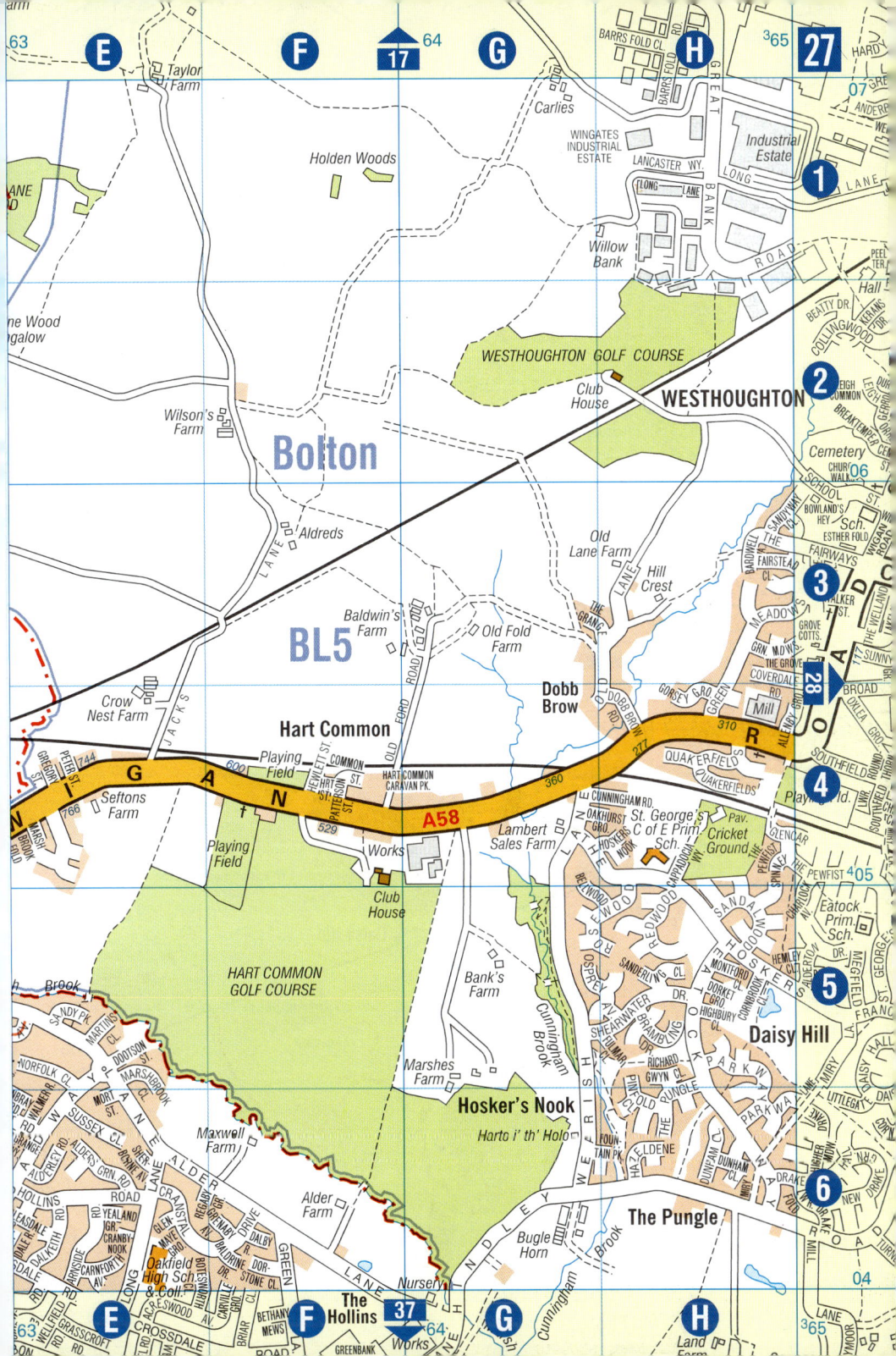

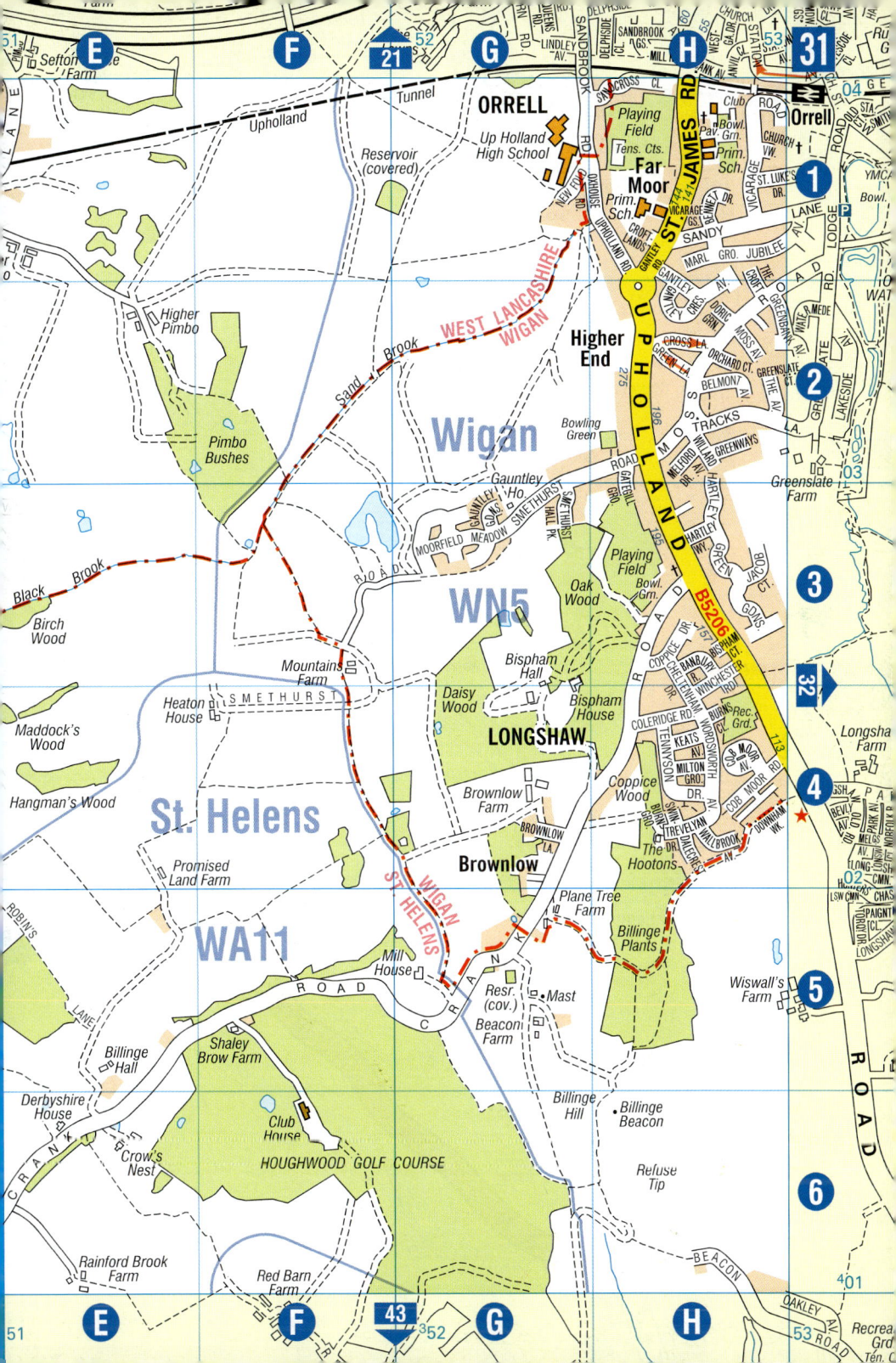

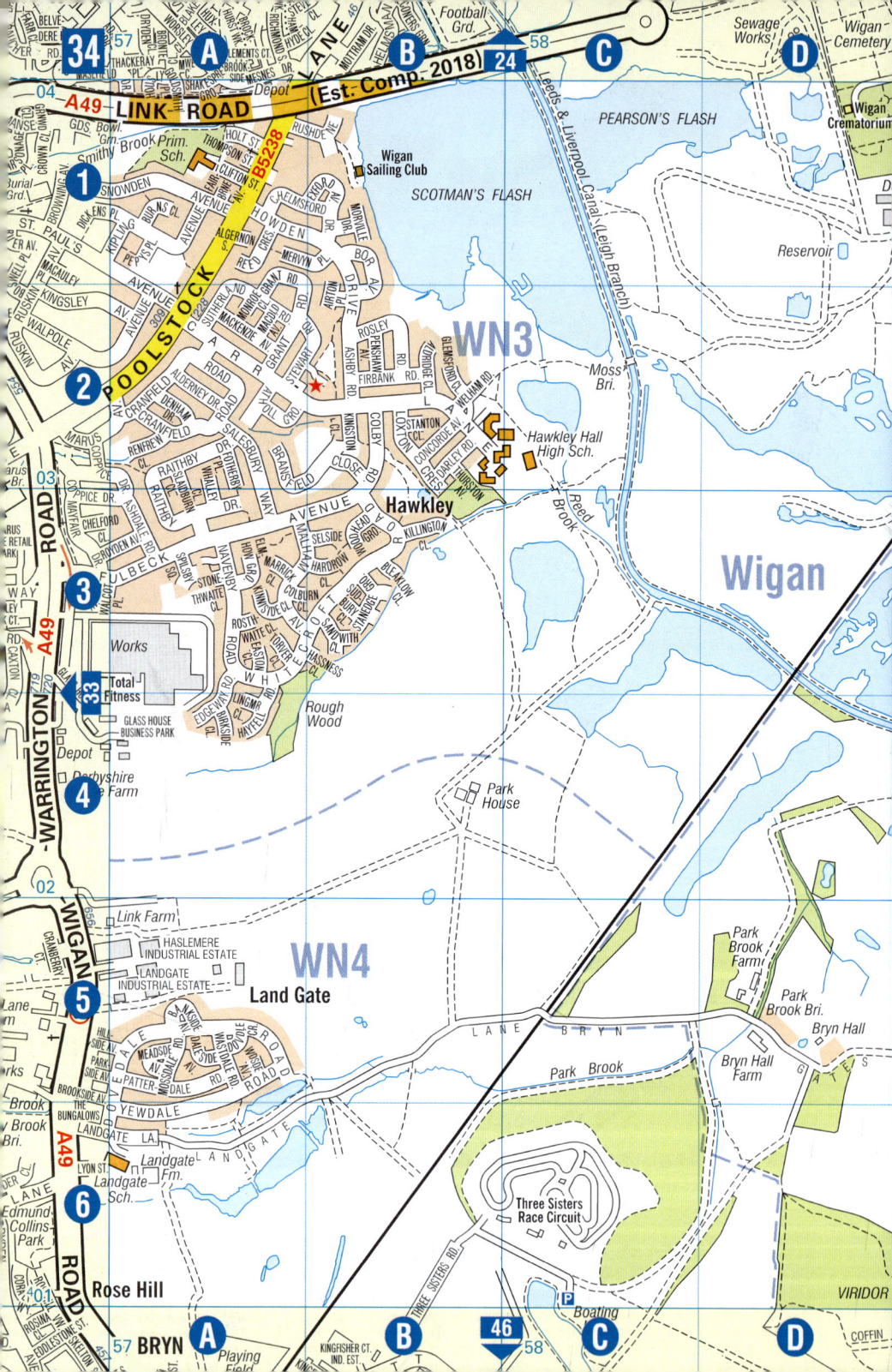

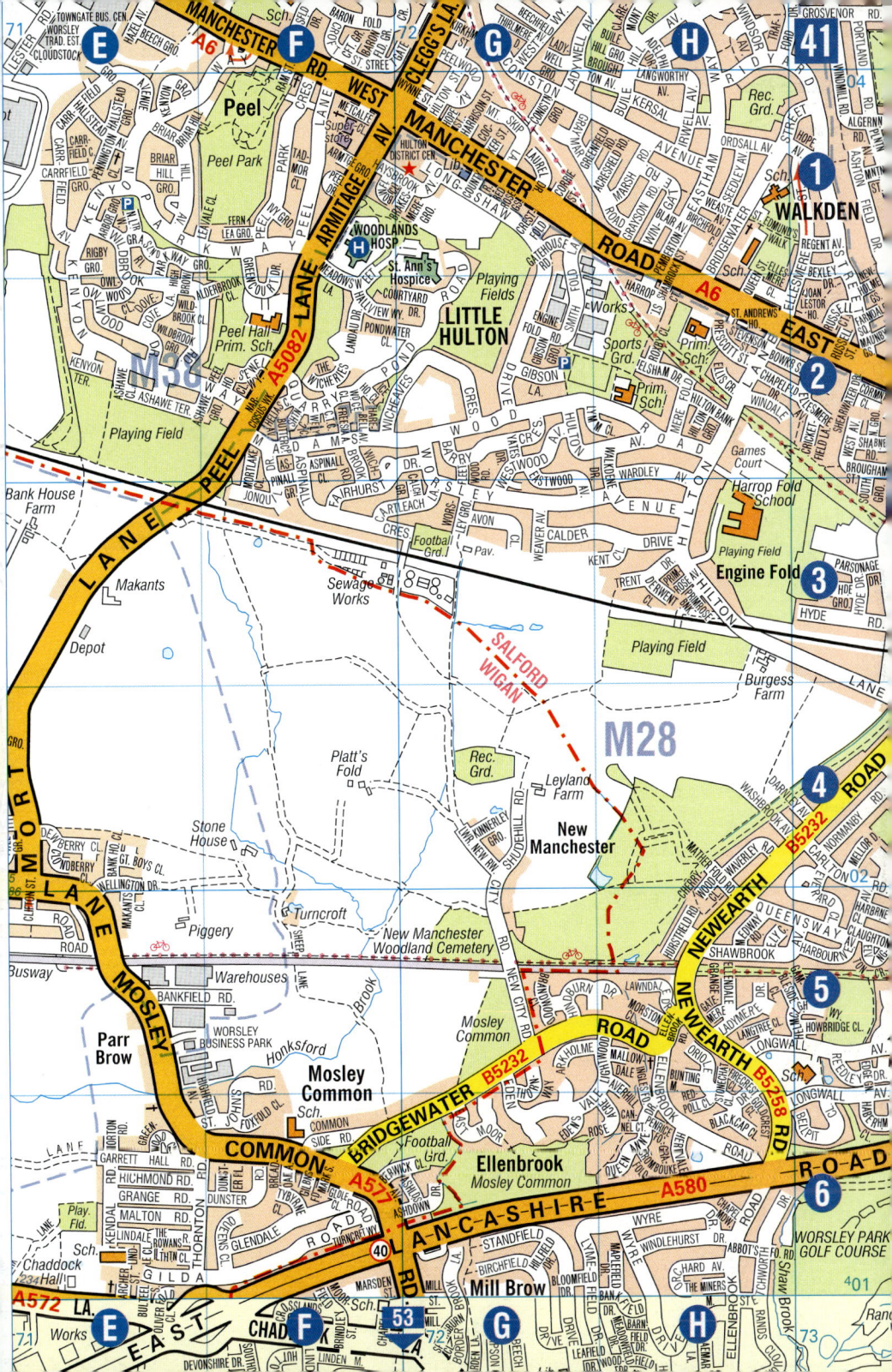

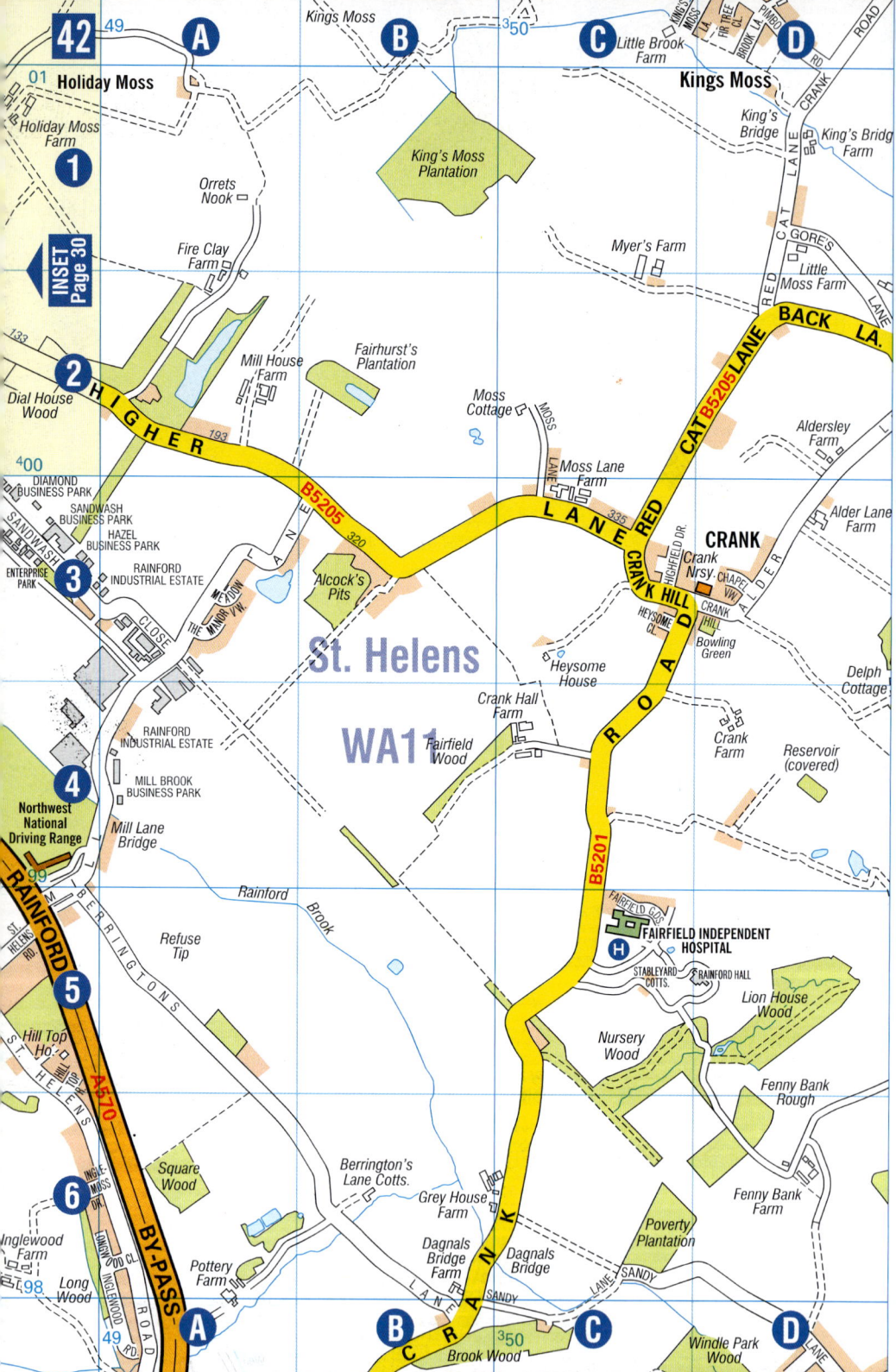

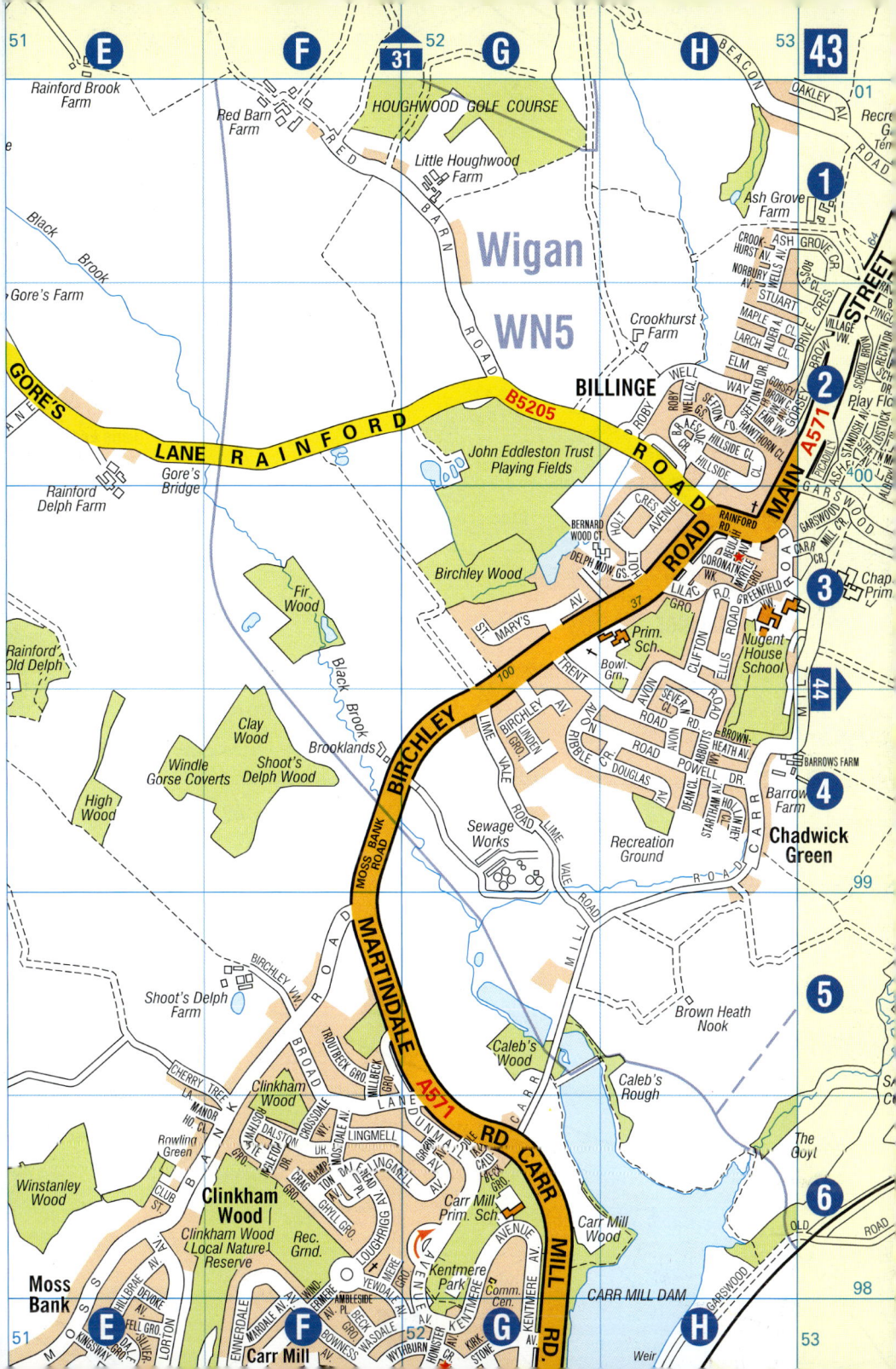

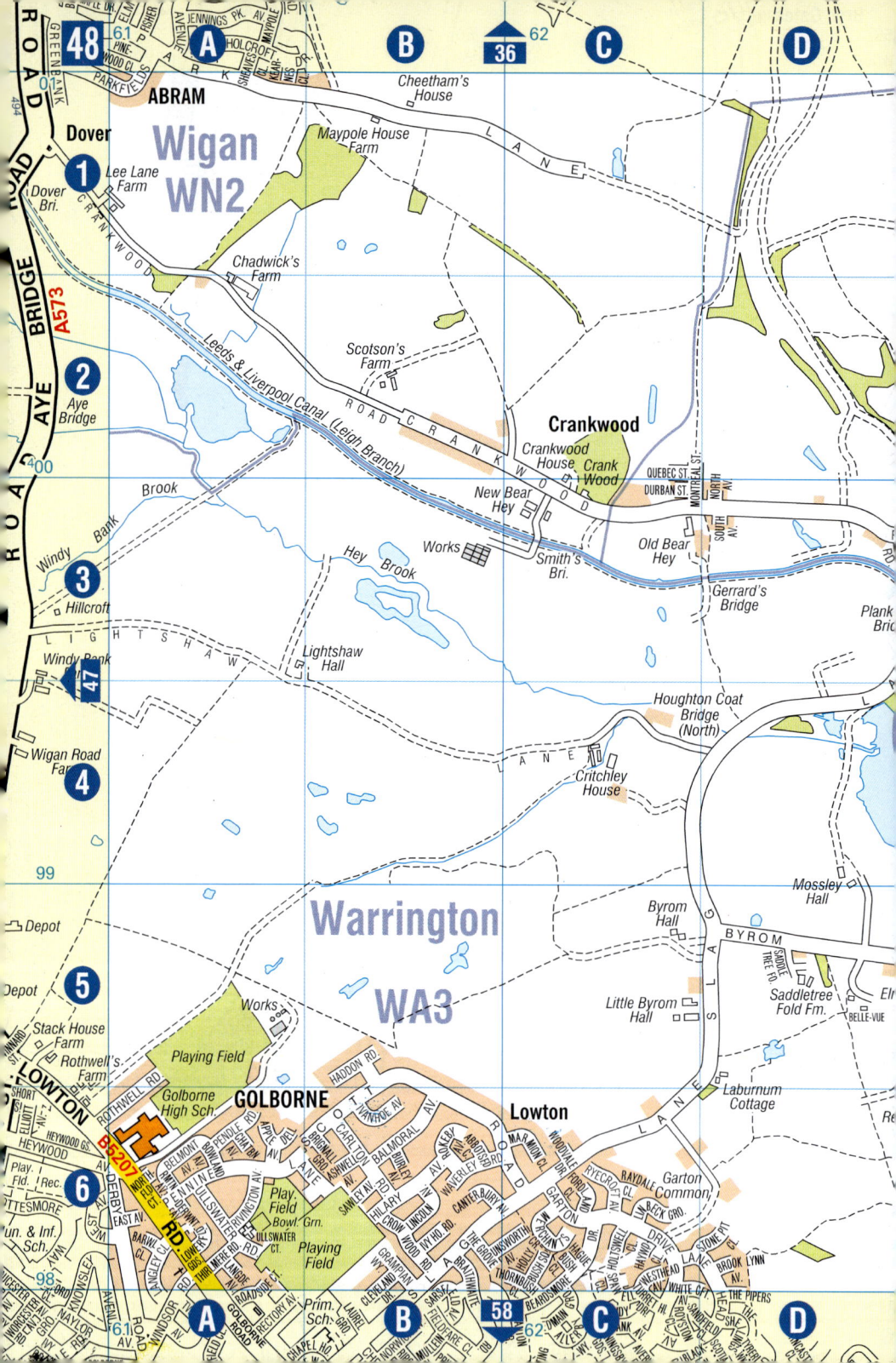

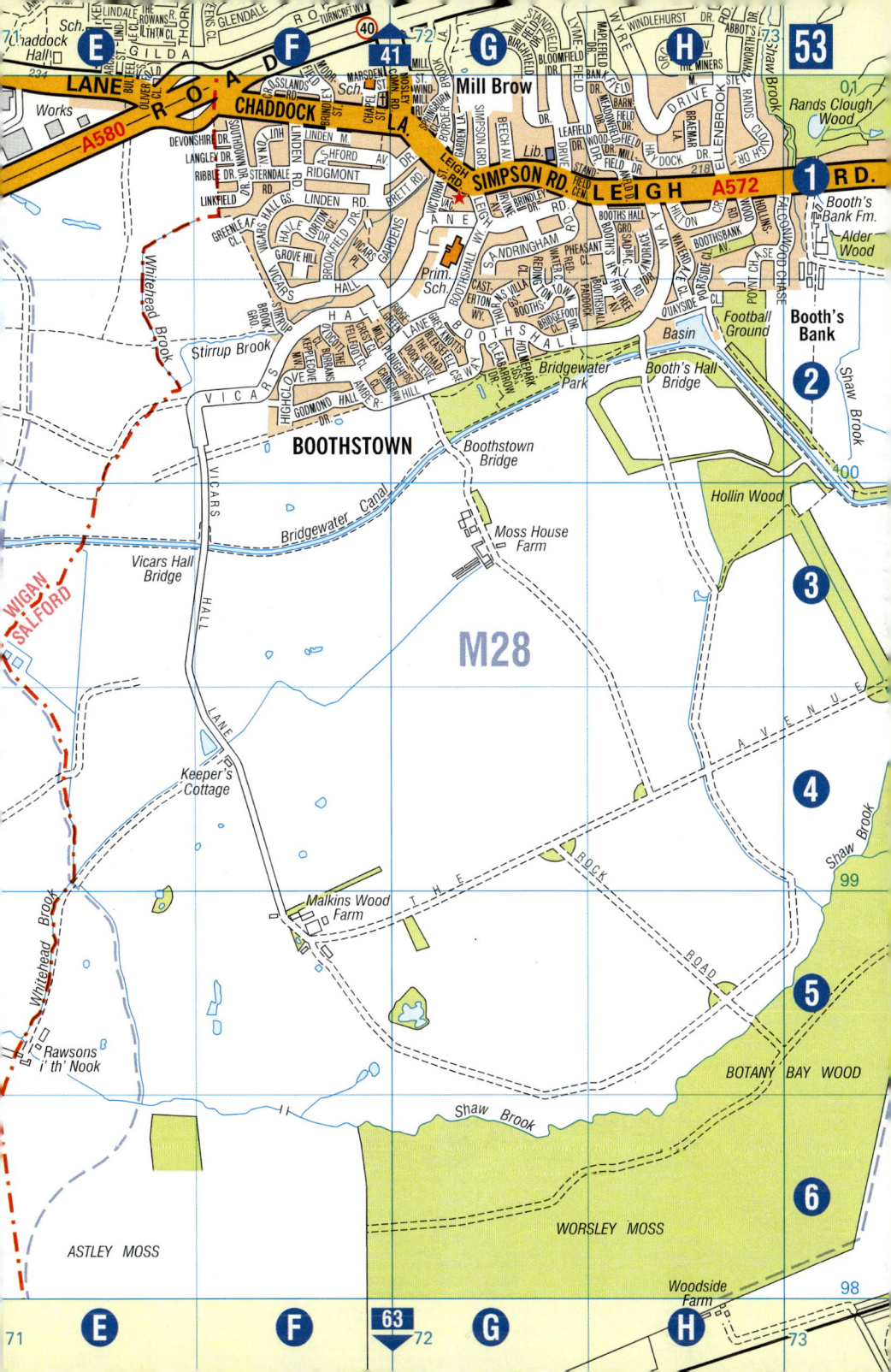

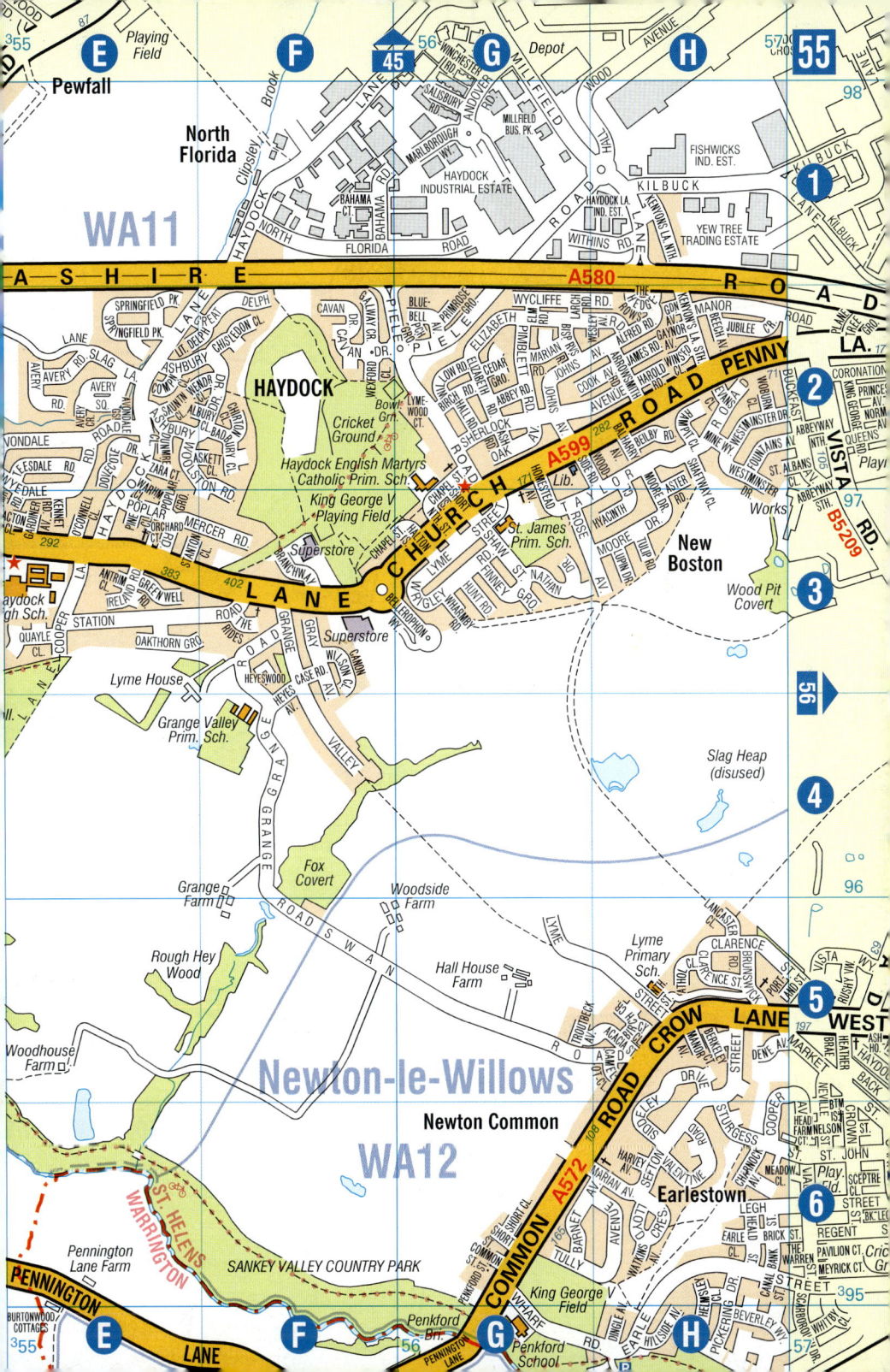

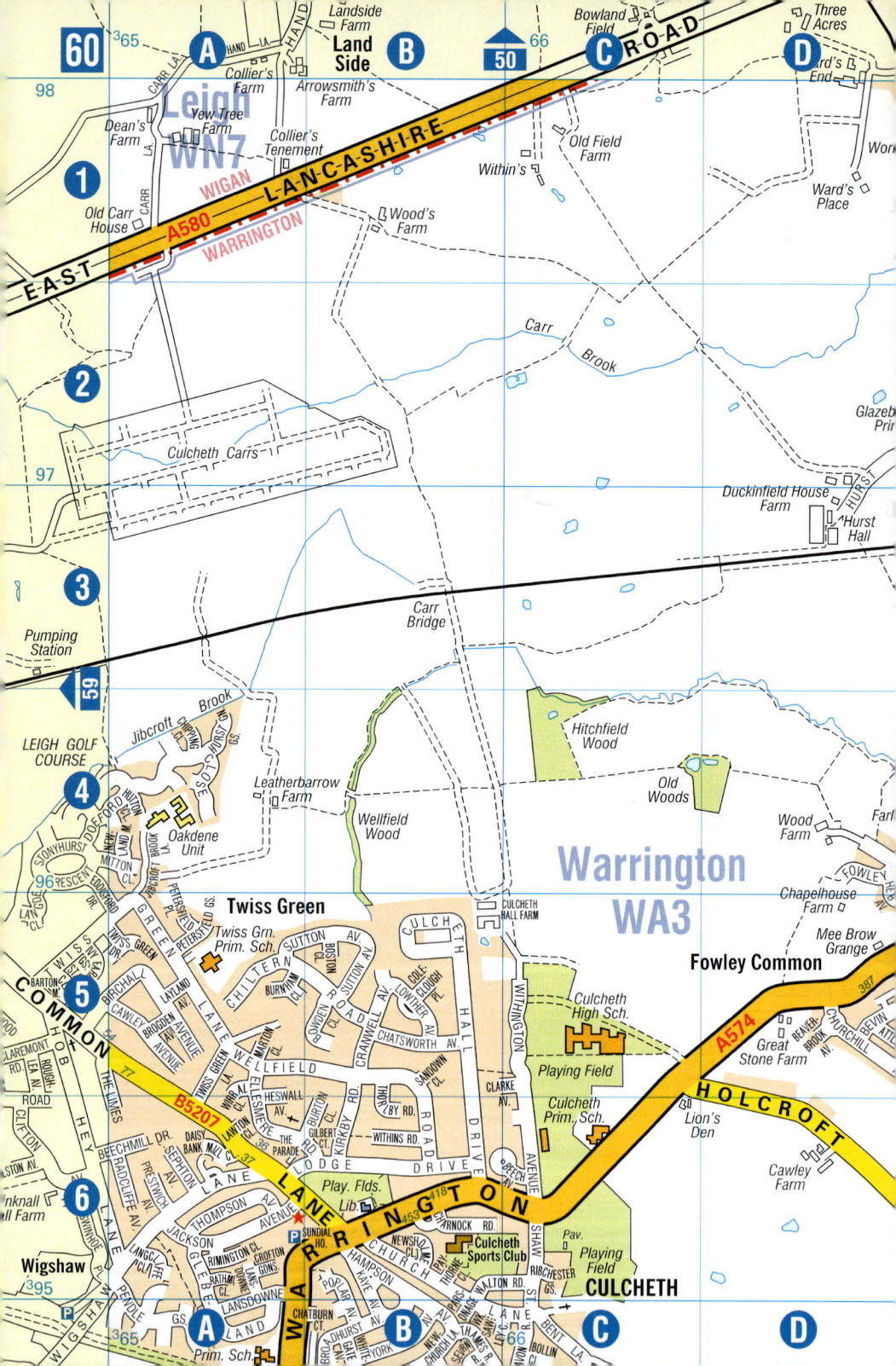

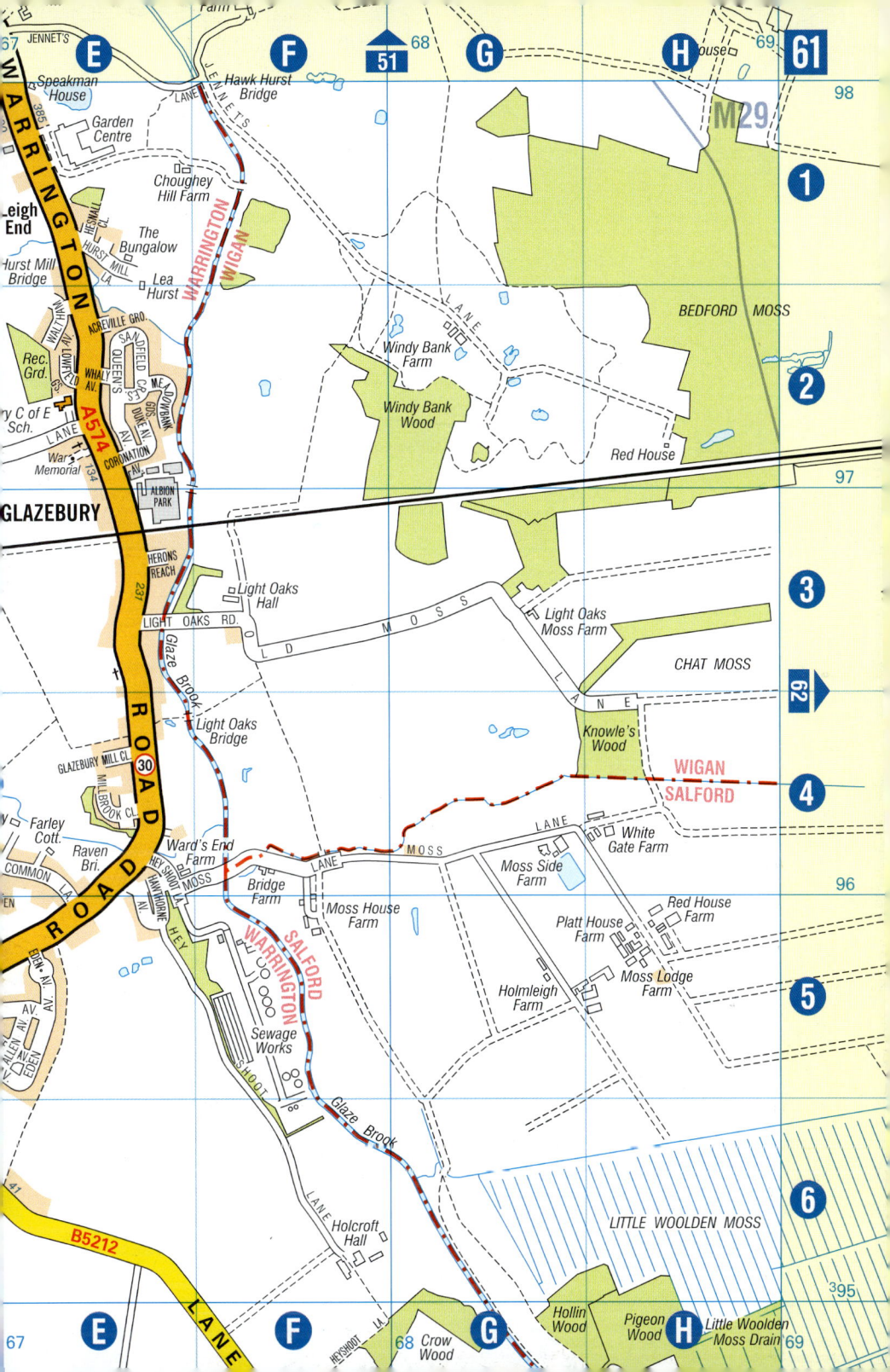

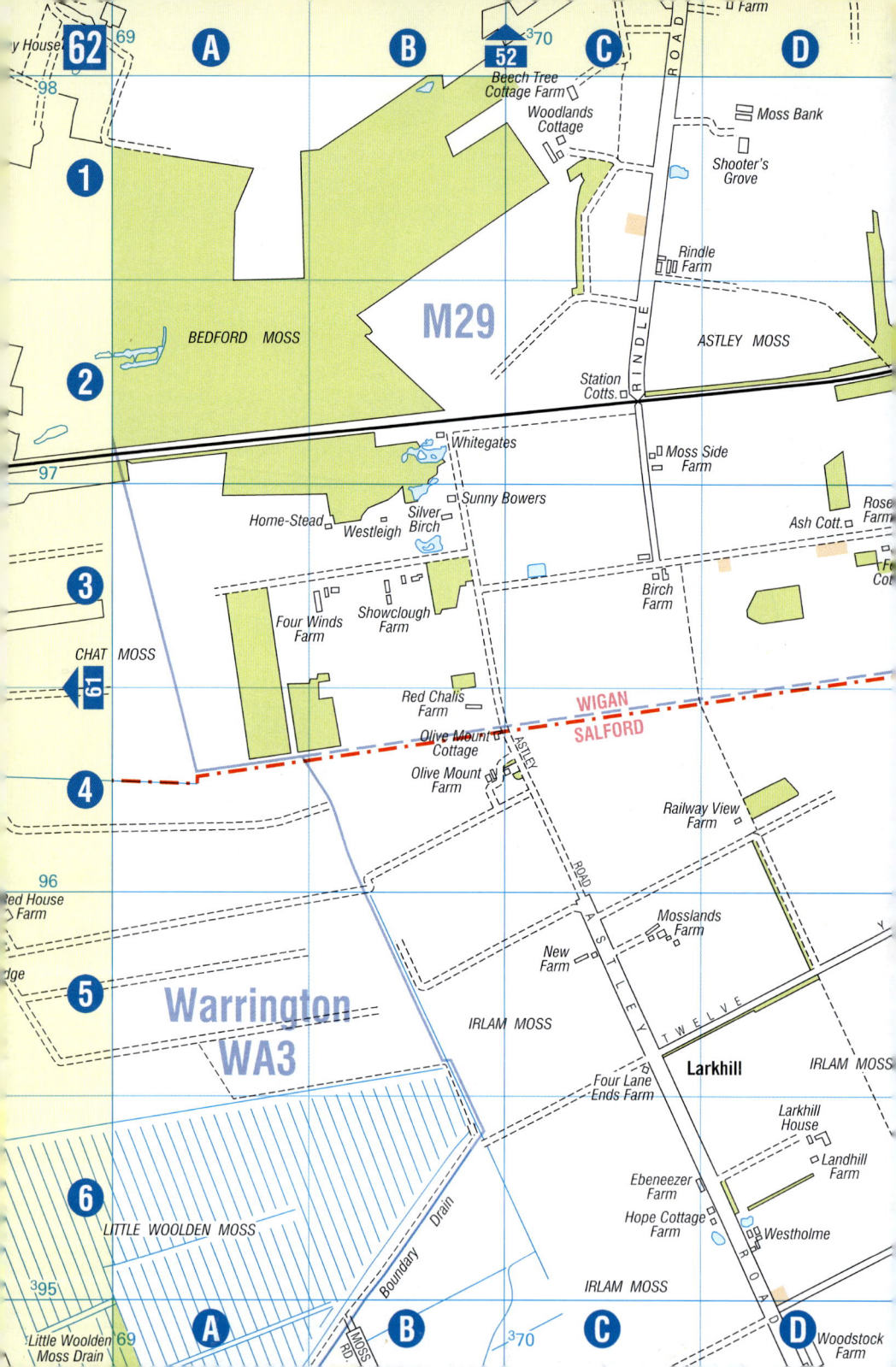

INDEX

Including Streets, Places & Areas, Hospitals etc., Industrial Estates, Junction Names, Selected Flats & Walkways, Stations and Selected Places of Interest.

HOW TO USE THIS INDEX

1. Each street name is followed by its Postcode District, then by its Locality abbreviation(s) and then by its map reference; e.g. **Abbey La.** WN7: Leigh. . . .4H **37** is in the WN7 Postcode District and the Leigh Locality and is to be found in square 4H on page **37**. The page number is shown in bold type.

2. A strict alphabetical order is followed in which Av., Rd., St., etc. (though abbreviated) are read in full and as part of the street name; e.g. **Abbeystead** appears after **Abbey Sq.** but before **Abbey St.**

3. Streets and a selection of flats and walkways that cannot be shown on the mapping, appear in the index with the thoroughfare to which they are connected shown in brackets; e.g. **Andrew's Ter.** BL5: W'ton . . . .2A **28** (off Church St.)

4. Addresses that are in more than one part are referred to as not continuous.

5. Places and areas are shown in the index in BLUE TYPE and the map reference is to the actual map square in which the town centre or area is located and not to the place name shown on the map; e.g. **ADLINGTON** 1G **7**

6. An example of a selected place of interest is **Astley Green Colliery Mus.** 3D **52**

7. Examples of stations are: **Adlington Station (Rail)** . . . .1G **7**; **Concourse Bus Station** . . . .2H **19**; **East Bond Street (Park & Ride)** 2C **50**

8. Junction names are shown in the index in BOLD CAPITAL TYPE; e.g. **HEYES JUNC.** 4C **20**

9. An example of a Hospital, Hospice or selected Healthcare facility is **FAIRFIELD INDEPENDENT HOSPITAL** 5C **42**

10. Map references for entries that appear on large scale page **64** are shown first, with small scale map references shown in brackets; e.g. **Acton Ho.** WN1: Wig 4D **64** (3D **24**)

GENERAL ABBREVIATIONS

App. : Approach	Cft. : Croft	Junc. : Junction	Ri. : Rise
Arc. : Arcade	Dr. : Drive	La. : Lane	Rd. : Road
Av. : Avenue	E. : East	Lit. : Little	Rdbt. : Roundabout
Bk. : Back	Ent. : Enterprise	Lwr. : Lower	Shop. : Shopping
Blvd. : Boulevard	Est. : Estate	Mnr. : Manor	Sth. : South
Bri. : Bridge	Fld. : Field	Mans. : Mansions	Sq. : Square
Bldg. : Building	Flds. : Fields	Mkt. : Market	St. : Street
Bldgs. : Buildings	Gdns. : Gardens	Mdw. : Meadow	Ter. : Terrace
Bungs. : Bungalows	Gth. : Garth	Mdws. : Meadows	Twr. : Tower
Bus. : Business	Ga. : Gate	M. : Mews	Trad. : Trading
Cvn. : Caravan	Gt. : Great	Mt. : Mount	Up. : Upper
Cen. : Centre	Grn. : Green	Mus. : Museum	Va. : Vale
Cl. : Close	Gro. : Grove	Nth. : North	Vw. : View
Comn. : Common	Hgts. : Heights	Pde. : Parade	Vs. : Villas
Cott. : Cottage	Ho. : House	Pk. : Park	Vis. : Visitors
Cotts. : Cottages	Ho's : Houses	Pas. : Passage	Wlk. : Walk
Ct. : Court	Ind. : Industrial	Pl. : Place	W. : West
Cres. : Crescent	Info. : Information	Pct. : Precinct	Yd. : Yard

LOCALITY ABBREVIATIONS

Abram: WN2 . . . . Abr	Chorley: PR7 . . . . Chor	Ince-in-Makerfield: WN1-3 . . . . Ince M	St Helens: WA9,WA11 . . . . St H
Adlington: PR6-7 . . . . Adl	Collins Green: WA9 . . . . Coll G	Irlam: M30,M44 . . . . Irlam	Shevington: WN6 . . . . Shev
Anderton: PR6 . . . . And	Coppull: PR7 . . . . Cop	Kings Moss: WA11 . . . . Kings M	Skelmersdale: WN8 . . . . Skel
Appley Bridge: WN6 . . . . App B	Crank: WA11 . . . . Crank	Lathom: L40 . . . . Lath	Standish: WN1,WN6 . . . . Stan
Ashton-in-Makerfield:	Croft: WA2-3 . . . . Croft	Leigh: WN7 . . . . Leigh	Swinton: M28 . . . . Swin
WN4 . . . . Ash M	Culcheth: WA3 . . . . Cul	Little Hulton: M38 . . . . L Hult	Tyldesley: M29 . . . . Tyld
Aspull: WN2 . . . . Asp	Dalton: WN8 . . . . Dalt	Lostock: BL5-6 . . . . Los	Upholland: WN8 . . . . Uph
Astley: M29 . . . . Asty	Eccles: M30 . . . . Ecc	Lowton: WA3,WN7 . . . . Low	Walkden: M28,M38 . . . . Walk
Atherton: M29,M46 . . . . Ath	Garswood: WN4 . . . . Garsw	Newburgh: WN8 . . . . Newb	Westhead: L40 . . . . Westh
Bamfurlong: WN2 . . . . Bam	Glazebury: WA3 . . . . G'bury	Newton-le-Willows:	Westhoughton:
Bickershaw: WN2 . . . . B'haw	Golborne: WA3 . . . . Golb	WA11-12 . . . . Newt W	BL3,BL5,WN2 . . . . W'ton
Bickerstaffe: L39 . . . . Bic	Haigh: WN1-2 . . . . Haigh	Orrell: WN5 . . . . Orr	Wigan: WN1-3,WN5-6 . . . . Wigan
Billinge: WN5 . . . . Bil	Haydock: WA11 . . . . Hay	Over Hulton: BL5 . . . . O Hul	Windle: WA11 . . . . Windle
Birchwood: WA3 . . . . Birchw	Heath Charnock:	Platt Bridge: WN2 . . . . Platt B	Winstanley: WN3,WN5 . . . . Winst
Blackrod: BL6 . . . . B'rod	PR7 . . . . H Char	Rainford: WA11 . . . . Rainf	Winwick: WA2-3 . . . . Winw
Bolton: BL3 . . . . Bolt	Hindley: WN2 . . . . Hin	Risley: WA3 . . . . Ris	Worsley: M28 . . . . Worsl
Cadishead: M44 . . . . Cad	Horwich: BL6 . . . . Hor	Roby Mill: WN8 . . . . Roby M	Wrightington: PR7,WN6 . . . . . Wright

A

Abberley Way WN3: Wigan 1D **32**	**Abbeyway Nth.** WA11: Hay 2A **56**
Abbey Cl. WN8: Uph 4G **21**	**Abbeyway Sth.** WA11: Hay 3A **56**
Abbey Ct. WN6: Wigan 1G **23**	**Abbingdon Way** WN7: Leigh 4H **37**
Abbeycroft Cl. M29: Asty 1C **52**	**Abbot Cft.** BL5: W'ton 5B **28**
Abbey Dale M29: App D 2H **11**	**Abbot's Fold Rd.** M28: Worsl . . .6H **41**
Abbey Dr. WN5: Orr 5A **22**	**Abbotsford Cl.** WA3: Low 6B **48**
Abbeyfields WN6: Wigan 1D **23**	**Abbots Way** WN6: Dil 1G **15**
Abbey Gro. PR6: Adl 1G **7**	**Abbotts Grn.** M29: Asty 3A **52**
Abbey La. WN7: Leigh 4H **37**	**Abelia Rd.** BL5: W'ton 5B **28**
Abbeylea Cres. BL5: W'ton 1C **28**	**Abingdon Dr.** WN2: Platt B . . .4G **35**
Abbey Rd. M29: Asty 6C **40**	**Abinger Rd.** WN4: Garsw 3F **45**
WA3: Low 1G **59**	**ABRAM** 5H **35**
WA11: Hay 2G **55**	**ABRAM BROW** 6A **36**
Abbey Sq. WN7: Leigh 4H **37**	**Acacia Cres.** WN6: Wigan 6H **13**
Abbeystead WN8: Skel 4H **19**	**Acacia St.** WA12: Newt W 5H **55**
Abbey St. WN7: Leigh 1B **50**	**Ackers Fold** WN7: Leigh 3E **49**
	Ackhurst La. WN5: Orr 6C **12**
	Acorn Bus. Cen. WN7: Leigh . .3D **50**

Acorn Cl. WN7: Leigh 4B **50**	**Acton Ter.**
Acorn Ct. WN7: Leigh 4D **50**	WN1: Wigan 1B **64** (2C **24**)
Acorn St. WA12: Newt W 6C **56**	**Adams Dr.** WN3: Wigan 6A **24**
A Court WN4: Ash M 5B **46**	**Adamson Rd.** WN4: Ash M 4A **46**
Acregate WN8: Skel 4A **20**	**Addington Cl.** WN2: Hin 1B **36**
Acresfield M29: Asty 6C **40**	**Addison Rd.** M44: Irlam 5H **63**
PR7: Adl 1F **7**	**Addison St.** WN3: Wigan 4B **24**
Acroofield Cl. PR7: Adl 1F **7**	**Adolphi Dr.** M38: L Hult 1H **41**
Acresfield Rd. M38: L Hult 1H **41**	**Adelphi St.** WN6: Stan 5G **5**
Acreswood Av. WN2: Hin 1E **37**	**ADLINGTON** 1G **7**
Acreville Gro. WA3: G'bury . . .2E **61**	PR7: Adl 1G **7**
Acton Cl. WA11: Hay 3E **55**	**Adlington Sth. Bus. Pk.**
Acton Ho.	PR7: Adl 1G **7**
WN1: Wigan 4D **64** (3D **24**)	**Adlington Station (Rail)** 1G **7**
Acton St.	**Adwell Cl.** WA3: Low 1E **59**
WN1: Wigan 2B **64** (2C **24**)	**Ainscough Bus. Pk.**
Acton's Wlk.	WN6: Wright 1A **4**
WN3: Wigan 6B **64** (4C **24**)	**Ainscoughs Ct.** WN7: Leigh . . .3A **50**
Acton's Wlk. Trad. Cen.	**Ainsdale Av.** M46: Ath 1E **39**
WN3: Wigan 6B **64** (4C **24**)	**Ainse Rd.** BL6: B'rod 4H **7**
	Airton Pl. WN3: Wigan 2B **34**

A-Z Wigan 65

Alban Ct.—Austin St.

Alban Ct. BL5: W'ton 4A 28
Albany Fold BL5: W'ton 3B 28
Albany Gro. M29: Asty 5D 40
Albert Colliery Est.
WN2: B'haw 6D 36
Albert M. BL5: W'ton 2B 28
Alberton Cl. WN2: Asp 3A 16
Albert St. WN2: Hin 6B 26
WN4: Ash M 4B 46
WN5: Wigan 5H 23
Albion Cl. M46: Ath 3C 38
Albion Dr. WN2: Asp 1H 25
Albion Pk. WA3: G'bury 3E 61
Albion St. BL5: W'ton 1B 28
WN2: Asp 1H 25
WN2: Platt B 3G 35
WN7: Leigh 2B 50
Albury Cl. WA11: Hay 2E 55
Albury Way WN2: Wigan 1F 25
Aldcliffe WA3: Low 1D 58
Alden Cl. WN1: Stan 6B 6
Alder Av. WN4: Ash M 2H 45
WN5: Bil 2H 43
WN5: Wigan 5F 23
Alderbrook Rd.
M38: L Hult 2F 41
Alder Cl. WN7: Leigh 5B 50
Alderfold St. M46: Ath 2F 39
Alder Ho. M46: Ath 2G 39
Alder La. WA11: Crank 3D 42
WN2: Hin 6E 27
Alder Lee Cl. WN3: Winst 3F 33
Alderley WN8: Skel 5A 20
Alderley Av. WA3: Low 2B 58
Alderley Cl. WN5: Bil 2A 44
Alderley La. WN7: Leigh 4D 50
Alderley Rd. WN2: Hin 6E 27
Alderney Dr. WN3: Wigan 2A 34
Alder Rd. WA3: Low 1D 58
Alders, The WN6: Stan 5F 13
Alders Grn. Rd. WN2: Hin 6E 27
Alder St. M46: Ath 2F 39
WA12: Newt W 6C 56
Alderton Dr. BL5: W'ton 5A 28
WN4: Ash M 4H 45
Aldford Dr. M46: Ath 6G 29
Aldford Way WN6: Stan 1G 13
Aldred St. WN2: Hin 1B 36
WN7: Leigh 5A 38
Aldridge Cl. WN3: Wigan 2B 34
Aldwyn Cl. WN3: Winst 4F 33
Alexander St. M29: Tyld 5A 40
Alexandra Cl. WN8: Skel 2E 19
Alexandra Cres.
WN5: Wigan 5G 23
Alexandra Rd.
WN4: Ash M 3B 46
Alexandra St. WN2: Abr 5H 35
WN5: Wigan 4H 23
Alexandria Dr. BL5: W'ton 3D 28
Alfred Rd. WA3: Low 1E 59
WA11: Hay 2H 55
Alfred St. M29: Tyld 4H 39
WA11: Rainf 4B 30
WA12: Newt W 6E 57
WN1: Wigan 1B 24
WN2: Platt B 2G 35
WN3: Ince M 5D 24
Algernon Rd. M28: Walk 1H 41
Algernon St. WN2: Hin 6B 26
WN3: Wigan 1A 34
Alick's Fold BL5: W'ton 2A 28
Alker St. WN5: Wigan 5H 23
Allan St. M29: Tyld 5H 39
Allen Av. WA3: Cul 5E 61
Allenby Gro. BL5: W'ton 4H 27
Allenby St. M46: Ath 3D 38
Allerby Way WA3: Low 1C 58
Allerton Cl. BL5: W'ton 2C 28
Allesley Cl. BL5: W'ton 2C 28
Alliance St.
WN1: Wigan 3C 64 (3D 24)
Allonby Cl. WN3: Winst 4F 33
All Saints Ct. WA11: Rainf 6C 30
All Saints Gro. WN2: Hin 6C 26
Allscott Way WN4: Ash M 4C 46
Alma Cl. WN8: Uph 4G 21
Alma Ct. WN8: Uph 4G 21
Alma Grn. WN8: Uph 4F 21
Alma Gro. WN3: Wigan 3G 33
Alma Hill WN8: Uph 4F 21
Alma Pde. WN8: Uph 4G 21
Alma Rd. BL5: W'ton 3B 28
WN8: Uph 4G 21
Alma St. M29: Tyld 5H 39
M46: Ath 2E 39
WA12: Newt W 6B 56
WN7: Leigh 5A 38
Alma Wlk. WN8: Uph 4G 21
ALMOND BROOK 5D 4
Almond Brook Rd.
WN6: Shev, Stan 5D 4
Almond Cl. WA11: Hay 4B 54
Almond Cres. WN6: Stan 2H 13
Almond Gro. WN5: Wigan 5G 23
Almond Pastures
WN6: Stan 5E 5
Almonry, The L40: Lath 2B 8
Alnwick Cl. WN2: Asp 4B 16
Alpine Dr. WN7: Leigh 5G 37
Alpine St. WA12: Newt W 6A 56
Alston Lea M46: Ath 1G 39
Alston Rd. WN2: Wigan 1F 25
Alt Cl. WN7: Leigh 1H 49
Alton Cl. WN4: Ash M 3A 46
Alvanley Cl. WN5: Wigan 2E 23
Alverton Ct. WN3: Ince M 6E 25
Alwyn Cl. WN7: Leigh 6B 50
Alwyn St.
WN1: Wigan 1D 64 (2D 24)
Alwyn Ter.
WN1: Wigan 1D 64 (2D 24)
Amar St. WN2: Ince M 4F 25
Amber Ct. WN5: Wigan 2D 22
Amber Gdns. WN2: Hin 1C 36
Ambergate M46: Ath 3F 39
WN8: Skel 4H 19
Amber Gro. BL5: W'ton 1B 28
Amberhill Way M28: Worsl 2F 53
Amberley Cl. WN2: Wigan 1F 25
Amberswood WN2: Hin 5B 26
Amberswood Cl.
WN2: Ince M 4H 25
AMBERSWOOD COMMON 5A 26
Ambleside WN2: Ince M 4H 25
WN5: Wigan 4E 23
Ambleside Pl. WA11: St H 6F 43
Ambrose Av. WN7: Leigh 4A 38
Ambrose Fold WN7: Leigh 4A 38
Amersham WN8: Skel 4A 20
Amesbury Dr. WN3: Winst 3E 33
Amethyst Cl. WN2: Asp 1G 25
AMF Bowling
Wigan 4B 24
Amis Gro. WA3: Low 1C 58
Ancroft Dr. WN2: Hin 2B 36
Anderby Wlk. BL5: W'ton 1A 28
Anderton St. WN2: Ince M 4F 25
Anderton Way WN2: Asp 1H 25
(not continuous)
Andover Cres. WN3: Winst 3E 33
Andover Rd. WA11: Hay 1G 55
Andrew Av. WN5: Bil 2B 44
Andrew's Ter. *BL5: W'ton 2A 28*
(off Church St.)
Angus Av. WN7: Leigh 6G 37
Anjou Blvd. WN5: Wigan 3G 23
Annandale Gdns. WN8: Uph 3D 20
Annan Gro. WN4: Ash M 2E 47
Annesley Cres. WN3: Wigan 2H 33
Annette Av. WA12: Newt W 4A 56
Ann La. M29: Asty 2C 52
Ann St. WN7: Leigh 5A 38
WN8: Skel 3E 19
Ansdell Rd. WN5: Wigan 6F 23
Ansford Av. WN2: Abr 5H 35
Anson Pl. WN5: Wigan 3E 23
Anson St. WN5: Wigan 4H 23
Anthorn Rd. WN3: Wigan 2G 33
Antler Ct. WN4: Ash M 1B 46
Antrim Cl. WA11: Hay 3E 55
WN3: Winst 3E 33
Anvil Cl. WN5: Orr 6H 21
Apple Dell Av. WA3: Golb 6A 48
Apple Hey WN6: App B 1G 11
Apple St. WN7: Leigh 3D 50
Applethwaite WN2: Ince M 3H 25
Appleton Gro. WN3: Wigan 1G 33
Appleton La. BL5: W'ton 2B 28
Appleton Rd. WN8: Skel 1F 19
Appleton St. WN3: Wigan 3B 24
APPLEY BRIDGE 1H 11
Appley Bridge Station (Rail) 2G 11
Appley La. Nth. WN6: App B 1G 11
Appley La. Sth. WN6: App B 3G 11
WN8: Roby M 3G 11
Arbor Gro. M38: L Hult 1E 41
Arbory Cl. WN7: Leigh 2E 51
Arbour La. WN6: Stan 6D 4
Arcade St.
WN1: Wigan 4B 64 (3C 24)
Archer Gro. WA9: St H 5A 54
Archer St. M28: Worsl 6E 41
WN7: Leigh 5D 50
Arch La. WN4: Garsw 4C 44
Archway Wlk.
WA12: Newt W 6E 57
Arena App. BL6: Hor 2G 17
Argyle St. M46: Ath 3E 39
WN2: Hin 6C 26
Argyll Cl. WN4: Garsw 3E 45
Argyll St. WN5: Wigan 5H 23
Ariel Wlk. WA3: Low 1D 58
Arkholme M28: Worsl 5G 41
Arley Cl. WN2: Asp 1H 25
Arley La. WN1: Haigh 1C 14
Arley Lodge Nature Reserve 4C 6
Arley St. WN3: Ince M 1E 35
Arley Way M46: Ath 3G 39
Arlington Dr. WN7: Leigh 1G 59
Armitage Av. M38: L Hult 1F 41
Armitage Gro. M38: L Hult 1F 41
Armitstead St. WN2: Hin 1B 36
Armoury Bank WN4: Ash M 4B 46
Armstrong St. WN2: Asp 6G 15
Arncliffe Cl. WN2: Hin 1A 36
Arncliffe Ct. WN2: Hin 6A 26
Arnfield Dr. M28: Worsl 1H 53
Arnian Rd. WA11: Rainf 4B 30
Arnian Way WA11: Rainf 4B 30
Arnside Av. WA11: Hay 3D 54
WN2: Ince M 4G 25
Arnside Rd. WN2: Hin 6E 27
WN5: Orr 3D 22
Arran Cl. WA11: St H 3A 54
Arrowsmith Rd. WA11: Hay 2H 55
Arrow St. WN7: Leigh 4D 50
Arthur St. WN2: Hin 6C 26
WN7: Leigh 3A 50
Arundale BL5: W'ton 1B 28
Arundel Dr. WN7: Leigh 1B 50
Arundel St. WN2: Hin 6C 26
WN5: Wigan 5H 23
Ascot Dr. M46: Ath 1G 39
Ascroft Av. WN6: Wigan 6G 13
Ascroft St. WN1: Wigan 4E 25
Ash Av. WA12: Newt W 6C 56
Ashawe Cl. M38: L Hult 2E 41
Ashawe Gro. M38: L Hult 2E 41
Ashawe Ter. M38: L Hult 2E 41
Ashbourne Av. WN2: Hin 6D 26
WN2: Wigan 1F 25
Ashbourne Cl. WN7: Leigh 4H 37
Ashbourne Gdns. WN2: Hin 6D 26
Ashburn Cl. BL6: Hor 1H 17
Ashbury Dr. WA11: Hay 2E 55
Ashby Gro. WN7: Leigh 5G 37
Ashby Rd. WN3: Wigan 2B 34
Ash Cl. WN6: App B 2H 11
Ashcroft St. WN2: Hin 1C 36
Ashdale Rd. WN2: Hin 6D 26
WN3: Wigan 3A 34
Ashdown Dr. M28: Worsl 6G 41
Ashfield Av. M46: Ath 1E 39
WN2: Hin 1D 36
Ashfield Cres. WN5: Bil 2A 44
Ashfield Dr. WN2: Asp 4A 16
Ashfield Ho. Gdns.
WN6: Stan 1H 13
Ashfield Pk. Dr. WN6: Stan 1H 13
Ashfield Ter. WN6: App B 1G 11
Ashford Av. M28: Worsl 1F 53
Ashford Ri. WN1: Wigan 5B 14
Ash Gro. BL5: W'ton 4A 28
WA3: Golb 1H 57
WA11: Rainf 5B 30
WN5: Orr 5B 22
WN6: Stan 1H 13
WN8: Skel 2D 18
Ash Gro. Cres. WN5: Bil 1H 43
Ash Ho. WA12: Newt W 5A 56
Ashington Cl. WN5: Wigan 2D 22
Ashland Av. WN1: Wigan 1C 24
WN4: Ash M 3A 46
Ashlands Av. M28: Worsl 6G 41
Ash La. WN2: Asp 1G 25
Ashley Dr. WN7: Leigh 5G 37
Ashley Rd. WN2: Hin 2F 37
WN8: Skel 6H 9
Ashling Ct. M29: Tyld 4C 40
Ashmead Rd. WN8: Skel 5G 9
Ashmore St. M29: Tyld 5D 40
Ashridge Way WN5: Orr 2D 22
Ash Rd. WA11: Hay 2G 55
Ash St. M29: Tyld 4A 40
WA3: Golb 5H 47
ASHTON CROSS 5F 45
Ashton Fld. Dr. M28: Walk 1H 41
Ashton Gallery *WN1: Wigan 3A 64*
(within The Galleries)
Ashton Grange Ind. Est.
WN4: Ash M 1B 46
Ashton Heath WN4: Ash M 5C 46
ASHTON-IN-MAKERFIELD 4B 46
Ashton-in-Makerfield Golf Course
5G 45
Ashton Leisure Cen. 3A 46
Ashton Rd. WA3: Golb 5F 47
WA12: Newt W 3C 56
WN5: Bil 5C 32
ASHTON'S GREEN 6B 54
Ashtons Grn. Dr.
WA9: St H 6B 54
Ashton St. WN1: Ince M 3F 25
ASHURST 5H 9
Ashurst Cl. WA11: St H 3A 54
WN8: Skel 5G 9
Ashurst Dr. WA11: St H 3A 54
Ashurst Gdns. WN8: Skel 5G 9
Ashurst Rd. WN6: Stan 5D 4
WN8: Skel 6H 9
Ashwall St. WN8: Skel 3D 18
Ashwell Av. WA3: Low 6B 48
Ashwood *WN8: Skel 6A 10*
(off Forest Dr.)
Ashwood Av. WA3: Low 1B 58
WN2: Abr 6A 36
WN4: Ash M 5A 46
Ashwood Cl. M29: Asty 6A 40
Ashwood Ct. WA3: Low 2B 58
Ashworth St. WN2: Asp 6C 16
Askett Cl. WA11: Hay 2F 55
Askrigg Cl. M46: Ath 5C 38
Askwith Rd. WN2: Hin 2C 36
Aspen Cl. BL5: W'ton 1B 28
Aspen Wlk. WN6: Wigan 5A 14
Aspen Way WN8: Skel 1E 19
Aspenwood WN4: Ash M 5A 46
Aspinall Cl. M28: Walk 2F 41
Aspinall Cres. M28: Walk 2F 41
Aspinall Gro. M28: Walk 2F 41
Aspinall Rd. WN6: Stan 6D 4
Aspinall St. WN2: Platt B 3G 35
Aspinall Way BL6: Hor 1G 17
ASPULL 4A 16
ASPULL COMMON 6G 49
Aspull Comn. WN7: Leigh 6G 49
Aspull Ct. WN7: Leigh 6G 49
Assheton Cl. WA12: Newt W 5B 56
Astbury Cl. WA3: Low 1F 59
Aster Rd. WA11: Hay 2H 55
ASTLEY 6C 40
Astley Cl. WA11: Rainf 4B 30
Astley Ct. WN4: Ash M 2C 46
Astley Golf Cen. 3H 51
ASTLEY GREEN 3C 52
Astley Green Colliery Mus. 3D 52
Astley Hall Dr. M29: Asty 1B 52
Astley Pk. Way M28: Worsl 6D 40
Astley Rd. M44: Irlam 4C 62
Astley St. M29: Asty, Tyld 5A 40
WN7: Leigh 3D 50
Aston Gro. M29: Tyld 4B 40
Atherleigh Bus. Pk. M46: Ath 1C 38
Atherleigh Gro. WN7: Leigh 6B 38
Atherleigh Way M46: Ath 5H 49
WN7: Leigh 5H 49
ATHERTON 2F 39
Atherton Ho. M46: Ath 1F 39
Atherton Ind. Cen. M46: Ath 1F 39
Atherton Rd. WN2: Hin 6B 26
Atherton Sq. WN1: Wigan 3A 64
Atherton Station (Rail) 1G 39
Atherton St. PR7: Adl 1G 7
WN2: B'haw 5C 36
WN5: Wigan 5H 23
Athol Cl. WA12: Newt W 5H 55
Athol Cres. WN2: Hin 1F 37
Atholl Gro. WN3: Wigan 2A 34
Atkinson St. WN2: Abr 5H 35
Attingham Wlk. WN3: Wigan 6A 24
Attlee Av. WA3: Cul 5D 60
Aughton Cl. WN5: Bil 3A 44
Aughton St. WN2: Hin 1B 36
Austin Av. WN4: Garsw 3G 45
Austin St. WN7: Leigh 2H 49

66 A-Z Wigan

Avebury Cl.—Bent La.

Avebury Cl. WA3: Low 1C **58**
Aveley Gdns. WN3: Wigan 1E **33**
Avenue, The BL5: W'ton 2B **28**
M28: Worsl 4G **53**
WA11: Rainf 5B **30**
WA12: Newt W 5D **56**
WN1: Wigan 1D **24**
WN5: Bil 2H **31**
WN6: Stan 5G **13**
WN7: Leigh 2B **50**
Averham Cl. WN4: Ash M 6B **46**
Averhill M28: Worsl 5H **41**
Avery Cres. WA11: Hay 2E **55**
Avery Rd. WA11: Hay 2E **55**
Avery Sq. WA11: Hay 2E **55**
Aviemore Cl. WN4: Garsw 3F **45**
Avocet Cl. WA12: Newt W 5C **56**
WN7: Leigh 1C **50**
Avocet Dr. M44: Irlam 6G **63**
Avon Cl. M28: Walk 3G **41**
Avondale Dr. M29: Asty 1C **52**
Avondale Gdns. WA11: Hay 2E **55**
Avondale Rd. WA11: Hay 2E **55**
WN1: Wigan 1A **64** (2C **24**)
Avondale St. WN6: Stan 6G **5**
Avon Rd. M29: Asty 6C **40**
WA3: Cul 6C **60**
WN4: Ash M 2E **47**
WN5: Bil 4G **43**
WN5: Wigan 4E **23**
Avon St. WN7: Leigh 3D **50**
Avril Ct. WN3: Ince M 1E **35**
Aye Bri. Rd. WN2: Abr 2H **47**
Aylesbury Cres. WN2: Hin 3G **37**
Ayrefield Gro. WN6: Shev 3H **11**
Ayrefield Rd. WN8: Roby M 5G **11**

B

Back Bri. St.
WA12: Newt W 6B **56**
Back Brow WN8: Uph 4G **21**
Bk. Cross La. WA12: Newt W 5B **56**
Back La. WA11: Crank 2D **42**
WN6: App B, Stan 1H **11**
WN8: Dalt 4D **10**
WN8: Skel 4C **20**
(Barnfield Dr.)
WN8: Skel 5B **20**
(Beavers La.)
Bk. Legh St. WA12: Newt W 6A **56**
Back Mkt. St. WA12: Newt W 5A **56**
WN2: Hin 6B **26**
WN7: Leigh 2B **50**
Bk. Queen St. *WN7: Leigh 2C **50***
(off Brown St. Nth.)
Bk. Railway Vw. PR7: Adl 1G **7**
Bk. St Helens Rd. Sth.
*BL3: Bolt 1H **29***
(off Reginald St.)
Back Salford WN7: Leigh 2B **50**
Bk. School La. WN8: Skel 2D **18**
WN8: Uph 4G **21**
Bk. Shakerley Rd. *M29: Tyld 4H **39***
(off Tyldesley Pas.)
Bk. Short St. *M46: Ath 4H **39***
(off Short St.)
Bk. Skull Ho. La.
WN6: App B 1H **11**
Bk. Stanley St. *M46: Ath 2E **39***
(off Stanley St.)
Baclaw Cl. WN1: Wigan 2F **25**
Badbury Cl. WA11: Hay 2F **55**
Bag La. M46: Ath 1D **38**
Bag La. Ent. Cen. M46: Ath 1D **38**
Bagshaw La. WN2: Asp 1C **26**
Bahama Cl. WA11: Hay 1F **55**
Bahama Rd. WA11: Hay 1F **55**
Bailey Fold BL5: W'ton 3D **28**
Bailey's Ct. WN1: Wigan 3A **64**
Bainbridge Av. WA3: Low 1D **50**
Baines Cl. WN7: Leigh 3E **49**
Baker St. WN3: Wigan 5B **24**
Bakewell Dr. WN6: Wigan 5A **14**
Balcarres Av. WN1: Wigan 1E **25**
Balcarres Rd. WN2: Asp 5H **15**
Baldrine Dr. WN2: Hin 6F **27**
Baldwin St.
WN1: Wigan 3D **64** (3D **24**)
WN2: Hin 2F **37**
WN3: Ince M 6D **64** (4D **24**)
WN5: Orr 5D **22**
Balfern Fold BL5: W'ton 2A **28**
Balharry Av. WA11: Hay 2H **55**
Ballantyne Way WA3: Low 1C **58**
Balliol Way WN4: Ash M 3H **45**
Balls Cotts. WN3: Ince M 2F **35**
Ball St. WN6: Wigan 1G **23**
Balmoral PR7: Adl 1E **7**
Balmoral Av. WA3: Low 6B **48**
Balmoral Dr. WN2: Hin 1A **36**
WN7: Leigh 1F **51**
Balmoral Rd. WN4: Ash M 3A **46**
WN5: Wigan 5G **23**
Balmore Cl. BL3: Bolt 1H **29**
Balniel Wlk. WN1: Wigan 6E **15**
Bamber Cft. BL5: W'ton 6H **17**
Bamber's Bldgs. *WN2: Hin 6C **26***
(off Durham Rd.)
Bamburgh Pl. WN4: Ash M 2A **46**
Bamford Dr. WN2: Wigan 2F **25**
BAMFURLONG 5F **35**
Bampton Av. WA11: St H 6F **43**
Bampton Cl. BL5: W'ton 1A **28**
Banastre Dr. WA12: Newt W 6F **57**
Banbury Cl. WN7: Leigh 6A **50**
Banbury Rd. WN5: Bil 3H **31**
Bangor Fold WN7: Leigh 3E **51**
Banham Av. WN3: Winst 2E **33**
Bank Av. WN5: Orr 6H **21**
Bankbrook WN6: Stan 5F **13**
Bank Brow WN8: Roby M 5G **11**
Bankes Av. WN5: Orr 5C **22**
Bank Fld. BL5: W'ton 4C **28**
Bankfield WN8: Skel 4A **20**
Bankfield Dr. M28: Worsl 6H **41**
Bankfield Rd. M29: Tyld 5E **41**
Bankhall Cl. WN2: Hin 4F **37**
BANK HEATH 1F **57**
Bank Hey BL5: W'ton 3B **28**
Bank Ho. Cl. M29: Tyld 4E **41**
Bank Pl. WA3: Golb 6G **47**
Bank Rd. WN8: Roby M 4G **11**
Banksbarn WN8: Skel 4A **20**
Banks Ct. WN7: Leigh 2H **49**
Bank Side BL5: W'ton 4B **28**
Bankside Av. WN4: Ash M 5A **34**
Bank St. PR7: Adl 1G **7**
WA3: Golb 6G **47**
WA12: Newt W 6H **55**
WN2: Platt B 2G **35**
WN5: Wigan 5G **23**
BANK TOP 5G **11**
Bankwood WN6: Shev 3A **12**
Bannatyne Health Club
Skelmersdale 1H **19**
Banner St. WN2: Hin 6C **26**
WN3: Ince M 6E **25**
Bannister Ct. WN6: Shev 4C **12**
Bannister Way WN3: Winst 3G **33**
Barbrook Cl. WN6: Stan 5D **4**
Barbury Cl. WN7: Leigh 6B **38**
Bardale Gro. WN4: Ash M 4A **46**
Bardney Av. WA3: Golb 5F **47**
Bardsley Cl. WN8: Uph 4E **21**
Bardwell Av. BL5: W'ton 3H **27**
Barford Cl. WN8: Uph 4E **21**
Barford Dr. WA3: Low 1E **59**
Barker De Lane BL6: B'rod 3C **16**
Barker St. WN7: Leigh 2G **49**
Barlborough Rd. WN5: Wigan 6F **23**
Barley Brook St.
WN6: Wigan 2B **24**
Barnabys Rd. BL5: W'ton 6H **17**
Barn Acre BL6: B'rod 1C **16**
Barnes Pas. M46: Ath 2G **39**
Barnes Rd. WN8: Skel 2E **19**
Barnett Av. WA12: Newt W 6G **55**
Barnfield Cl. M29: Tyld 4H **39**
Barnfield Dr. BL5: W'ton 2C **28**
M28: Worsl 1H **53**
WN8: Skel 4C **20**
Barngill Gro. WN3: Wigan 2G **33**
Barnham Cl. WA3: Golb 1G **57**
Barn Hill BL5: W'ton 2A **28**
Barn Hill Ter. *BL5: W'ton 2A **28***
(off Tithe Barn St.)
Barn La. WA3: Golb 2F **57**
Barnley Cl. M44: Irlam 6H **63**
Barnsley St. WN6: Wigan 6A **14**
Barnton Cl. WA3: Low 2B **58**
Barn Way WA12: Newt W 6B **56**
Barnwell Av. WA3: Cul 5H **59**
Baron Fold Cres. M38: L Hult 1F **41**
Baron Fold Gro. M38: L Hult 1F **41**
Baron Fold Rd. *M38: L Hult 1F **41***
(off Manchester Rd. W.)
Barracks Rd. WN2: B'haw 4B **36**
Barracks Sq. WN1: Wigan 4B **64**
Barracks Yd. WN1: Wigan 4A **64**
Barrie St. WN7: Leigh 5H **37**
Barrington Cl. WN3: Winst 3F **33**
Barron Mdw. WN7: Leigh 6H **37**
Barrowcroft Cl. WN1: Stan 6B **6**
Barrowdale Rd. WA3: Golb 1H **57**
Barrow La.
WA2: Croft, Winw 6H **57**
Barrows Farm WN5: Bil 4A **44**
Barrow St. WN4: Ash M 2D **46**
Barrs Fold Cl. BL5: W'ton 6H **17**
Barrs Fold Rd. BL5: W'ton 1H **27**
Barry Cres. M28: Walk 2G **41**
Bar St. WN2: Platt B 4G **35**
Barton Av. WN1: Wigan 1B **24**
Barton Clough WN5: Bil 2A **44**
Barton M. WA3: Cul 5H **59**
Barton Moss M30: Ecc 2G **63**
Barton St. M29: Tyld 4H **39**
WA3: Golb 6G **47**
WN2: Platt B 2H **35**
WN5: Wigan 6D **22**
Barton Ter. M44: Irlam 6H **63**
Barwell Cl. WA3: Golb 6A **48**
Baslow Av. WN2: Hin 2D **36**
Bassett Gro. WN3: Winst 3E **33**
Basswood Grn. WN2: Hin 2E **37**
Batheaston Gro. WN7: Leigh 5H **37**
Bath St. M46: Ath 2C **38**
WN2: Wigan 1F **25**
Battersby St. WN2: Ince M 3H **25**
WN7: Leigh 3D **50**
Baucher Rd. WN3: Wigan 6H **23**
Baverstock Cl. WN3: Ince M 5D **24**
Baxter's Row WN2: Hin 3F **37**
Baxter St. WN6: Stan 6H **5**
Baycliff Cl. WN2: Hin 2D **36**
Baytree Rd. WN6: Wigan 1H **23**
Beacon Cl. M46: Ath 3C **38**
Beacon Country Pk. 2D **20**
Beacon Country Pk. Vis. Cen.
1C **20**
Beacon Grn. WN8: Skel 3C **20**
Beacon Gro. WA11: St H 3A **54**
Beacon Hgts. WN8: Uph 3E **21**
Beacon La. WN8: Dalt 3G **9**
Beacon Pk. Golf Course 1D **20**
Beacon Rd. WN2: B'haw 5E **37**
WN5: Bil 6H **31**
WN6: Stan 5D **4**
Beacons, The WN6: Shev 2H **11**
Beacon Vw. WN6: App B 1G **11**
WN6: Stan 6E **5**
Beacon Vw. Dr. WN8: Uph 4F **21**
Beaford Cl. WN5: Wigan 6D **22**
Beal Dr. WN2: Platt B 3G **35**
Beardsmore Dr. WA3: Low 1C **58**
Bearncroft WN8: Skel 5A **20**
Beatty Dr. BL5: W'ton 2A **28**
Beaufort St. WN2: Hin 6B **26**
WN5: Wigan 5G **23**
Beaumaris Cl. WN7: Leigh 2G **49**
Beaumaris Rd. WN2: Hin 2E **37**
Beaumont Gro. WN5: Orr 3D **22**
Beaverbrook Av. WA3: Cul 5D **60**
Beaver Ct. WN4: Ash M 1C **46**
Beavers La. WN8: Skel 5B **20**
Beavers Way WN8: Skel 5B **20**
Beckfield Cl. WN7: Leigh 6B **50**
Beckford Ct. M29: Tyld 4A **40**
Beck Gro. WA11: St H 6F **43**
Beckside M29: Tyld 5G **39**
Beckwith WN2: Platt B 2H **35**
BEDFORD 3E **51**
Bedford Ct. *WN7: Leigh 3C **50***
(off Duke St.)
Bedford Dr. M46: Ath 4C **38**
Bedford Gdns. WN2: Hin 5D **26**
Bedford Pl. WN4: Ash M 2A **46**
Bedford Sq. WN7: Leigh 3C **50**
Bedford St. WA9: St H 6A **54**
WN1: Wigan 2E **25**
WN5: Wigan 6E **23**
WN7: Leigh 2C **50**
Beecham Ct. WN3: Wigan 1G **33**
Beech Av. M28: Worsl 1G **53**
M44: Irlam 6H **63**
M46: Ath 2G **39**
WA3: Cul 6C **60**
WA3: Low 2D **58**
WA11: Hay 2H **55**
Beech Cl. WN8: Skel 2E **19**
Beech Cres. WN6: Stan 1G **13**
WN7: Leigh 4A **50**
Beech Dr. WN7: Leigh 5B **50**
Beeches, The *M46: Ath 2F **39***
(off George St.)
Beechfield Av. M38: L Hult 1G **41**
WN2: Hin 1E **37**
Beechfield Dr. WN7: Leigh 4B **50**
Beech Gdns. WA11: Rainf 4A **30**
Beech Gro. M38: L Hult 1E **41**
WN2: Abr 6A **36**
WN6: Wigan 6G **13**
WN7: Leigh 5A **50**
Beech Hall St. WN6: Wigan 1A **24**
BEECH HILL 6A **14**
Beech Hill Av. WN6: Wigan 6G **13**
Beech Hill La. WN6: Wigan 6G **13**
Beech Ho. BL5: W'ton 1B **28**
Beechmill Dr. WA3: Cul 6A **60**
Beech Rd. WA3: Golb 6G **47**
Beech St. M46: Ath 2G **39**
WN4: Ash M 1A **46**
Beech Tree Av. WN6: App B 1H **11**
Beech Tree Ho's. WN2: Bam 1E **47**
Beechtrees WN8: Skel 4A **20**
Beech Wlk. WN3: Winst 3E **33**
WN6: Stan 1F **13**
WN7: Leigh 5A **50**
Beechwood WN8: Skel 6A **10**
Beechwood Av.
WA12: Newt W 5D **56**
WN4: Ash M 5A **46**
WN6: Shev 4B **12**
Beechwood Ct. WN8: Skel 5B **20**
Beechwood Cres. M29: Asty 1A **52**
WN5: Orr 5A **22**
Beechwood La. WA3: Cul 5H **59**
Bee Fold La. M46: Ath 3D **38**
(not continuous)
Beeford Dr. WN5: Orr 6A **22**
Beehive Grn. BL5: W'ton 2D **28**
Beeston Gro. WN7: Leigh 6F **39**
Beggar's Wlk. WN1: Wigan 6B **14**
WN6: Wigan 6B **14**
Beilby Rd. WA11: Hay 2H **55**
Belfield WN8: Skel 5B **20**
Belfry Cres. WN6: Stan 5H **5**
Belgrave Cl. WN3: Winst 2E **33**
WN7: Leigh 1G **59**
Belgrave St. M46: Ath 3C **38**
BELL, THE 3D **22**
Bellamy Dr. WN7: Leigh 2D **50**
Belldean WN2: Ince M 3H **25**
Belle Grn. Ind. Est.
WN2: Ince M 3G **25**
Belle Grn. La. WN2: Ince M 4G **25**
Bellerophon Way WA11: Hay 3G **55**
Belle-Vue WA3: Low 5D **48**
Belle Vue St. WN5: Wigan 6F **23**
Bellingham Av. WN1: Wigan 1D **24**
Bellingham Dr. WN1: Wigan 1D **24**
Bellingham Mt.
WN1: Wigan 6C **14**
Bell La. WN5: Orr 3D **22**
Bellpit Cl. M28: Worsl 6H **41**
Bell St. WN2: Hin 5C **26**
WN7: Leigh 4H **37**
Bellwood BL5: W'ton 5G **27**
Belmont Av. M46: Ath 1H **39**
WA3: Golb 6A **48**
WN2: B'haw 4D **36**
WN5: Bil 2H **31**
Belmont Dr. WN2: Asp 4A **16**
Belmont Pl. PR7: Cop 1E **5**
Belmont Ri. WN6: Stan 1H **13**
Belmont Rd. WN2: Hin 6D **26**
Belton Cl. WA3: Golb 2G **57**
Belvedere Av. M46: Ath 1H **39**
Belvedere Cl. WN7: Leigh 6F **39**
Belvedere Pl. WN3: Wigan 6H **23**
Belvedere Rd.
WA12: Newt W 5B **56**
WN4: Ash M 4C **46**
Belvoir St. WN1: Wigan 3E **25**
Bembridge Ct. WN3: Winst 3G **33**
Bengairn Cl. WN1: Wigan 2F **25**
Bengal St. WN7: Leigh 2B **50**
Benjamin Fold WN4: Ash M 2B **46**
Bennett Dr. WN5: Orr 1H **31**
Bentham Pl. WN6: Stan 5H **5**
Bentham Rd. WN6: Stan 6G **5**
Bent Ho's. WN2: Asp 5A **16**
Bentinck St. WN3: Wigan 1G **33**
Bent La. WA3: Cul 6C **60**

A-Z Wigan 67

Bentley Ct.—Bridgefoot Cl.

Bentley Ct. BL5: W'ton 3B 28
(off Victoria St.)
Bentworth Cl. BL5: W'ton 5B 28
Beresford St. WN6: Wigan 2A 24
Berkeley Av. WN3: Winst 3F 33
Berkeley Cl. WN7: Leigh 1G 59
Berkeley Ct. WA12: Newt W 5H 55
Bermside Cl. WN6: Wigan 1G 23
Bernard Wood Ct. WN5: Bil 3G 43
Berrington Gro. WN4: Ash M 4A 46
Berringtons La. WA11: Rainf 5A 42
Berry Cl. WN8: Skel 1F 19
Berryfold Way M29: Asty 5A 40
Berry St. WN8: Skel 1F 19
Bertram St. WA12: Newt W 6A 56
Berwick Cl. M28: Worsl 6F 41
Berwick Pl. WN1: Wigan 2E 25
Berwyn Gro. WA9: St H 6B 54
Bessie's Well Pl. WN6: Stan 1H 13
Bethany Cl. WA11: Hay 2D 54
Bethany M. WN2: Hin 1F 37
Bethersden Rd. WN1: Wigan 4B 14
Bettison Av. WN7: Leigh 4E 51
Beulah Av. WN5: Bil 3H 43
Beverley Av. WN5: Bil 4A 32
WN7: Leigh 1C 50
Beverley Rd. WN5: Wigan 3D 22
Beverley Way
WA12: Newt W 6H 55
Bevin Av. WA3: Cul 5D 60
Bevington St. WN4: Ash M 2H 45
Bewerley Cl. WN3: Wigan 5B 24
Bewley Gro. WN7: Leigh 1C 50
Bexhill Dr. WN7: Leigh 3G 37
Bexley Dr. M38: L Hult 1H 41
Bexley St. WN2: Hin 2F 37
BICKERSHAW 4C 36
Bickershaw La.
WN2: Abr, B'haw 4H 35
WN7: Leigh 3E 49
BICKERSTAFFE 6A 18
Bickley Gro. M29: Asty 1C 52
Bidford Cl. M29: Tyld 4C 40
Bidston Av. WA11: St H 4A 54
BILLINGE 2A 44
Billinge Arc. WN1: Wigan 3A 64
(within The Galleries)
Billinge Cres. WA11: St H 3A 54
Billinge Rd. WN3: Wigan 1E 33
WN4: Garsw 2D 44
WN5: Bil 2D 44
WN5: Wigan 5G 23
Billington Av. WA12: Newt W 3B 56
Birbeck Cl. WN3: Winst 4G 33
Birchall Av. WA3: Cul 5H 59
Birch Av. BL5: W'ton 4B 28
WN6: Stan 1H 13
Birch Cres. WA12: Newt W 5H 55
Birchfield Av. M46: Ath 1D 38
Birchfield Dr. M28: Worsl 6G 41
Birchfold Cl. M38: L Hult 1H 41
BIRCH GREEN 1A 20
Birch Grn. Rd. WN8: Skel 6H 9
Birch Gro. WN4: Garsw 2E 45
Birch Ho. BL5: W'ton 4B 28
Birchley Av. WN5: Bil 4G 43
Birchley Rd. WN5: Bil 4G 43
Birchley Vw. WA11: St H 5F 43
Birch Rd. M46: Ath 2G 39
WA11: Hay 2G 55
WN2: Abr 6H 35
WN7: Leigh 6B 38
Birch St. M29: Tyld 4A 40
WN2: Hin 6B 26
WN6: Wigan 2A 24
WN8: Skel 2E 19
Birch Tree Rd. WA3: Low 1D 58
Birchwood Cl. WN3: Winst 4F 33
WN7: Leigh 4B 50
Bird St. WN2: Ince M 4F 25
Birkdale Av. M46: Ath 6E 29
Birkett Bank WN1: Wigan 3E 25
Birkett St. WN1: Wigan 3E 25
Birkrig WN8: Skel 5B 20
Birkside Cl. WN3: Wigan 4A 34
Birley Cl. WN6: App B 1B 12
Birley St. WA12: Newt W 5D 56
WN7: Leigh 1C 50
Birleywood WN8: Skel 5B 20
Birtle Dr. M29: Asty 6C 40
Bishopgate
WN1: Wigan 4A 64 (3C 24)
Bishop Reeves Rd.
WA11: Hay 2G 55
Bispham Ct. WN5: Bil 3H 31
Bispham Dr. WN4: Ash M 2H 45
BJ's Bingo 3B 50
Blackberry Dr. WN2: Hin 1A 36
BLACKBROOK 3C 54
Blackbrook Rd. WA11: St H 4A 54
Blackburn Cl. WA3: Low 1C 58
Blackburne Dr.
WA12: Newt W 5A 56
Blackcap Cl. M28: Worsl 6H 41
Blackdown Gro. WA9: St H 6B 54
Blackhorse Av. BL6: B'rod 5H 7
Black La. WN7: Leigh 2F 51
Blackledge Cl. WN5: Orr 6A 22
Blackleyhurst Av. WN5: Bil 2A 44
BLACKMOOR 2B 52
Blackmoor Av. M29: Asty 2B 52
BLACKROD 4H 7
Blackrod Brow BL6: B'rod 3H 7
Blackrod By-Pass Rd.
BL6: B'rod 1D 16 (3H 7)
Blackrod Ind. Est.
BL6: B'rod 2C 16
Blacksmiths Fold M46: Ath 2G 39
Blackstone Av. WA11: St H 4A 54
Blackthorn Av. WN6: Wigan 6H 13
BLAGUEGATE 2B 18
Blaguegate La. WN8: Skel 1A 18
Blair Av. M38: L Hult 1H 41
WN2: Hin 2F 37
Blake Av. M46: Ath 6F 29
Blakeborough Ho. M46: Ath 2F 39
(off Elizabeth St.)
Blake Cl. WN3: Wigan 6A 24
Blakehall WN8: Skel 4B 20
(not continuous)
Blakemore Pk. M46: Ath 1D 38
Blandford Cl. M29: Tyld 4A 40
Blantyre St. WN2: Hin 5C 26
Blaydon Cl. WN2: Asp 4B 16
Blaydon Pk. WN8: Skel 4B 20
Bleach St. WN2: Hin 6A 26
Bleakledge Gro. WN2: Hin 5C 26
Bleaklow Cl. WN3: Wigan 3B 34
Bleasdale Rd.
WA12: Newt W 5B 56
WN2: Hin 6E 27
Bleasefell Chase
M28: Worsl 2G 53
Blenheim Dr. WN7: Leigh 6G 39
Blenheim Rd. WN4: Ash M 5D 46
WN5: Wigan 2E 23
Blenheim St. M29: Tyld 4A 39
Blewbury Cl. WN7: Leigh 6B 38
Bligh Rd. BL5: W'ton 2A 28
Blissford Cl. WN2: Hin 1B 36
Bloomfield Dr. M28: Worsl 6G 41
Blossom St. M29: Tyld 4A 40
Bluebell Av. WA11: Hay 2G 55
WN6: Wigan 6H 13
Blundell La. BL6: B'rod 5G 7
Blundell M. WN3: Wigan 1F 33
Blundells Ct. WN3: Wigan 1F 33
Blythewood WN8: Skel 4A 20
Boardmans La. WA9: St H 5A 54
WA11: St H 5A 54
BOAR'S HEAD 2A 14
Boars Head Av. WN6: Stan 2A 14
Boat La. M44: Irlam 6H 63
Boatmans Row M29: Asty 3C 52
Bodden St. WA3: Low 6E 49
Bodmin Dr. WN2: Platt B 4G 35
Bodmin Gro. WA11: St H 2A 54
Bodmin Rd. M29: Asty 5B 40
Bogburn La. PR7: Cop 1F 5
Bolderwood Dr. WN2: Hin 1B 36
Bold St. WN5: Wigan 6F 23
WN7: Leigh 1B 50
(Holden Rd. Trad. Est.)
WN7: Leigh 2B 50
(Vernon St.)
Bollin Cl. WA3: Cul 6C 60
Bolney St. WN2: Asp 1G 25
Bolton Arena 2G 17
Bolton Cl. WA3: Low 1F 59
Bolton Ho. Rd. WN2: B'haw 6D 36
Bolton Old Rd. M46: Ath 2F 39
Bolton Rd. BL3: Bolt 1F 29
BL5: W'ton 3B 28
M46: Ath 2F 39
PR6: Adl, And 1H 7
WN2: Asp 4A 16
WN2: Bam 4B 46
WN4: Ash M 4B 46
Bolton Rd. Ind. Est.
BL5: W'ton 2B 28
M46: Ath 1G 39
Bolton Sq. WN1: Wigan 2E 25
Bolton St. WN4: Garsw 2F 45
Bolton Wanderers FC 1H 17
Bolton Wanderers FC Visitor & Tour Cen. 2H 17
(within Macron Stadium)
Bombay Rd. WN5: Wigan 3E 23
Bond's La. PR7: Adl 1F 7
Bond St. M46: Ath 4H 39
WN7: Leigh 2B 50
Bone Island WN8: Skel 3H 19
Bonnywell Rd. WN7: Leigh 4A 50
BOOTH'S BANK 1H 53
Boothsbank Av. M28: Worsl 1H 53
Booth's Brow Rd.
WN4: Ash M 1F 45
Booth's Hall Gro.
M28: Worsl 1H 53
Booths Hall Paddock
M28: Worsl 2H 53
Booth's Hall Rd. M28: Worsl 1H 53
Boothshall Way M28: Worsl 2G 53
BOOTHSTOWN 1G 53
Boothstown Dr. M28: Worsl 2G 53
Bor Av. WN3: Wigan 1B 34
Borden Cl. WN2: Wigan 1F 25
Border Brook La. M28: Worsl 1G 53
Bores Hill WN1: Stan 3C 6
Bores Mdw. WN1: Stan 3C 6
Borrans, The M28: Worsl 2F 53
Borron Cl. WA12: Newt W 4B 56
Borron Ho. WA12: Newt W 5B 56
Borron Rd. WA12: Newt W 4B 56
Borron Rd. Ind. Est.
WA12: Newt W 5B 56
(off Borron Rd.)
Borrowbeck Cl. WN2: Platt B 3F 35
Borrowdale Rd. WN5: Wigan 4D 22
Borsdane Av. WN2: Hin 1C 36
Borsdane Wood Local Nature Reserve 2D 26
Boscombe Pl. WN2: Hin 1C 36
Boston Cl. WA3: Cul 5B 60
Boston Gro. WN7: Leigh 5A 38
Boswell Pl. WN3: Wigan 1H 33
Bosworth Rd. WA11: St H 3A 54
Botanic Ct. WN1: Wigan 5C 14
WN5: Wigan 2E 23
Botany Cl. WN2: Asp 1H 25
Botesworth Cl. WN2: Hin 6E 27
BOTTLING WOOD 1D 24
Boughey St. WN7: Leigh 2A 50
Boundary Ct. M28: Worsl 5H 41
(off Morston Cl.)
Boundary La. WN6: Wright 4C 4
Boundary Rd. M44: Irlam 6H 63
Boundary St. M29: Tyld 4A 40
WN1: Wigan 6D 64 (4D 24)
WN7: Leigh 3D 50
Bourne Av. WA3: Low 1B 58
Bourton Ct. M29: Tyld 4D 40
Bowden Cl. WA3: Cul 5B 60
WN7: Leigh 5D 50
Bowfell Cl. M28: Walk 1F 41
Bowker St. M28: Walk 2H 41
Bowland Av. WA3: Golb 6A 48
WN4: Ash M 3B 46
Bowland's Hey BL5: W'ton 3A 28
Bowling Grn. Row M46: Ath 3D 38
Bowlings, The WN6: Wigan 1A 24
Bowling Wood WN2: Hin 1F 37
Bowness Av. WA11: St H 6F 43
Bowness Pl. WN2: Ince M 3H 25
Bow Rd. WN7: Leigh 4D 50
Boyd Cl. WN6: Stan 6H 5
Boydell St. WN7: Leigh 1B 50
Boyswell Ho.
WN1: Wigan 3D 64 (3D 24)
Brabazon Pl. WN5: Wigan 3E 23
Bracken Lea BL5: W'ton 6B 28
Bracken Rd. M46: Ath 3F 39
WN7: Leigh 2F 49
Brackley Av. M29: Tyld 4B 40
Brackley Rd. BL5: O Hul 3H 29
Braddyll Rd. BL5: O Hul 3H 29
Bradford Pl.
WN3: Wigan 6B 64 (4C 24)
Bradford St.
WN3: Wigan 6B 64 (4C 24)
Bradley Cl. WN6: Stan 5H 5
Bradley Gdns. WN2: Asp 3A 16
Bradley Hall Trad. Est.
WN6: Stan 5A 6
Bradley La. WN1: Stan 5G 5
WN6: Stan 5G 5
(Ormsby Cl.)
WN6: Stan 6G 5
(Smalley St.)
Bradshaigh Ho. WN1: Wigan 1B 64
Bradshaw Cl. WN6: Stan 6F 5
Bradshawgate
WN1: Wigan 4D 64 (3D 24)
WN7: Leigh 2B 50
Bradshawgate Shop. Arc.
WN7: Leigh 2B 50
(off Bradshawgate)
Bradshaw St. M46: Ath 2F 39
WN1: Wigan 1D 24
WN5: Orr 5C 22
Bradwell Rd. WA3: Low 2C 58
Braeburn Ct. WN7: Leigh 2H 49
Braemar La. M28: Worsl 1H 53
Braemar Wlk. WN2: Asp 4B 16
Braemore Cl. WN3: Winst 3F 33
Braes, The WN2: Hin 1D 36
Braeside Cres. WN5: Bil 2H 43
Braidhaven WN6: Shev 2A 12
Braithwaite WN6: Shev 3C 12
Braithwaite Rd. WA3: Low 6B 48
Brakesmere Gro. M28: Walk 1G 41
Bramble Gro. WN5: Wigan 4G 23
Brambles, The WN4: Garsw 2F 45
Bramblewood WN2: Hin 4D 26
Brambling Dr. BL5: W'ton 5H 27
Brambling Way WA3: Low 2C 58
Bramford Cl. BL5: W'ton 5A 28
Bramhall Rd. WN8: Skel 1F 19
Bramley Ct. WN6: Stan 6G 5
Brampton Cl. WN2: Platt B 4F 35
Brampton Ct. WA9: St H 6D 54
Brampton St. M46: Ath 2F 39
Bramwell St. WA9: St H 5A 54
Brancaster Dr. WA3: Low 2E 59
Branch St. WN2: Ince M 4G 25
Branchway WA11: Hay 3F 55
Brancker St. BL5: W'ton 2E 29
Brandforth Gdns. BL5: W'ton 1C 28
Brandon Cl. WN8: Uph 4E 21
Brandreth Pl. WN6: Stan 6H 5
Brandwood Cl. M28: Worsl 5G 41
Bransdale Dr. WN4: Ash M 4D 46
Bransfield Cl. WN3: Wigan 2A 34
Bransford Cl. WN4: Ash M 5C 46
Branson Cl. WA3: Golb 5G 47
Branthwaite WN2: Ince M 2H 25
Bratton Cl. WN3: Winst 4E 33
Brayford Dr. WN2: Asp 4A 16
Brayton Ct. WN2: Hin 5B 26
Breaktemper BL5: W'ton 2A 28
Breaston Av. WN7: Leigh 4E 51
Breccia Gdns. WA9: St H 6A 54
Brecon Cl. WN2: Platt B 3H 35
Brecon Dr. WN2: Hin 2E 37
Breeze Hill WN6: Stan 2B 14
Breeze Hill Rd. M46: Ath 6H 29
Brendon Gro. WA9: St H 5C 54
Brentwood WN5: Wigan 6F 23
Brentwood Gro. WN7: Leigh 6B 38
Bretherton Row WN1: Wigan 4A 64
Bretherton St. WN2: Hin 5A 26
Brett Rd. M28: Worsl 1G 53
Brewery La. WN7: Leigh 3C 50
Brewery Yd. WN1: Wigan 4A 64
Briar Cl. WN2: Hin 1F 37
WN4: Ash M 3A 46
Briarcroft Dr. M46: Ath 4C 38
Briar Gro. WN7: Leigh 5A 38
Briar Hill Av. M38: L Hult 1E 41
Briar Hill Cl. M38: L Hult 1E 41
Briar Hill Gro. M38: L Hult 1E 41
Briarly WN6: Stan 2A 14
Briar Rd. WA3: Golb 1H 57
WN5: Wigan 4F 23
Briars Grn. WN8: Skel 5G 9
Briar Wlk. WA3: Golb 1H 57
Briarwood Cl. M29: Asty 6A 40
Briary Dr. M29: Asty 5B 40
Brickcroft WN5: Wigan 5D 22
Brick Kiln La.
WN1: Wigan 2B 64 (2C 24)
Brick St. WA12: Newt W 6H 55
Brideoake St. WN7: Leigh 3D 50
Bridge Bank Cl. WA3: Golb 2H 57
Bridge End WN6: Wigan 3B 24
Bridgefoot Cl. M28: Worsl 2G 53

68 A-Z Wigan

Bridgehall Dr.—Carlisle St.

Bridgehall Dr. WN8: Uph . . . 4F **21**
Bridgeman Ter.
WN1: Wigan . . . 1A **64** (2C **24**)
Bridge's St. M46: Ath . . . 3D **38**
Bridge St. WA3: Golb . . . 2G **57**
WA12: Newt W . . . 6B **56**
WN2: Hin . . . 5B **26**
WN3: Ince M . . . 6D **64** (5D **24**)
WN3: Wigan . . . 6A **64** (4C **24**)
Bridgewater Rd. M28: Worsl . . . 6F **41**
Bridgewater St. M38: L Hult . . . 1H **41**
WN2: Hin . . . 6C **26**
WN3: Wigan . . . 4B **24**
WN5: Wigan . . . 5H **23**
Brierfield WN8: Skel . . . 5B **20**
Brierfield Av. M46: Ath . . . 1E **39**
Briggs St. WN7: Leigh . . . 6A **38**
Bright St. WN7: Leigh . . . 6A **38**
(not continuous)
Brignall Gro. WA3: Low . . . 6B **48**
Brimelows Bldgs. *M29: Asty . . . 2C 52*
(off Higher Grn. La.)
Brimfield Av. M29: Tyld . . . 4C **40**
Brindlehurst Dr. M29: Asty . . . 6C **40**
Brindle St. M29: Tyld . . . 4A **40**
WN2: Hin . . . 4D **26**
Brindley Cl. M46: Ath . . . 3C **38**
Brindley Dr. M28: Worsl . . . 1G **53**
Brindley St. M28: Worsl . . . 1F **53**
WN5: Wigan . . . 6E **23**
Brinsop Hall La. BL5: W'ton . . . 4E **17**
Bristle Hall Way BL5: W'ton . . . 1B **28**
Britannia Rd. WN5: Wigan . . . 3E **23**
Broadacre WN6: Stan . . . 5C **4**
WN8: Uph . . . 5E **21**
Broadheath Cl. BL5: W'ton . . . 2C **28**
Broadhurst Av. WA3: Cul . . . 6B **60**
Broadhurst La. WN6: Wright . . . 1B **4**
Broadlands WN6: Shev . . . 3D **12**
Broad La. WA11: St H . . . 5F **43**
Broadley Av. WA3: Low . . . 2A **58**
BROAD OAK . . . 5B 54
Broad Oak Av. WA11: Hay . . . 3C **54**
Broadoak Av. M28: Worsl . . . 6F **41**
Broad Oak Rd. WA9: St H . . . 6A **54**
Broad O' Th' La. WN6: Shev . . . 3C **12**
Broadriding Rd. WN6: Shev . . . 3A **12**
Broad Wlk. BL5: W'ton . . . 4A **28**
Broadway M46: Ath . . . 6H **29**
WN2: Hin . . . 6D **26**
Broadwell Dr. WN7: Leigh . . . 6A **50**
Brockhurst Wlk.
WN3: Wigan . . . 6A **24**
Brock Mill La. WN1: Wigan . . . 4C **14**
Brock Pl. WN2: Platt B . . . 3F **35**
Brock St. WN1: Ince M . . . 3E **25**
Brockwood Vw.
WN1: Wigan . . . 4B **14**
Brocstedes Av. WN4: Ash M . . . 1G **45**
Brocstedes Rd.
WN4: Ash M . . . 5F **33**
(not continuous)
Brogden Av. WA3: Cul . . . 5A **60**
Bromilow Rd. WN8: Skel . . . 2C **18**
Bromley Av. WA3: Low . . . 2B **58**
Bromley Cl. WN2: Wigan . . . 1G **25**
Bromley Dr. WN7: Leigh . . . 5H **37**
Bronte Cl. WN3: Wigan . . . 6A **24**
Brook Cl. M29: Tyld . . . 3A **40**
Brookdale M46: Ath . . . 5H **29**
Brookdale Cl. WN7: Leigh . . . 4B **50**
Brookdale Rd. WN2: Hin . . . 6D **26**
Brook Dr. M29: Asty . . . 1C **52**
Brookfield WN5: Wigan . . . 3G **23**
Brookfield Apartments
M46: Ath . . . 3D **38**
Brookfield Dr. M28: Worsl . . . 1F **53**
Brookfield Rd. WA3: Cul . . . 6H **59**
WN6: Stan . . . 5D **4**
WN8: Uph . . . 4F **21**
Brookfield St.
WA12: Newt W . . . 6B **56**
WN7: Leigh . . . 1C **50**
Brook Fold M46: Ath . . . 3D **38**
Brook Gro. M44: Irlam . . . 6G **63**
Brook Ho.
WN1: Wigan . . . 5C **64** (4D **24**)
Brookhouse St.
WN1: Wigan . . . 5C **64** (4D **24**)
Brookhouse Ter.
WN1: Wigan . . . 5C **64** (4D **24**)
Brookland Av. WN2: Hin . . . 6B **26**
Brookland Rd. WN1: Wigan . . . 6B **14**
Brooklands WN8: Uph . . . 3F **21**
Brooklands Av. M46: Ath . . . 1F **39**
WN4: Ash M . . . 5D **46**
WN7: Leigh . . . 4A **50**
Brooklands Dr. WN5: Orr . . . 6H **21**
Brooklands Rd. WN8: Uph . . . 4G **21**
Brook La. WA11: Kings M . . . 1D **42**
WN5: Orr . . . 6C **22**
Brook Lynn Av. WA3: Low . . . 6D **48**
Brook Mdw. BL5: W'ton . . . 2C **28**
Brook Mdw. Cl. M29: Asty . . . 2C **52**
Brooks Ho's. WN7: Leigh . . . 5A **38**
Brookside WN3: Wigan . . . 6A **24**
Brookside Av. WA11: Rainf . . . 4A **30**
WN4: Ash M . . . 5H **33**
Brookside Cl. M46: Ath . . . 1G **39**
WA11: Hay . . . 2D **54**
WN5: Bil . . . 2A **44**
Brookside Pl. WN2: Hin . . . 5C **26**
Brookside Rd. WN1: Stan . . . 6B **6**
Brookside Vw. WA11: Hay . . . 2D **54**
Brookside Way WA11: Hay . . . 2D **54**
Brook St. BL5: W'ton . . . 2C **28**
M46: Ath . . . 2D **38**
WA3: Golb . . . 1G **57**
WA3: Low . . . 6E **49**
WN2: Ince M . . . 4G **25**
WN3: Wigan . . . 1H **33**
WN4: Ash M . . . 5C **46**
WN5: Wigan . . . 6D **22**
Brookvale WN6: Wigan . . . 2A **24**
Brookview WN2: Hin . . . 1B **36**
Brook Vs. WN7: Leigh . . . 2B **50**
Broom Av. WN7: Leigh . . . 6A **38**
Broomfield Ho. WN6: Stan . . . 5G **5**
Broomfield Pl. WN6: Stan . . . 6G **5**
Broomfield Rd. WN6: Stan . . . 6G **5**
Broomfield Ter. WN1: Ince M . . . 4E **25**
Broomflat Cl. WN6: Stan . . . 6G **5**
Broomhey Av. WN1: Wigan . . . 4C **14**
Broomhey Ter. WN1: Ince M . . . 4E **25**
Broomholme WN6: Shev . . . 2H **11**
Broom Rd. WN5: Wigan . . . 5F **23**
Broom Way BL5: W'ton . . . 1C **28**
Broseley Av. WA3: Cul . . . 5H **59**
Broseley La. WA3: Cul . . . 4H **59**
Broseley Pl. WA3: Cul . . . 4G **59**
Brotherton Way
WA12: Newt W . . . 5B **56**
Brougham St. M28: Walk . . . 2H **41**
Brough Cl. WN2: Hin . . . 2C **36**
Broughton Av. M38: L Hult . . . 1H **41**
WA3: Low . . . 2B **58**
Browmere WN6: Wigan . . . 1H **23**
Brown Ct. WN5: Wigan . . . 6F **23**
Brownheath Av. WN5: Bil . . . 4H **43**
Browning Av. M46: Ath . . . 6F **29**
WN3: Wigan . . . 1H **33**
Browning Gro. WN6: Stan . . . 6G **13**
Browning St. WN7: Leigh . . . 1H **49**
Browning Wlk. M46: Ath . . . 6F **29**
BROWNLOW . . . 4G 31
Brownlow Av. WN2: Ince M . . . 4H **25**
Brownlow La. WN5: Bil . . . 4G **31**
Brown St. M29: Asty . . . 6H **39**
WN2: B'haw . . . 4C **36**
WN2: Ince M . . . 4G **25**
WN3: Wigan . . . 5A **64** (4B **24**)
Brown St. Nth. WN7: Leigh . . . 2C **50**
Brown St. Sth. WN7: Leigh . . . 3C **50**
Browsholme Ct. *BL5: W'ton . . . 1C 28*
(off Abbeylea Dr.)
Broxton Av. WN5: Orr . . . 4B **22**
Brunswick Rd.
WA12: Newt W . . . 5H **55**
Brunswick St. WA9: St H . . . 6C **54**
WN7: Leigh . . . 3C **50**
Bryham St. WN1: Wigan . . . 3D **24**
BRYN . . . 1A 46
BRYN GATES . . . 6E 35
Bryn Gates La. WN2: Bam . . . 5C **34**
Bryn Rd. WN4: Ash M . . . 1A **46**
Bryn Rd. Sth. WN4: Ash M . . . 3C **46**
Bryn Station (Rail) . . . 2A 46
Bryn St. WN2: Bam . . . 6F **35**
WN3: Ince M . . . 5E **25**
WN4: Ash M . . . 4B **46**
Bryn Vw. WN4: Ash M . . . 1A **46**
Bryony Cl. WN5: Orr . . . 6H **21**
Buchanan Dr. WN2: Hin . . . 2F **37**
Buchanan Rd. WN5: Wigan . . . 4G **23**
Buchanan St. WN7: Leigh . . . 2A **50**
Buckfast Av. WA11: Hay . . . 2A **56**
Buckingham Cl. WN5: Wigan . . . 6G **23**
Buckingham Pl. M29: Tyld . . . 2H **39**
Buckingham Row
WN1: Wigan . . . 2B **64**
Buckland Dr. WN5: Wigan . . . 2D **22**
Buckley St. WN6: Wigan . . . 1A **24**
Buckley St. W. WN6: Wigan . . . 1A **24**
Buck St. WN7: Leigh . . . 3B **50**
Buckthorn Cl. BL5: W'ton . . . 1B **28**
Bude Av. M29: Asty . . . 5C **40**
Buer Av. WN3: Wigan . . . 1H **33**
Buile Hill Av. M38: L Hult . . . 1H **41**
Buile Hill Gro. M38: L Hult . . . 1H **41**
Bullcroft Dr. M29: Asty . . . 1C **52**
BULL HEY . . . 2B 24
Bullough St. M46: Ath . . . 2E **39**
(not continuous)
Bulteel St. M28: Worsl . . . 1E **53**
WN5: Wigan . . . 5F **23**
Bungalows, The
WN4: Ash M . . . 6H **33**
Bunting Cl. WA3: Low . . . 1C **58**
Bunting M. M28: Worsl . . . 5H **41**
Burbank Cl. WN3: Winst . . . 4G **33**
Burgess St. WN3: Ince M . . . 6E **25**
Burghley Way WN3: Ince M . . . 6F **25**
Burkhardt Dr. WA12: Newt W . . . 6E **57**
Burland St. WN5: Wigan . . . 4H **23**
Burley Av. WA3: Low . . . 6B **48**
Burley Cres. WN3: Winst . . . 3E **33**
Burlington St. WN2: Hin . . . 6B **26**
(not continuous)
Burlton Gro. WN2: Asp . . . 1G **25**
Burnaston Gro. WN5: Wigan . . . 6F **23**
Burnden Way BL6: Hor . . . 1G **17**
Burnet Cl. M29: Asty . . . 6B **40**
Burnfell WA3: Low . . . 2C **58**
Burnham Cl. WA3: Cul . . . 5A **60**
Burnham Gro. WN2: Wigan . . . 1F **25**
Burnhill Ct. WN6: Stan . . . 1G **13**
Burnleigh Ct. BL5: O Hul . . . 3H **29**
Burnmoor WN2: Asp . . . 4A **16**
Burnsall Av. WA3: Low . . . 1D **58**
Burns Av. M46: Ath . . . 6F **29**
WN7: Leigh . . . 5G **37**
Burns Cl. WN3: Wigan . . . 1A **34**
WN4: Ash M . . . 1H **45**
WN5: Bil . . . 4H **31**
Burnside Cl. M29: Asty . . . 6B **40**
Burns Rd. WN2: Abr . . . 4H **35**
Burnvale WN3: Winst . . . 3F **33**
Burrington Dr. WN7: Leigh . . . 6H **37**
Burrow's Av. WA11: Hay . . . 4B **54**
Burrows Ct. *WA9: St H . . . 6A 54*
(off Chancery La.)
Burrows St. WA11: Hay . . . 3C **54**
Burrows Yd. WN1: Wigan . . . 4B **64**
Bursar Cl. WA12: Newt W . . . 5D **56**
Burton Cl. WA3: Cul . . . 6B **60**
Burtonwood Cotts. WA9: St H . . . 6E **55**
Burwell Cl. WN7: Leigh . . . 3D **50**
Butchers La. WN4: Ash M . . . 5B **46**
Butler St.
WN1: Wigan . . . 4C **64** (3D **24**)
Buttercup Av. M38: L Hult . . . 2F **41**
Buttercup Cl. M46: Ath . . . 6F **29**
Butterfield Rd. BL5: O Hul . . . 3H **29**
Buttermere Av. WN4: Ash M . . . 2B **46**
Buttermere Rd. WN5: Wigan . . . 4E **23**
Buttermill Cl. M44: Irlam . . . 6H **63**
Butts Av. WN7: Leigh . . . 4E **51**
Butts Ct. WN7: Leigh . . . 3C **50**
Butts St. WN7: Leigh . . . 4C **50**
Buxton Cl. M46: Ath . . . 1G **39**
Byfleet Cl. WN3: Winst . . . 4E **33**
Byley Ri. WN6: Stan . . . 1G **13**
Byrness Cl. M46: Ath . . . 1G **39**
Byrom La. WA3: Low . . . 5D **48**
Byron Av. WN2: Hin . . . 6B **26**
Byron Cl. WN2: Abr . . . 4H **35**
WN5: Orr . . . 4B **22**
WN6: Stan . . . 6G **13**
Byron Gro. M46: Ath . . . 6F **29**
WN7: Leigh . . . 6D **50**
Byron St. WN7: Leigh . . . 1B **50**

C

Cadishead Way
M44: Cad, Irlam . . . 6H **63**
Cadman Gro. WN2: Hin . . . 1B **36**
Cadogan Dr. WN3: Winst . . . 3F **33**
Caernarvon Rd. WN2: Hin . . . 2E **37**
Cairn Brae WA12: Newt W . . . 5C **56**
Caister Cl. WN8: Skel . . . 3B **20**
Calday Gro. WA11: Hay . . . 1C **54**
Caldbeck Cl. WN4: Ash M . . . 3B **46**
Caldbeck Gro. WA11: St H . . . 6G **43**
Calder Av. WN2: Hin . . . 2G **37**
Calderbank WN5: Orr . . . 5C **22**
Calderbank St. WN5: Wigan . . . 6G **23**
Calderburn Cl. BL6: Hor . . . 1H **17**
Calder Dr. M28: Walk . . . 3G **41**
WN2: Platt B . . . 3G **35**
Calder Pl. WN5: Wigan . . . 4E **23**
Caldew Cl. WN2: Hin . . . 1C **36**
Caldford Cl. WN2: Asp . . . 3A **16**
Caldwell Av. M29: Asty . . . 3A **52**
Caldwell Cl. M29: Asty . . . 2B **52**
Caldwell St. BL5: W'ton . . . 6B **28**
Caldy Gro. WA11: St H . . . 4A **54**
Caleb Cl. M29: Tyld . . . 4H **39**
Cale La. WN2: Asp . . . 1G **25**
Calico Wood Av. WN6: Shev . . . 3B **12**
Callander Ct. WN5: Wigan . . . 4G **23**
Callon Av. WA11: St H . . . 4A **54**
Calow Dr. WN7: Leigh . . . 4E **51**
Calton Cl. WN3: Wigan . . . 1F **33**
Calveley Wlk. WN6: Stan . . . 1G **13**
Calverhall Way
WN4: Ash M . . . 4A **46**
Calver Hey Cl. BL5: W'ton . . . 1E **29**
Calverleigh Cl. BL3: Bolt . . . 1H **29**
Camberwell Cres.
WN2: Wigan . . . 1F **25**
Camble St. WN7: Leigh . . . 2C **50**
Cambourne Av. WA11: St H . . . 2A **54**
Cambourne Dr. WN2: Hin . . . 3G **37**
Cambrian Cres. WN3: Winst . . . 3E **33**
Cambridge Rd. WN5: Orr . . . 3B **22**
WN8: Skel . . . 2E **19**
Cambridge St. M46: Ath . . . 3E **39**
WN1: Wigan . . . 4E **25**
Cambridge Way
WN1: Wigan . . . 4D **64** (3D **24**)
Camelot Cl. WA12: Newt W . . . 5H **55**
Cameron Pl. WN5: Wigan . . . 3G **23**
Cameron St. WN7: Leigh . . . 6H **37**
Camm St. WN2: Abr . . . 5H **35**
Campbell St. WN5: Wigan . . . 6F **23**
Campion Gro. WN4: Ash M . . . 3H **45**
Camp Rd. WN4: Garsw . . . 4G **45**
Canaan WA3: Low . . . 1G **59**
WN7: Low . . . 1G **59**
Canal Bank WN6: App B . . . 2G **11**
Canal Cotts. *WN3: Wigan . . . 4B 24*
(off Southgate)
Canal Row WN2: Haigh . . . 1D **14**
Canal St. PR7: Adl . . . 1F **7**
WA12: Newt W . . . 6H **55**
WN2: Asp . . . 1H **25**
WN2: Ince M . . . 5F **25**
WN6: Wigan . . . 2H **23**
WN7: Leigh . . . 3B **50**
Canal Ter. WN1: Ince M . . . 4E **25**
Canberra Rd. WN5: Wigan . . . 3E **23**
Canmore Cl. BL3: Bolt . . . 1H **29**
Cannel Ct. M28: Worsl . . . 6H **41**
Canning Cl. WN2: Hin . . . 1A **36**
Canniswood Rd. WA11: Hay . . . 3C **54**
Cannon St. M46: Ath . . . 2F **39**
Canon Cl. WN6: Stan . . . 5H **5**
Canon Wilson Cl. WA11: Hay . . . 3F **55**
Cansfield Gro. WN4: Ash M . . . 3A **46**
Canterbury Av. WA3: Low . . . 6B **48**
Canterbury Cl. M46: Ath . . . 1G **39**
Cappadocia Way BL5: W'ton . . . 4H **27**
Capps St. WN2: Platt B . . . 2H **35**
Captain Lees Gdns.
BL5: W'ton . . . 3C **28**
Captain Lees Rd. BL5: W'ton . . . 2C **28**
Captain's La. WN4: Ash M . . . 4C **46**
Carawood Cl. WN6: Shev . . . 2H **11**
Car Bank Av. M46: Ath . . . 1F **39**
Car Bank Cres. M46: Ath . . . 1F **39**
Car Bank Sq. M46: Ath . . . 1F **39**
Car Bank Ct. M46: Ath . . . 1D **38**
(not continuous)
Carders Cl. WN7: Leigh . . . 3A **50**
Cardiff St. WN8: Skel . . . 2D **18**
Cardinal Way WA12: Newt W . . . 5D **56**
Careless La. WN2: Ince M . . . 3F **25**
(not continuous)
Carey Cl. WN3: Winst . . . 3F **33**
Carfield WN8: Skel . . . 5C **20**
Carisbrooke Rd. WN7: Leigh . . . 1F **51**
Carlisle Dr. M44: Irlam . . . 6G **63**
Carlisle St. WN2: Hin . . . 5C **26**
WN5: Wigan . . . 5F **23**

A-Z Wigan 69

Carlisle Way—City Rd.

Name	Grid
Carlisle Way WN2: Asp	4B 16
Carlton Av. WN8: Uph	4E 21
Carlton Cl. WN4: Ash M	3A 46
Carlton Dr. WN2: Hin	1D 36
Carlton Rd. M28: Worsl	4H 41
WA3: Low	6B 48
Carlton St. WN3: Wigan	5B 24
Carlyle Gro. WN7: Leigh	5G 37
Carnegie Cl. WA12: Newt W	5B 56
Carnegie Dr. WN4: Ash M	2A 46
Carnforth Av. WN2: Hin	6E 27
Carnoustie Gro. WA11: Hay	4C 54
Caroline St. WN1: Ince M	3F 25
WN3: Wigan	5A 64 (4C 24)
Carradon Dr. WN6: Stan	6G 5
Carr Brook Dr. M46: Ath	1G 39
Carr Comn. Rd. WN2: Hin	2H 37
Carrfield Av. M38: L Hurt	1E 41
Carrfield Cl. M38: L Hurt	1E 41
Carrfield Gro. M38: L Hurt	1E 41
Carrick Cl. WN1: Wigan	1C 24
Carrington Gro.	
WN7: Leigh	6B 38
Carrington Rd. PR7: Adl	1F 7
Carrington St. WN7: Leigh	6B 38
Carr La. WA3: Low	2E 59
WN3: Wigan	2A 34
WN7: Leigh	1A 60
CARR MILL	**6G 43**
Carr Mill Cres. WN5: Bil	3A 44
Carr Mill Rd. WA11: St H	6G 43
WN5: Bil	4H 43
Carroll Cl. WN7: Leigh	3E 49
Carr St. WN2: Hin	5B 26
WN7: Leigh	2G 49
Carrwood Cl. WA11: Hay	3C 54
Car St. WN2: Platt B	4G 35
Carswell Cl. M29: Tyld	4C 40
Carter Av. WA11: Rainf	6C 30
Carter St. WN3: Ince M	5E 25
Cartleach Dr. M29: Walk	3G 41
Cartleach La. M28: Walk	3F 41
Cartmel Av. WN1: Wigan	6B 14
Cartmel Cl. BL3: Bolt	1F 29
Cartwright Cl. WA11: Rainf	5B 30
Cartwright Ct. WA11: Rainf	4B 30
Cartwright Gro.	
WN7: Leigh	4H 37
Carville Gro. WN2: Hin	1F 27
Case Av. WA11: Hay	3F 55
Cashmore Av. WN2: Hin	1B 36
Casterton Way M28: Worsl	2G 53
Castle Av. WA9: St H	6A 54
Castle Dr. PR7: Adl	1E 7
Castle Gro. WN7: Leigh	1F 51
Castlehey WN8: Skel	5C 20
Castle Hill WA12: Newt W	5E 57
Castle Hill Pk. WN2: Hin	4D 26
Castle Hill Rd. WN2: Hin	5C 26
Castle Ho. La. PR7: Adl	1E 7
Castlemere Cl. WN3: Winst	3F 33
Castle Ri. WN2: Hin	6C 26
(not continuous)	
Castle St. M29: Tyld	4H 39
WN2: Hin	5C 26
Castleton Ct. M29: Tyld	4H 39
(off Elliott St.)	
Castleton Dr. WN3: Winst	3E 33
Castleway WN2: Hin	6D 26
Caterham Av. BL3: Bolt	1H 29
Catherine Av. WN1: Wigan	3E 25
WN7: Leigh	1B 50
Catherine Ter. WN1: Wigan	3E 25
Catherine Way WA11: Hay	3B 54
Caton Dr. M46: Ath	5C 38
Caunce Av. WA3: Golb	2G 57
WA11: Hay	3D 54
Caunce Rd. WN1: Wigan	3E 25
Caunce St. WN1: Wigan	3E 25
Cavan Dr. WA11: Hay	2F 55
Cavendish Cl. WN3: Ince M	6E 25
Cavendish Dr. WN3: Winst	2F 33
Cavendish St. WN7: Leigh	6B 38
Cawdor Dr. WN2: Hin	6C 26
WN5: Wigan	5H 23
WN7: Leigh	5D 38
Cawley Av. WA3: Cul	5A 60
Caxton Cl. WN3: Wigan	2B 34
Caxton Ho. WN1: Wigan	4A 64
C Court WN4: Ash M	2B 46
Cecil Av. WN6: Wigan	1A 24
Cecil St. WN1: Wigan	3E 25
WN3: Ince M	1E 35
WN7: Leigh	3C 50

Name	Grid
Cedar Av. M46: Ath	1D 38
WA3: Low	2D 58
WN2: Hin	2D 36
WN6: Stan	1H 13
Cedar Dr. WN1: Wigan	1D 24
Cedar Gdns. WA12: Newt W	6D 56
Cedar Gro. BL5: W'ton	4A 28
WA11: Hay	2G 55
WN4: Garsw	2F 45
WN5: Orr	5B 22
WN8: Skel	2E 19
Cedar Rd. WN7: Leigh	5A 38
Cedarwood Cl. M29: Asty	6A 40
Celandine Wk. WN3: Wigan	1D 32
Cemetery Rd. WN3: Ince M	1E 35
Cemetery St. WN2: Hin	2A 28
Cemetery Vw. PR7: Adl	1F 7
Central Av. M46: Ath	1G 39
WN7: Leigh	4E 51
Central Dr. BL5: W'ton	2A 28
WA11: Hay	3D 54
WA11: Rainf	4B 30
WN6: Shev	3D 12
Central Pk. Way	
WN1: Wigan	1C 64 (2D 24)
Centre, The WN7: Leigh	1G 51
Centre Ct. WN7: Leigh	6F 49
Chaddock La. M28: Worsl	1F 53
Chaddock Level, The	
M28: Worsl	2G 53
CHADWICK GREEN	**4H 43**
Chadwick St. M29: Hin	5C 26
WN3: Wigan	5B 24
WN7: Leigh	1B 50
Chain La. WA11: St H	3A 54
Chain La. Shop. Pct.	
WA11: St H	2A 54
Chalbury Cl. WN2: Hin	1B 36
Chalfont Dr. M29: Asty	5A 40
Challenge Way WN5: Wigan	1E 23
Chancery Cl. M29: Asty	5B 40
Chancery La. WN2: Hin	4H 23
Chancery La. WA9: St H	6A 54
Chandler Way WA3: Low	1C 58
Chanters Av. M46: Ath	3G 39
Chanters Ind. Est. M46: Ath	3H 39
Chantry Cl. BL5: W'ton	6B 28
Chantry Wlk. WN4: Ash M	2H 45
Chapel Cl. WN3: Ince M	5D 24
Chapelfield Dr. M28: Walk	2H 41
CHAPEL FIELDS	**6C 26**
Chapel Flds. La. WN2: Hin	6C 26
Chapel Grn. Rd. WN2: Hin	5C 26
CHAPEL HOUSE	**2D 18**
Chapel Ho. M. WA3: Low	1A 58
Chapel La.	
WN1: Wigan	6B 64 (4C 24)
WN3: Wigan	6A 64 (5C 24)
Chapel Mdw. M28: Worsl	6H 41
Chapel Pl. WN4: Ash M	4B 46
Chapelside Cl. WN2: Asp	1G 25
Chapelstead BL5: W'ton	6B 28
Chapel St. M28: Worsl	1F 53
M29: Tyld	4A 40
M46: Ath	2F 39
PR7: Adl	1F 7
WA11: Hay	3F 55
(not continuous)	
WA12: Newt W	6B 56
WN2: Asp	1G 25
WN2: B'haw	4C 36
WN2: Hin	6B 26
WN2: Platt B	3G 35
WN3: Ince M	5D 24
WN3: Wigan	6A 64 (4C 24)
WN5: Ash M	4B 46
WN5: Orr	5D 22
WN6: App B	6D 22
WN7: Leigh	3C 50
(not continuous)	
Chapel Ter. WA3: Low	6F 49
Chapel Vw. WA11: Crank	3D 42
Chapel Wlk. WA3: Low	6F 49
Charity St. WN7: Leigh	2G 49
Charles St. M29: Tyld	4H 39
WA3: Golb	6G 47
WN1: Wigan	1B 64 (2C 24)
WN2: Hin	4C 26
WN2: Ince M	4G 25
WN7: Leigh	6B 38
(Orchard La.)	
WN7: Leigh	2B 50
(Vernon St.)	

Name	Grid
Charleston Ct. M29: Tyld	4H 39
Charlesworth Av. WN2: Hin	1D 36
Charlock Av. BL5: W'ton	5A 28
Charlock Cl. WN7: Leigh	4B 50
Charlotte Dr. WN3: Wigan	1F 33
Charmouth Cl.	
WA12: Newt W	5B 56
Charnock WN8: Skel	5C 20
Charnock Av.	
WA12: Newt W	6H 55
Charnock Rd. WA3: Cul	6B 60
Charnock St. WN2: Abr	4H 35
Charnock's Yd. WN5: Wigan	6D 22
Charnwood Cl. M29: Asty	5A 40
Charnwood St. WA9: St H	5A 54
Charterhouse Rd.	
WN3: Ince M	5D 24
Chatburn Av. WA3: Golb	6A 48
Chatburn Cl. WA3: Cul	6B 60
Chatham St. WN1: Wigan	4E 25
WN2: Ince M	3G 25
WN7: Leigh	6B 38
Chatsworth Av. WA3: Cul	5B 60
WN2: Ince M	1F 35
Chatsworth Cl. WN4: Ash M	3H 45
Chatsworth Dr. WN7: Leigh	6F 39
(Hornby Gro.)	
WN7: Leigh	6G 39
(Richmond Dr.)	
Chatsworth Fold	
WN3: Ince M	6E 25
Chatsworth Gdns.	
WN3: Ince M	6E 25
Chatsworth St. WN5: Wigan	6E 23
Chatteris Cl. M29: Hin	1C 36
Chaucer Gro. M46: Ath	2F 39
WN7: Leigh	5G 37
Chaucer Pl. WN1: Wigan	6C 14
M29: Abr	4H 35
Cheetham Gro. WN3: Wigan	6H 23
Cheethams, The BL6: B'rod	2C 16
Chelburn Cl. M29: B'haw	4C 36
Chelford Av. WA3: Low	2B 58
Chelford Cl. WN3: Wigan	3H 33
Chelford Dr. M29: Asty	1C 52
Chelmarsh Av. WN4: Ash M	4C 46
Chelmer Cl. BL5: W'ton	2C 28
Chelmorton Gro. WN3: Winst	4E 33
Chelmsford Dr. WN3: Wigan	1A 34
Chelmsford M. WN1: Wigan	1C 24
Chelsea Cl. BL5: W'ton	4A 28
Cheltenham Av.	
WN3: Ince M	5D 24
Cheltenham Dr.	
WA12: Newt W	4C 56
WN5: Bil	3H 31
Cheltenham M. WN7: Wigan	1F 25
Chelwood Pk. WN4: Ash M	6B 46
Chemical St. WN4: Newt W	6B 56
Chepstow Gro. WN7: Leigh	6G 39
CHEQUER	**5D 20**
CHEQUERBENT	**3D 28**
Chequer Cl. WN8: Uph	6D 20
Chequer La. WN8: Uph	5D 20
Chequers St.	
WN1: Wigan	4A 64 (3B 24)
Cherington Dr. M29: Tyld	4C 40
Cherrybrook Dr. WN3: Winst	4F 33
Cherry Cl. WA12: Newt W	5H 55
Cherrycroft WN8: Skel	4C 20
Cherry Gro. WN6: Wigan	6D 13
WN7: Leigh	5B 38
Cherry Tree Cl. WA11: Hay	4C 54
Cherry Tree Ct. M29: Tyld	5D 40
(off Ashmore St.)	
WN6: Stan	5F 5
Cherry Tree Gro. M46: Ath	1E 39
Cherry Tree La. WA11: St H	5E 43
Cherry Tree Rd. WA3: Low	1D 58
Cherrywood Av. BL5: O Hul	4H 29
Cherrywood Cl. M28: Worsl	4H 41
Chervil Wlk. WN3: Wigan	1E 33
Cherwell Cl. WN2: Asp	3A 16
Cherwell Rd. BL5: W'ton	2B 28
Cheshire Cl. WA12: Newt W	5E 57
Chester Av. WA3: Low	1B 58
Chester Dr. WN4: Ash M	5D 46
Chester Rd. M29: Tyld	5D 40
Chester St. M46: Ath	3G 39
WN2: Hin	3F 37
Chesterton Cl. WN3: Wigan	6A 24

Name	Grid
Chestnut Av. M46: Ath	1E 39
WA11: Hay	4B 54
WN7: Leigh	4A 50
Chestnut Dr. BL5: W'ton	4B 28
WN7: Leigh	4B 50
Chestnut Dr. Sth.	
WN7: Leigh	5B 50
Chestnut Gro. WA3: Low	1D 58
WN2: Hin	1E 37
WN4: Ash M	3D 46
Chestnut La. WN7: Leigh	5B 50
Chestnut Rd. WN1: Wigan	1D 24
Chetwode Av. WN4: Ash M	6B 46
Chetwood Cl. M29: Asty	5A 40
Chetwood Cl. WN4: Newt W	4B 56
Cheviot Av. WA9: St H	6B 54
Cheviot Cl. WN3: Winst	3E 33
Cheviot Wlk. WN2: Platt B	3H 35
Chew Moor La.	
BL5: Los, W'ton	1C 28
Chichester Av. M46: Ath	3C 38
Chilham St. WN5: Orr	5C 22
Chillingham Dr. WN7: Leigh	3D 50
Chiltern Av. M46: Ath	6H 29
Chiltern Cl. WN4: Ash M	5C 46
Chiltern Dr. WN3: Winst	3F 33
Chiltern Rd. WA3: Cul	5A 60
Chiltern Way M29: Asty	5B 40
Chilton Cl. WN7: Leigh	6B 38
Chimes Rd. WN4: Ash M	1H 45
Chinnor Cl. WN7: Leigh	6B 38
Chipping Cl. WA3: Cul	4A 60
Chirton Cl. WA11: Hay	2F 55
Chisacre Dr. WN6: Shev	2H 11
Chisholm Cl. WN6: Stan	4D 4
Chisledon Cl. WA11: Hay	2F 55
Chisnall Av. WN6: Wright	2B 4
Chisnall La. PR7: Cop, Wright	2C 4
Chiswell St. WN5: Wigan	6E 23
Chisworth Cl. WN5: Wigan	6A 38
Chorley New Rd.	
BL6: Hor, Los	1H 17
Chorley Rd. BL5: W'ton	3E 17
BL6: B'rod	1G 7
WN1: Stan	3B 14
WN6: Stan	3B 14
Chorley St. WN3: Ince M	5E 25
Chowbent Cl. M46: Ath	2G 39
Christleton WN6: Shev	3D 12
Christopher St. WN3: Ince M	5F 25
Church Av. WN2: B'haw	5D 36
Church Cl. M46: Ath	3G 39
Church Dr. WN5: Orr	6H 21
Churchfield WN6: Shev	3C 12
Church Gates WN1: Wigan	4A 64
Church Grn. WN8: Skel	2F 19
Church Grn. Gdns.	
WA3: Golb	6H 47
Church Gro. WN1: Wigan	3E 25
(off Lorne St.)	
Churchill Av. WA3: Cul	5D 60
Churchlands La. WN6: Stan	5H 5
Church La. WA3: Cul	6B 60
WA3: Low	1B 58
WN6: Shev	3C 12
Church Rd. M29: Asty	1B 52
WA11: Hay	3G 55
WA11: Rainf	5B 30
WN2: Platt B	2H 35
WN8: Skel	2F 19
Church St. BL5: W'ton	2A 28
M46: Ath	2F 39
WA3: Golb	6H 47
WA12: Newt W	5E 57
WN1: Wigan	3B 64 (3C 24)
WN2: Asp	3H 15
WN2: Hin	6B 26
WN3: Ince M	5F 25
WN5: Orr	6H 21
WN5: Wigan	5D 22
WN6: Stan	6G 5
WN6: Uph	4G 19
Church Ter. WN4: Ash M	5B 46
Church Walks BL5: W'ton	2A 28
Churnet St. BL3: Bolt	1B 28
Churning Ter. M44: Irlam	6H 63
Churton Gro. WN6: Stan	5D 4
Cineworld Cinema	
Leigh	**3B 50**
Cinnamon Av. WN2: Hin	1E 37
Cinnamon Brow WN8: Uph	5G 21
City Rd. M28: Worsl	5G 41
WN5: Wigan	3D 22

70 A-Z Wigan

Civic Sq.—Crawford St.

Civic Sq. *WN7: Leigh* 2B **50** *(off Market Pl.)*
Clanwood Cl. WN3: Winst 3G **33**
Clap Ga. La. WN3: Wigan 2G **33**
Claremont Av. WN2: Hin 6D **26**
Claremont Dr. M38: L Hult 1H **41**
Claremont Rd. WA3: Cul 5H **59**
WN5: Bil 2A **44**
Clarence St. M46: Ath 4G **39**
WA3: Golb 6G **47**
WA12: Newt W 5H **55**
WN2: Ince M 4G **25**
WN4: Ash M 2H **45**
WN7: Leigh 3D **50**
Clarence Yd.
WN1: Wigan 4A **64** (3C **24**)
Clarington Gro.
WN1: Wigan 4E **25**
Clarington Pl. WN2: Ince M 4F **25**
Clarke Av. WA3: Cul 5B **60**
Clarke St. WN7: Leigh 3A **50**
Claude St. WN5: Wigan 5F **23**
Claughton Av. M28: Worsl 5H **41**
Clayborne Ct. M46: Ath 2D **38**
Claybridge Cl. WN5: Wigan 2D **22**
Claybrook Cl. M46: Ath 3C **38**
Clay Brow Rd. WN8: Skel 5C **20**
Claycroft Bungs. WN7: Leigh 4C **50**
Claydon Dr. WN3: Ince M 6F **25**
Clayhill Gro. WA3: Low 1F **59**
Clayton Av. WA3: Low 1C **58**
Clayton Ct. WN3: Wigan 4B **24**
Clayton Ho. WN7: Leigh 2G **49**
Clayton M. WN8: Skel 2D **18**
Clayton St.
WN3: Wigan 5A **64** (3B **24**)
WN8: Skel 2D **18**
Cleabarrow Dr. M28: Worsl 2G **53**
Clegg's La. M38: L Hult 1G **41**
Clegg St. M29: Asty 2A **52**
WN8: Skel 2D **18**
Clement Av. M46: Ath 3C **38**
Clevedon Dr. WN3: Wigan 1E **33**
Cleveland Av. WN3: Winst 3E **33**
Cleveland Dr. WA3: Low 1B **58**
WN4: Ash M 3C **46**
Cleveland Gdns.
WN4: Ash M 3C **46**
Cleworth Cl. M29: Asty 3C **52**
Cleworth Hall La. M29: Tyld 4C **40**
Clifford St. WN7: Leigh 3D **50**
Clifton Av. M29: Asty 1C **52**
WA3: Cul 6H **59**
Clifton Cres. WN1: Wigan 1C **24**
Clifton Dr. BL6: B'rod 4H **7**
Clifton Ho. WN3: Wigan 6B **24**
Cliftonmill Mdws. WA3: Golb 1F **57**
Clifton Rd. WN4: Ash M 1H **45**
WN5: Bil 3H **43**
WN7: Leigh 5A **50**
Clifton St. M29: Tyld 5E **41**
WN1: Wigan 1B **64** (2C **24**)
WN3: Wigan 1A **34**
WN7: Leigh 2H **49**
Clifton Vs. *WN3: Ince M* 1E **35** *(off Marlborough Av.)*
CLINKHAM WOOD 6F **43**
Clinkham Wood Local Nature Reserve 6E **43**
Clipsley Brook Vw.
WA11: Hay 3B **54**
Clipsley Cres. WA11: Hay 2C **54**
Clipsley La. WA11: Hay 3D **54**
Clive Rd. BL5: W'ton 5A **28**
Clock Twr. Cl. M28: Walk 2F **41**
Cloister Av. WN7: Leigh 4H **37**
Cloisters, The BL5: W'ton 6A **28**
Clondberry Cl. M29: Tyld 4E **41**
Close, The M46: Ath 6H **29**
WA11: Hay 4B **54**
Closebrook Rd. WN5: Wigan 5F **23**
Close La. WN2: Hin 4E **37** (Belmont Av.)
WN2: Hin 1C **36** (Glossop Way)
Close St. WN2: Hin 5D **26**
Cloudstock Gro. M38: L Hult 1E **41**
Clough, The WN4: Garsw 3F **45**
Clough Av. BL5: W'ton 3B **28**
Clough Fold BL5: W'ton 3B **28**
Clough Gro. WN4: Ash M 2H **45**
Clough Ho. Dr. WN7: Leigh 2D **50**
Cloughwood Cres.
WN6: Shev 3H **11**
Clovelly Av. WN7: Leigh 5B **38**
Clovelly Dr. WN8: Newb 1G **9**
Cloverdale Dr. WN4: Ash M 5C **46**
Clover St. WN6: Wigan 1A **24**
Club St. WA11: St H 6E **43**
Clyde Rd. M29: Asty 6C **40**
Clyde St. WN7: Leigh 3D **50**
Coach Ho. Dr. WN6: Shev 3D **12**
Coach Rd. M29: Asty 1C **52**
Coach St. M46: Ath 2F **39**
Coal Pit La. L39: Bic 6D **18**
M46: Ath 2D **38** (not continuous)
WN2: Hin 4F **37**
WN7: Leigh 5A **38**
Coalville Rd. WA11: St H 3A **54**
Cobbs Brow La. L40: Lath 4F **9**
WN8: Newb 1G **9**
Cobb's Clough Rd. L40: Lath 4F **9**
Cobden St. M29: Tyld 4A **40**
WA12: Newt W 5D **56**
Cob Moor Av. WN5: Bil 4H **31**
Cob Moor Rd. WN5: Bil 4H **31**
Cocker St. M38: L Hult 1G **41**
Code La. BL5: W'ton 5F **17**
Coffin La. WN2: Bam 1D **46**
Colburn Cl. WN3: Wigan 3A **34**
Colby Rd. WN3: Wigan 2B **34**
Coldalhurst La. M29: Asty 1B **52**
Coldstone Dr. WN4: Garsw 4F **45**
Cole Av. WA12: Newt W 5C **56**
Coleclough Pl. WA3: Cul 5B **60**
Coleridge Av. WN5: Orr 5C **22**
Coleridge Pl. WN3: Wigan 2H **33**
Coleridge Rd. WN5: Bil 4H **31**
Colerne Way WN3: Winst 3F **33**
Coleshill Ri. WN3: Winst 3E **33**
Colin St.
WN1: Wigan 1C **64** (2D **24**)
Colinton WN8: Skel 4C **20**
Collard St. M46: Ath 1D **38**
College Av.
WN1: Wigan 5B **64** (4C **24**)
College Farm WN8: Roby M 2E **21**
College Island WN8: Skel 1H **19**
College Rd. WN8: Uph 2F **21**
College St. WN7: Leigh 2C **50**
College Way WN8: Skel 1G **19**
Collett Cl. WN1: Wigan 3E **25**
Collier Brook Ind. Est.
M46: Ath 2E **39**
Colliers Cl. WN7: Leigh 4A **50**
Colliers Gro. M46: Ath 3C **38**
Collier St. WN2: Hin 5B **26**
Colliers Way WN7: Leigh 3E **49**
Colliery La. M46: Ath 1C **38**
Collinge St. WN2: Platt B 3G **35**
Collingwood Rd.
WA12: Newt W 6B **56**
Collingwood St. WN6: Stan 6G **5**
Collingwood Way
BL5: W'ton 2A **28**
Collins La. BL5: W'ton 5B **28**
Collisdene Rd. WN5: Orr 5H **21**
Colnbrook WN6: Stan 5D **4**
Coltsfoot Cl. WN7: Leigh 2D **50**
Columbus St. WN4: Ash M 2H **45**
Colwyn Dr. WN2: Hin 3G **37**
Colwyn Gro. M46: Ath 6E **29**
Combermere Cl. M29: Tyld 4B **40**
Comet Rd. WN5: Wigan 3E **23**
Commodore Pl. WN5: Wigan 2G **23**
Common, The PR7: Adl 3E **7**
Common La. M29: Tyld 4A **40**
WA3: Cul 5H **59**
WN7: Leigh 3F **49**
Common Nook WN2: Ince M 5G **25**
Common Rd. WA12: Newt W 6G **55**
Comn. Side Rd. M28: Worsl 6F **41**
Common St. BL5: W'ton 4F **27**
WA12: Newt W 6G **55**
Commonwealth Cl.
WN7: Leigh 4D **50**
Compton Cl. WA11: Hay 2E **55**
WN2: Hin 1B **36**
Concorde Av. WN3: Wigan 2B **34**
Concourse Bus Station Skelmersdale 2H **19**
Concourse Shop. Cen.
WN8: Skel 2H **19**
Congresbury Rd.
WN7: Leigh 6H **37**
Conifer Wlk. WN7: Leigh 2F **49**
Coningsby Gdns. WA3: Low 1C **58**
Coniston Av. M38: L Hult 1G **41**
M46: Ath 6F **29**
WN1: Wigan 6B **14**
WN2: Ince M 4H **25**
WN4: Ash M 3B **46**
WN5: Orr 4B **22**
Coniston Dr. WN2: Abr 5H **35**
Coniston Gro. M38: L Hult 1G **41**
Coniston Pk. Dr. WN6: Stan 3A **14**
Coniston Rd. M29: Asty 6A **40**
WN2: Hin 1C **36**
Coniston St. WN7: Leigh 2A **50**
Conrad Cl. WN3: Wigan 6A **24**
Constantia St. WN3: Ince M 2F **35**
Convent, The WN7: Leigh 6C **38**
Conway Cl. WN7: Leigh 6G **39**
Conway Cres. WN5: Bil 1A **44**
Conway Dr. WA12: Newt W 6E **57**
WN2: Asp 4B **16**
WN5: Bil 2B **44**
Conway Ind. Est.
WN6: App B 1H **11**
Conway Rd. WN2: Hin 1D **36**
WN4: Ash M 2E **47**
Conway St. WN5: Wigan 6E **23**
Cook Av. WA11: Hay 2G **55**
Cooke St. WN4: Ash M 1H **45**
Cook St. WN2: Abr 4G **35**
WN7: Leigh 2B **50**
Cooling La. M29: Tyld 5G **39**
Coombe Cl. M29: Asty 5B **40**
Co-operative St.
WN7: Leigh 2H **49**
Cooper Av. WA12: Newt W 6H **55**
Cooper La. WA11: Hay 5D **54**
Coopers Glen WN2: Ince M 3G **25**
Coopers Row WN1: Wigan 4B **64**
COOPER TURNING 4F **17**
Coops Bus. Cen.
WN1: Wigan 4A **64**
Coops Foyer *WN1: Wigan* 3B **24** *(off Chequers St.)*
Coop St.
WN1: Wigan 2D **64** (2D **24**)
Co-op's Yd. *BL5: W'ton* 2A **28** *(off Church St.)*
Copeland Dr. WN6: Stan 5H **5**
Copesthorne Cl. WN2: Asp 3A **16**
Coplow Dale WN2: Hin 2C **36**
Copperas Cl. WN6: Shev 2D **12**
Copperas La. WN2: Haigh 6H **7** (Little Scotland)
WN2: Haigh 3G **15** (New Rd.)
Copperbeech Dr. WN6: Stan 2B **14**
Copperfield WN1: Wigan 1C **24**
Coppice Cl. BL6: Los 1C **28**
Coppice Dr. WN3: Wigan 2H **33**
WN5: Bil 3H **31**
Coppinger Cl. WN6: Shev 5D **12**
Coppull La.
WN1: Wigan 1C **64** (1D **24**)
COPPULL MOOR 1F **5**
Coppull Moor La. PR7: Cop 1F **5**
Copse, The WA12: Newt W 5A **56**
WN5: Orr 5C **22**
Coral Gro. WN7: Leigh 3A **50**
Coralin Way WN4: Ash M 6H **33**
Coral St. WN6: Wigan 6A **14**
Corbett Ct. *WN2: Hin* 6C **26** *(off Banner St.)*
Corfe Cl. WN2: Asp 4B **16**
Corhampton Cres. M46: Ath 6G **29**
Corless Fold M29: Asty 2C **52**
Cormorant Cl. M28: Walk 2H **41**
Cornbrook WN8: Skel 4C **20**
Cornbrook Cl. BL5: W'ton 5H **27**
Cornelian Gro.
WN4: Ash M 2H **45**
Cornergate BL5: W'ton 6A **28**
Corner La. WN7: Leigh 2H **37**
Corn Mill Cl. WN4: Garsw 3F **45**
Corn St. WN7: Leigh 2H **49**
Cornwall Av. BL5: O Hul 3H **29**
M29: Tyld 2A **40**
Cornwall Cres. WN1: Stan 6B **6**
Cornwall Dr. WN2: Hin 5D **26**
Cornwallis Rd. WN3: Wigan 6H **23**
Cornwall Pl. WN5: Wigan 5E **23**
Coronation Av. M46: Ath 6E **29**
WA3: G'bury 2E **61**
Coronation Dr. WA11: Hay 2A **56**
WN7: Leigh 1F **51**
Coronation Rd. WN6: Stan 6F **13**
Coronation St. WN3: Ince M 2F **35**
WN3: Wigan 5B **24**
WN4: Ash M 1F **45**
Coronation Wlk. WN5: Bil 3H **43**
Coronet Cl. WN6: App B 2G **11**
Corporation St. WN3: Wigan 5B **24**
Corrie St. M38: L Hult 1G **41**
Corsey Rd. WN2: Hin 1C **36**
Corsock Dr. WN1: Wigan 2E **25**
Cosgate Cl. WN5: Orr 6A **22**
Costessey Way WN3: Winst 2E **33**
Cosworth Cl. WN7: Leigh 3D **50**
Cotswold Av. WA3: Low 3B **58**
WN5: Wigan 6D **22**
Cotswold Gdns. WA3: Low 3C **58**
Cotswold Gro. WA9: St H 6C **54**
Cottesmore Way WA3: Golb 6H **47**
Cotton Cl. M29: Tyld 4H **39**
Cottonside *WN3: Wigan* 4B **24** *(off Heritage Way)*
Cotton St. WN7: Leigh 2H **49**
Coultshead Av. WN5: Bil 1A **44**
Council Av. WN4: Ash M 4B **46**
County Court Wigan 5C **64** (4D **24**)
County Police St.
WN2: Ince M 4F **25**
County Rd. M28: Walk 1G **41**
Coupes Grn. BL5: W'ton 5A **28**
Coupland Rd. WN2: Hin 1G **37**
Courier Pl. WN5: Wigan 2G **23**
Courtyard, The
WA12: Newt W 5E **57** *(off Golborne St.)*
Courtyard Dr. M28: Walk 2G **41**
Coverdale Cl. WN2: Platt B 3F **35**
Coverdale Rd. BL5: W'ton 3H **27**
Coverts, The WN6: Wigan 1H **23**
Cowburn St. WN2: Hin 5D **26**
WN7: Leigh 2H **49**
Cow Lees BL5: W'ton 2C **28**
Cowling St. WN3: Wigan 5B **24**
Cowper Av. M46: Ath 6F **29**
Cowper St. WN7: Leigh 2H **49**
Coxfield Gro. WN6: Shev 2H **11**
Cox Way M46: Ath 2F **39**
Crab Brow M46: Ath 2D **38**
Crabtree Cl. WA12: Newt W 6E **57**
Crab Tree La. M46: Ath 2F **39**
Crabtree Rd. WN5: Wigan 4F **23**
Crag Gro. WA11: St H 6F **43**
Cramond Cl. WN3: Wigan 1F **33**
Cranberry Av. WN6: Wigan 6H **13**
Cranberry Ct. WN4: Ash M 5H **33**
Cranborne Cl. WN6: Stan 6E **5**
Cranbrook Av. WN4: Ash M 3A **46**
Cranbrook Way WN1: Wigan 5C **14**
Cranby Nook WN2: Hin 6E **27**
Cranby St. WN2: Hin 6B **26**
Cranes La. L40: Lath 2A **8**
Crane St. PR7: Cop 1F **5**
Cranfield Rd. BL6: Los 2H **17**
WN3: Wigan 2A **34**
Cranford Dr. M44: Irlam 6F **63**
Cranham Av. WA3: Low 2C **58**
CRANK 3C **42**
Crank Hill WA11: Crank 3C **42**
Crank Rd. WA11: Crank, St H 6B **42**
WA11: Kings M 1D **42** (6E **31**)
WN5: Bil 5G **31**
CRANKWOOD 3C **48**
Crankwood Rd. WN2: Abr 1H **47**
WN7: Leigh 2B **48**
Cranleigh WN6: Stan 1H **13**
Cranleigh Dr. M29: Asty 5B **40**
Cranshaw St. M29: Tyld 4D **40**
Cranstal Dr. WN2: Hin 6E **27**
Crantock Rd. WN5: Wigan 5E **23**
Cranwell Av. WA3: Cul 5B **60**
Cranworth Av. M29: Asty 1A **52**
Craven Av. WA3: Low 2C **58**
Cravenwood Ri. *BL5: W'ton* 1C **28** *(off Abbeylea Dr.)*
CRAWFORD 2B **30**
Crawford Av. M29: Tyld 3H **39**
PR7: Adl 2E **7**
WN2: Asp 4A **16**
Crawford Cl. WN2: Asp 4A **16**
Crawford Pl. *WN1: Wigan* 1D **24** *(off Wigan La.)*
Crawford Rd. WN8: Skel 2C **30**
Crawford St.
WN1: Wigan 4A **64** (3C **24**)
WN2: Asp 5A **16**

A-Z Wigan 71

Crawley Cl.—Dingle Rd.

Entry	Ref
Crawley Cl. M29: Tyld	4C 40
Crediton Dr. WN2: Platt B	4G 35
Crescent, The BL5: W'ton	4A 28
M44: Irlam	6H 63
WN2: Ince M	4H 25
WN5: Wigan	5F 23
Crescent Av. BL5: O Hul	3H 29
WN4: Ash M	3A 46
Cressell Pk. WN6: Stan	5C 4
Crestfield Gro. WN6: Wigan	1H 23
Crestfold M38: Walk	1G 41
Crestwood Av. WN3: Wigan	2G 33
Creswick Cl. M46: Ath	1A 36
Criccieth Av. WN2: Asp	4B 16
Cricketers Way BL5: W'ton	3A 28
Cricketfield La. M28: Walk	2F 41
Cricket St. WN6: Wigan	3B 24
Cricket St. Bus. Cen.	
WN6: Wigan	3B 24
Cricket St. Bus. Pk.	
WN6: Wigan	3A 24
Cringlebarrow Cl.	
M28: Worsl	2F 53
Crippen St. M46: Ath	4C 28
Cripplegate WN6: Stan	5B 4
CRISP DELF	**6D 10**
Croal Av. WN2: Platt B	3G 35
Croft, The BL5: W'ton	6H 17
WN5: Bil	1H 31
Croft Av. M46: Ath	3F 39
WA3: Golb	5F 47
WN5: Orr	6H 21
Croft Ct. WN7: Leigh	6G 49
Crofters Yd. WN1: Wigan	3A 64
Croft Gro. M38: L Hult	1F 41
Croftlands WN5: Orr	1H 31
Crofton Gdns. WA3: Cul	6A 60
Croft Pl. M29: Tyld	5H 39
Croft St. M38: L Hult	1F 41
WA3: Golb	1G 57
Croftwood Sq. WN5: Wigan	1E 23
Crombouke Dr. WN7: Leigh	4A 28
Crombouke Fold M28: Worsl	6H 41
Cromedale Cres. WN6: Stan	2A 14
Cromer Dr. M46: Ath	3C 38
Cromer Rd. WN3: Wigan	2G 33
Cromford Dr. WN5: Wigan	6D 22
Crompton Ct. WN4: Ash M	5B 46
Crompton Ho.	
WN1: Wigan	4C 64 (3D 24)
Crompton St.	
WN1: Wigan	3B 64 (3C 24)
WN2: Platt B	2H 35
WN3: Ince M	2F 35
Crompton Way WA3: Low	1F 59
Cromwell Cl.	
WA12: Newt W	5A 56
Crookall St. WN4: Ash M	3C 46
CROOKE	**6E 13**
Crooke Rd. WN6: Stan	6E 13
Crookhurst Av. WN5: Bil	1H 43
Crook St. WN1: Wigan	3B 24
WN2: Hin	1B 36
Cropton Way WN2: Hin	2D 36
Crosby Av. WN6: Ath	1G 39
Crosby St. M46: Ath	1G 39
Crossdale Rd. WN2: Hin	6D 26
(not continuous)	
Crossdale Way WA11: St H	6F 43
Crossfield Dr. WN2: Hin	2G 37
Crossfield Rd. WN5: Skel	3A 20
WN3: Wigan	1F 33
Crossgill M29: Asty	2B 52
Crossings, The	
WA12: Newt W	6C 56
Crosslands Rd. M28: Worsl	1F 53
Cross La. WA12: Newt W	6B 56
WN5: Bil	2H 31
Crossley Av. WN3: Wigan	1G 33
Cross Pit La. WA11: Rainf	5B 30
Cross St. M29: Tyld	5H 39
M46: Ath	1D 38
WA3: Golb	2G 57
WN2: Asp	3H 15
WN2: Hin	6B 26
WN3: Ince M	1E 35
WN3: Wigan	6A 64 (4C 24)
WN5: Orr	5D 22
WN5: Wigan	5D 22
WN6: Stan	6G 5
WN7: Leigh	3C 50
Crossway WN4: Ash M	2E 47
Cross Yd. WN1: Wigan	2B 64
Croston St. WN2: Hin	5A 26

Entry	Ref
Crow Ho Farm Dr.	
WA12: Newt W	5B 56
Crowhurst Dr. WN1: Wigan	6B 14
Crow La. M46: Dalt	6D 10
Crow La. E. WA12: Newt W	5A 56
Crow La. W. WA12: Newt W	5H 55
Crown Cl. WN3: Wigan	1H 33
Crown Flds. Cl.	
WA12: Newt W	4B 56
Crown Gdns. WA12: Newt W	5B 56
Crown Grn. WN7: Leigh	1F 51
Crown Pk. Dr.	
WA12: Newt W	4B 56
Crown St. M46: Ath	2E 39
WA12: Newt W	6A 56
WN2: Hin	5A 26
WN3: Wigan	5B 24
Crown Wood Ct. WN2: Bam	6F 35
(off Fourth St.)	
Crow Orchard Rd.	
WN6: Wright, Stan	5B 4
Crowther Dr. WN3: Winst	4G 33
Crow Wood Rd. WA3: Low	6B 48
Croxteth Dr. WA11: Rainf	4B 30
Croyde Cl. WN2: Hin	2H 37
Croydon Av. WN7: Leigh	5B 38
Crummock Dr. WN3: Wigan	2H 33
Crystal Cl. WN2: Platt B	2G 35
CULCHETH	**6C 60**
Culcheth Av. WN2: Abr	4H 35
Culcheth Hall Dr. WA3: Cul	5B 60
Culcheth Hall Farm WA3: Cul	5C 60
Culcheth Linear Country Pk.	**5F 59**
Culcheth Sports Club	**6B 60**
Culcross Av. WN3: Wigan	1E 33
Cullen Cl. WN2: Ince M	3G 25
Culvert St. WN6: Wigan	6A 14
Culzean Cl. WN7: Leigh	3E 51
Cumberbatch Pl.	
WN3: Ince M	1F 35
Cumberland Av. M29: Tyld	3H 39
Cumberland Cres.	
WA11: Hay	3C 54
Cumberland Rd. M46: Ath	1G 39
Cumberland St. WN1: Wigan	2E 25
Cumbermere La. M29: Tyld	3B 40
Cumbrian Cl. WN2: Platt B	3H 35
Cunliffe Av. WA12: Newt W	4B 56
Cunliffe St. WN7: Leigh	2G 49
Cunningham Rd. BL5: W'ton	4H 27
Curlew Cl. WA3: Low	1B 58
Curlew Dr. M44: Irlam	5G 63
Curtis St. WN5: Wigan	5F 23
Curzon Pl. WA12: Newt W	6B 56
(off King St.)	
Cutacre Cl. M29: Tyld	4B 40
Cuthbert St. WN5: Wigan	5F 23
Cutnook La. M44: Irlam	4F 63
Cygnet Gdns. WA9: St H	6A 54
Cygnet St. WN3: Wigan	5B 24
Cypress Rd. WN5: Wigan	5G 23

D

Dailton Rd. WN8: Uph	4E 21
Dairydale Cl. M44: Irlam	6H 63
Dairy Farm Rd. WA11: Rainf	4A 30
Daisybank Cl. WN2: Hin	6B 26
Daisy Bank Mill Cl. WA3: Cul	6A 60
Daisy Hall Dr. BL5: W'ton	5A 28
DAISY HILL	**6A 28**
Daisyhill Cl. BL5: W'ton	6B 28
Daisy Hill Station (Rail)	**5B 28**
Daisy Rd. WN3: Wigan	5G 23
Dakin's Lea WN7: Leigh	4D 50
Dakins Rd. WN7: Leigh	5D 50
Dalbeatie Ri. WN1: Wigan	2F 25
Dalebank M46: Ath	6E 29
Dalecrest WN5: Bil	4H 31
Dale Gro. M46: Ath	3G 49
Dalehead Gro. WN7: Leigh	3G 49
Dalehead Pl. WA11: St H	4F 43
Dale Lee BL5: W'ton	3C 28
Dale Rd. WA3: Golb	2G 57
Dalesford Cl. WN7: Leigh	1G 59
Daleside Av. WN4: Ash M	5A 34
Dale St. BL5: W'ton	6B 28
WN3: Ince M	2F 35
WN7: Leigh	2G 49
Dale Vw. WA12: Newt W	5E 57
Dalkeith Rd. WN7: Leigh	6E 27
Dalston Dr. WA11: St H	6F 43

Entry	Ref
Dalston Gro. WN3: Winst	2F 33
DALTON	**3A 10**
Dalton Cl. WN5: Orr	4D 22
Dalton Dr. WN3: Wigan	3G 33
Dalton Fold BL5: W'ton	3B 28
Dalton Gro. WN4: Ash M	3A 46
Dalwood Cl. WN2: Hin	1D 36
Damian Dr. WA12: Newt W	4A 56
Dam La. WN4: Ash M	4F 47
Dams Head Fold BL5: W'ton	2B 28
Damson Gro. WA11: Rainf	4A 30
Damson Gro. Ct.	
WA11: Rainf	4A 30
Danbers WN3: Uph	5D 20
Danebury Cl. WN2: Hin	1B 36
Danes Av. WN2: Hin	5C 26
Danesbrook Cl. WN2: Hin	5C 26
Danesbury Cl. WN5: Bil	3A 44
Danes Grn. WN2: Hin	4C 26
Danesway WN1: Wigan	6B 14
DANGEROUS CORNER	**3H 37**
Daniels La. WN8: Skel	4A 20
Darby La. WN2: Hin	5A 26
Darent Rd. WA11: Hay	2D 54
Darfield WN8: Uph	4D 20
Daric Cl. WN7: Leigh	6G 49
Dark La. BL6: B'rod	3H 7
Darley Rd. WN3: Wigan	2B 34
Darlington St. M29: Tyld	4A 40
WN1: Wigan	5B 64 (4D 24)
WN2: Ince M	4G 25
Darlington St. E. M29: Tyld	4B 40
WN2: Wigan	5D 64 (4D 24)
Darnhall St. WN3: Ince M	1F 35
Darnley Av. M28: Worsl	4H 41
Darran Av. WN3: Wigan	2H 33
Dartington Rd. WN2: Platt B	3F 35
Darvel Av. WN4: Garsw	3E 45
Darwen Dr. WN2: Platt B	3G 35
Davidson Wlk. WN5: Wigan	4G 23
Davies Av. WA12: Newt W	4C 56
Davies St. WN2: Platt B	3G 35
Davy Rd. WN7: Apr	6A 36
Dawber Delf Ind. Area	
WN6: App B	1H 11
Dawber Delph WN6: App B	1H 11
Dawbers Ter. WN3: Wigan	3B 24
Dawber St. WN1: Wigan	3B 24
WN4: Ash M	3D 46
Dawley Cl. WN4: Ash M	4A 46
Dawlish Way WA3: Golb	6F 47
Dawnwood Sq. WN5: Wigan	1E 23
Dawson Av. WN8: Uph	6A 14
Dawson St. M46: Ath	2E 39
Daybrook WN8: Uph	4D 20
Dayfield WN8: Uph	4E 21
Deakin St. WN3: Ince M	6E 25
Dean Cl. WN5: Bil	4H 43
WN8: Uph	4G 21
Dean Ct. WA3: Golb	2G 57
WN7: Orr	2D 22
Dean Cres. WN5: Orr	3D 22
Deanery Ct. WN1: Wigan	3B 24
(off Spring Gdns.)	
Dean Mdw. WA12: Newt W	5C 56
Dean Rd. WA3: Golb	2G 57
Deansgate WN2: Hin	5C 26
Dean Wood Av. WN5: Orr	3A 22
Dean Wood Golf Course	**3G 21**
Dearden Way WN8: Uph	4E 21
Dearnley Av. WA11: St H	4A 54
Debdale La. M29: Asty	3H 51
Deben Cl. WN6: Stan	6F 5
Deepdale WN7: Leigh	4E 51
Deepdale Av. WN3: Wigan	6G 43
Deerfield Cl. WA9: St H	5A 54
Dee Rd. M29: Asty	6C 40
Deerwood Gdns. WN1: Stan	2B 14
Defiance St. M46: Ath	2D 38
De-Haviland Way WN8: Skel	3C 20
De Havilland Way	
BL5: W'ton	3G 17
BL6: Hor	3G 17
Deighton Cl. WN5: Orr	5A 22
Delamere Av. WA3: Low	3C 58
Delamere Rd. WN8: Skel	1F 19
Delamere Way WN8: Uph	4E 21
Delegarte St. WN3: Ince M	5E 25
Delfhaven Ct. WN6: Stan	2A 14
Delf Ho. WN8: Skel	2A 20
Dell, The WN6: App B	2H 11
Dell Av. WN6: Wigan	6G 13
Dellside Cl. WN4: Ash M	1F 45

Entry	Ref
Delph Gro. WN7: Leigh	4H 37
Delph Mdw. Gdns. WN5: Bil	3G 43
Delphside Cl. WN5: Orr	6H 21
Delphside Rd. WN5: Orr	6H 21
Delph St. WN6: Wigan	2B 24
Delta Rd. WA9: St H	5B 54
Dene Av. WA12: Newt W	5H 55
Denbigh Gro. WN6: Uph	6E 29
Dene St. WN7: Leigh	3F 49
Denford Cl. WN3: Wigan	2H 33
Denham Rd. WN3: Wigan	2A 34
Denholme WN8: Uph	4D 20
Denshaw WN8: Uph	4D 20
Denton Gro. WN5: Orr	3D 22
Derby Cl. WA12: Newt W	6B 56
Derby Rd. WA11: Rainf	5C 30
Derby Ho.	
WN1: Wigan	4C 64 (3D 24)
Derby Rd. WA3: Golb	6A 48
WN8: Skel	3C 18
DERBYSHIRE HILL	**6C 54**
Derbyshire Hill Rd.	
WA9: St H	6C 54
Derbyshire Rd. WN3: Winst	4F 33
Derby St. BL5: W'ton	2B 28
M29: Tyld	4A 40
M46: Ath	1E 39
WA12: Newt W	6B 56
WN3: Ince M	1F 35
WN7: Leigh	3C 50
Dereham Way WN3: Winst	2F 33
Derngate Dr. WN6: Stan	2A 14
Derwent Av. WA3: Golb	6A 48
WN2: Hin	4H 25
Derwent Cl. M28: Walk	3H 41
WA12: Newt W	4A 50
Derwent Pl. WN5: Wigan	4E 23
Derwent Rd. WN2: Hin	6C 26
WN4: Ash M	2E 47
WN5: Orr	3B 22
Derwent St. M29: Asty	6A 40
WN7: Leigh	4A 50
Derwent Way WN7: Leigh	6F 49
Desford Av. WA11: St H	3A 54
Desmond St. M46: Ath	3C 38
(not continuous)	
De Trafford Dr. WN2: Ince M	3H 25
De Traffords, The M44: Irlam	6H 63
Devoke Av. WA11: St H	6E 43
Devon Av. WN8: Uph	5F 21
Devon Cl. WN2: Asp	4B 16
WN5: Wigan	5E 23
Devon Dr. WN1: Stan	6B 6
Devon M. M29: Tyld	5H 39
Devonshire Cl. WN3: Ince M	6E 25
Devonshire Dr. M28: Worsl	1F 53
Devonshire Pl. M46: Ath	1F 39
Devonshire Rd. M46: Ath	6E 29
Devon Rd. WN2: Hin	6C 26
Dewberry Cl. M29: Tyld	4E 41
Dewberry Flds. WN8: Uph	4F 21
Dewham Cl. BL5: W'ton	2B 28
Dexter Way WN8: Uph	5F 21
Diamond Bus. Pk.	
WA11: Rainf	6D 30
Diamond St. WN6: Wigan	6A 14
WN7: Leigh	3A 50
Diane Rd. WN4: Ash M	2D 46
Dicconson Cres.	
WN1: Wigan	2B 64 (2C 24)
Dicconson La. BL5: W'ton	5D 16
WN2: W'ton	5D 16
Dicconson St.	
WN1: Wigan	1A 64 (2C 24)
Dicconson Ter.	
WN1: Wigan	1A 64 (2C 24)
Dickens Dr. WN2: Abr	5A 36
Dickenson Rd. WN2: Hin	1C 36
Dickinson Cl. WN3: Wigan	1H 33
Dicket's La. WN8: Skel	1A 18
Dickinson Cl. WA11: Hay	3C 54
Dick's La. L40: Westh	5A 8
Didsbury Av. WN2: Hin	6B 26
Diggle St. WN6: Wigan	2A 24
(not continuous)	
DIGMOOR	**5B 20**
Digmoor Dr. WN8: Skel	4H 19
Digmoor Rd. WN8: Skel	4A 20
Dingle Av. WA12: Newt W	6H 55
WN6: App B	1A 12
WN8: Uph	3F 21
Dingle Rd. WN8: Uph	3F 21

Dingle Wlk. WN6: Stan ... 5F 13
Ditton Brook BL5: W'ton ... 2B 28
Dixon Av. WA12: Newt W ... 4C 56
WN6: Shev ... 4C 12
Dixon Cl. WA11: Hay ... 1A 56
Dixon Dr. WN6: Shev ... 4C 12
Dixon Pl. WN2: Abr ... 4H 35
Dixon St. WN2: Platt B ... 2G 35
DOBB BROW ... 4G 27
Dobb Brow Rd. BL5: W'ton ... 4H 27
Dobson Cl. WN6: App B ... 5A 4
Dobson Pk. Ind. Est.
WN2: Ince M ... 4G 25
Dobson Pk. Way
WN2: Ince M ... 5F 25
Doctor's Nook WN7: Leigh ... 2B 50
Dodd La. BL5: W'ton ... 6E 17
Dodd La. Ind. Est.
BL5: W'ton ... 5F 17
Dodds Farm La. WN2: Asp ... 6C 16
Dodhurst Rd. WN2: Hin ... 5D 26
Dodson Cl. WN4: Ash M ... 4C 46
Doeford Cl. WA3: Cul ... 4H 59
Doe Mdw. WN8: Newb ... 1G 9
Donnington Cl. WN7: Leigh ... 6H 49
Dootson St. WN2: Abr ... 4H 35
WN2: Hin ... 5E 27
Dorchester Rd. WN8: Uph ... 4E 21
Doric Grn. WN5: Bil ... 2H 31
Dorket Gro. BL5: W'ton ... 5H 27
Dorning St. BL6: B'rod ... 2D 16
M29: Tyld ... 4H 39
WN1: Wigan ... 3A 64 (3B 24)
WN7: Leigh ... 2A 50
Dorothy Gro. WN7: Leigh ... 3A 50
Dorothy Wlk. WN2: Bam ... 5F 35
Dorset Av. M29: Tyld ... 2H 39
Dorset Cl. WN5: Wigan ... 5E 23
Dorset Rd. M46: Ath ... 1E 39
WN1: Stan ... 6B 6
Dorset Rd. Ent. Cen.
M46: Ath ... 6E 29
Dorset St. WN2: Hin ... 5C 26
WN7: Leigh ... 3F 51
Dorstone Cl. WN2: Hin ... 6F 27
Dotterel Cl. WN7: Leigh ... 1C 50
Double Cop WN7: Leigh ... 6H 49
Dougals Way WN7: Leigh ... 6F 49
Douglas Av. WN5: Bil ... 4H 43
WN8: Uph ... 4F 21
Douglas Bank Dr.
WN6: Wigan ... 1H 23
Douglas Dr. WN5: Orr ... 4B 22
WN6: Shev ... 4B 12
Douglas Ho.
WN1: Wigan ... 5C 64 (4D 24)
Douglas Pk. M46: Ath ... 2G 39
Douglas Rd. M46: Ath ... 3G 39
WN1: Wigan ... 1C 64 (2D 24)
WN6: Stan ... 5D 4
WN7: Leigh ... 6G 37
Douglas St. M46: Ath ... 2G 39
WN1: Wigan ... 5C 64
WN2: Hin ... 1A 36
WN5: Wigan ... 4A 24
Douglas Vw. BL6: B'rod ... 1G 7
WN1: Stan ... 3B 14
Doulton Cl. WN2: Platt B ... 2F 35
Dovecote Dr. WA11: Hay ... 2E 55
Dovecote La. M38: L Hult ... 2E 41
Dovedale Cres.
WN4: Ash M ... 5A 34
Dovedale Dr. WN6: Stan ... 5G 5
Dovedale Rd. WN4: Ash M ... 6A 34
Dove Dr. M44: Irlam ... 6G 63
Dovenby Fold
WN2: Ince M ... 4G 25
DOVER ... 1H 47
Dove St. WA3: Golb ... 5G 47
Dovey Cl. M29: Asty ... 6C 40
Dower St. WN2: Platt B ... 2G 35
Dowling Cl. WN6: Stan ... 6F 13
DOWNALL GREEN ... 3F 45
Downall Grn. WN4: Garsw ... 2F 45
Downall Grn. Rd.
WN4: Ash M ... 2G 45
Downbrook Way
WN4: Ash M ... 2D 46
(off North St.)
Downham Wlk. WN5: Bil ... 4H 31
Downing Cl. WN2: Platt B ... 3G 35
Downing St. WN7: Leigh ... 2B 50
Downs, The WN3: Wigan ... 1E 33
Downton Av. WN2: Hin ... 1B 36
Doyle Rd. BL3: Bolt ... 1G 29
Dragon Cl. WN8: Skel ... 3C 20
Drake Hall BL5: W'ton ... 6A 28
Drake St. M46: Ath ... 3E 39
Drapers Ct. WA3: Low ... 2D 58
Draycott Cl. WN2: Hin ... 2D 36
Drive, The WN7: Leigh ... 4B 50
Droxford Gro. M46: Ath ... 6G 29
Druid St. WN4: Ash M ... 5C 46
Drumcroon Gallery ... 2A 64 (2B 24)
Drummer's La. WN4: Ash M ... 6F 33
Drummond Sq.
WN5: Wigan ... 4G 23
Drummond Way WN7: Leigh ... 2D 50
Dryden Av. WN4: Ash M ... 6H 33
Dryden Cl. WN3: Wigan ... 6A 24
Dryton Wlk. WN2: Asp ... 1G 25
Duchy Av. BL5: O Hul ... 3H 29
Duddon Cl. WN6: Stan ... 2H 13
Dudley St. WN4: Ash M ... 2A 46
Duke Av. WA3: G'bury ... 2E 61
Duke's Row WN2: Asp ... 5H 15
Duke St. M29: Asty ... 1C 52
WA3: Golb ... 6G 47
WA12: Newt W ... 6B 56
WN1: Wigan ... 1B 64 (1C 24)
WN2: Platt B ... 2G 35
WN3: Wigan ... 1H 33
WN4: Ash M ... 4C 46
WN7: Leigh ... 3C 50
Duke's Wood La. WN8: Skel ... 2B 30
Dumbarton Grn. WN6: Wigan ... 1G 23
Dunblane Cl. WN4: Garsw ... 3E 45
Duncan Av. WA12: Newt W ... 4C 56
Duncan Pl. WN5: Wigan ... 3G 23
Dungeon La. WN8: Dalt ... 2A 10
Dunham Av. WA3: Golb ... 6F 47
Dunham Cl. BL5: W'ton ... 6H 27
Dunham Gro. WN7: Leigh ... 5E 51
Dunlin Av.
WA12: Newt W ... 5C 56
Dunlin Dr. M44: Irlam ... 6G 63
Dunlin Gro. WN7: Leigh ... 2D 50
Dunmail Av. WA11: St H ... 6G 43
Dunmail Cl. M29: Asty ... 1C 52
Dunoon Rd. WN2: Asp ... 4B 16
Dunscore Rd. WN3: Winst ... 2G 33
Dunsdale Dr.
WN4: Ash M ... 4C 46
Dunsmore Cl. WA11: Hay ... 2E 55
Dunster Cl. WN2: Platt B ... 4G 35
Dunster Pl. M28: Worsl ... 6F 41
Dunster Rd. M28: Worsl ... 6F 41
Durban St. M46: Ath ... 3C 38
WN7: Leigh ... 3C 48
Durham Cl. M29: Tyld ... 2A 40
Durham Rd. WN2: Hin ... 6C 26
Durham St. WN1: Wigan ... 2E 25
WN8: Skel ... 1D 18
Durrell Way WA3: Low ... 1C 58
Durrington Pl. BL5: W'ton ... 2A 28
Dursley Dr. WN4: Ash M ... 3D 46
Dutton Gro. WN7: Leigh ... 5E 51
Duva M. WN7: Leigh ... 2B 50
Duxbury Cl. WA11: Rainf ... 4C 30
DW Stadium ... 3H 23
Dyer St. WA3: Golb ... 6F 47

E

Eagle Cres. WA11: Rainf ... 5C 30
Earhart Cl. WN8: Skel ... 3C 20
Earle Cl. WA12: Newt W ... 6H 55
EARLESTOWN ... 6B 56
Earlestown Station (Rail) ... 6B 56
Earle St. WA12: Newt W ... 6H 55
(not continuous)
Earl St. M46: Ath ... 3D 38
WN1: Wigan ... 1B 64 (1C 24)
WN2: Ince M ... 4G 25
WN7: Leigh ... 2C 60
Earlswood WN8: Skel ... 2C 20
East Av. WA3: Golb ... 6A 48
WN7: Leigh ... 4E 51
E. Bond St. WN7: Leigh ... 2C 50
East Bond Street
(Park & Ride) ... 2C 50
E. Bridgewater St.
WN7: Leigh ... 3C 50
Eastgarth WN2: Platt B ... 3H 35
Eastgate App. BL6: Hor ... 2H 17
EAST GILLIBRANDS ... 3G 19
Eastham Way M38: L Hult ... 1H 41
E. Lancashire Rd.
M28: Walk, Worsl ... 6E 51
M29: Asty ... 6E 51
WA3: Golb, Low ... 3D 58
WA11: Hay, St H ... 1A 54
WA12: Newt W ... 2C 56
WN7: Leigh ... 6E 51
Eastleigh WN8: Skel ... 2B 20
Eastleigh Cres. WN7: Leigh ... 4D 50
Eastmead WN6: Shev ... 4C 12
East Moor M28: Worsl ... 6G 41
East Mt. WN5: Orr ... 5B 22
Easton Cl. WN3: Wigan ... 3A 34
EAST PIMBO ... 1D 30
East St. M46: Ath ... 4H 39
WN2: Hin ... 2F 37
WN4: Ash M ... 3D 46
Eastwell Rd. WN4: Ash M ... 4A 46
WN6: Wigan ... 6H 13
Eastwood Av. M28: Walk ... 2G 41
WA12: Newt W ... 6F 57
Eastwood Gro. WN7: Leigh ... 2G 49
Eatock St. WN2: Platt B ... 2H 35
Eatock Way BL5: W'ton ... 5H 27
Eaton St. WN2: Hin ... 5C 26
Eavesdale WN8: Skel ... 3C 20
Ebenezer St. WA11: Hay ... 3B 54
Eccles Rd. WN5: Orr ... 2D 22
Eccleston St.
WN1: Wigan ... 2A 64 (2C 24)
Eckersley Fold La.
M46: Ath ... 5C 38
Eckersley Mill WN3: Wigan ... 4B 24
Eckersley Pct. M46: Ath ... 2F 39
(off Alma St.)
Eckersley St. WN1: Wigan ... 2E 25
Edale Cl. M46: Ath ... 2E 39
Edale Dr. WN6: Stan ... 5G 5
Edale Rd. WN7: Leigh ... 3D 50
Edburton Ct. WA3: Golb ... 1G 57
Eddisford Dr. WA3: Cul ... 4H 59
Eddleston St. WN4: Ash M ... 1H 45
Eden Av. WA3: Cul ... 5E 61
WA11: Rainf ... 4A 30
Eden Bank WN7: Leigh ... 1D 50
Eden Gro. WN7: Leigh ... 2G 49
Edenhall Gro. WN2: Hin ... 2D 36
Edenhurst WN8: Skel ... 3C 20
Edensor Cl. WN6: Wigan ... 5A 14
Eden Va. M28: Worsl ... 6G 41
EDGE GREEN ... 5F 47
Edge Grn. M28: Worsl ... 5H 41
Edge Grn. La. WA3: Golb ... 5F 47
Edge Grn. Rd. WN4: Ash M ... 4F 47
Edge Grn. St. WN4: Ash M ... 3D 46
Edge Hall Rd. WN5: Orr ... 1A 32
(not continuous)
Edgerley Pl. WN4: Ash M ... 4A 46
Edgerton Rd. WA3: Low ... 1D 58
Edges Farm Cl. BL5: W'ton ... 6B 28
Edgeware Gro. WN3: Winst ... 2F 33
Edgeway Rd. WN3: Wigan ... 4A 34
Edgewood WN6: Shev ... 4C 12
Edgeworth Rd. WA3: Golb ... 6F 47
WN2: Hin ... 2E 37
Edinburgh Cl. WN2: Ince M ... 3G 25
Edinburgh Dr. WN2: Hin ... 2F 37
WN5: Wigan ... 6F 23
Edinburgh Wlk. WN2: Asp ... 4B 16
Edith St. WN3: Wigan ... 4B 24
Edmondson St. WA9: St H ... 6B 54
Edmund Dr. WN7: Leigh ... 2G 49
Edna Rd. WN7: Leigh ... 6G 37
Edridge Way WN2: Hin ... 1A 36
Edward Dr. WN4: Ash M ... 3B 46
Edward Rd. WN1: Wigan ... 1C 24
Edward St. BL5: W'ton ... 3A 28
WA11: Hay ... 3C 54
WN1: Ince M ... 3F 25
WN7: Leigh ... 3C 50
Edwin St. WN1: Wigan ... 4E 25
Egerton WN8: Skel ... 3B 20
Egerton Ct. WN2: Hin ... 6C 26
Egerton St. WN2: Abr ... 6H 35
Eggar Cl. M29: Asty ... 6B 40
Egret Dr. M44: Irlam ... 6G 63
Elaine Cl. WN4: Ash M ... 2D 46
Elcombe Av. WA3: Low ... 2C 58
Elderberry Cl. WN1: Wigan ... 5B 14
Eldon Gdns. WN4: Ash M ... 1A 46
Eldon St. WN7: Leigh ... 1H 49
Eleanor St. WN3: Wigan ... 4A 24
Elgin Av. WN4: Garsw ... 3F 45
Elgin Cl. WN2: Ince M ... 3G 25
Eliot Dr. WN3: Wigan ... 6A 24
(not continuous)
Eliot Gdns. WN3: Wigan ... 6A 24
Elizabethan Ct. M29: Tyld ... 4H 39
(off Market St.)
Elizabethan Dr. WN3: Ince M ... 1E 35
Elizabethan Wlk.
WN2: Platt B ... 3G 35
Elizabeth Av. WN2: B'haw ... 4C 36
Elizabeth Rd. WA11: Hay ... 2G 55
Elizabeth St. M46: Ath ... 2F 39
WN2: Ince M ... 3G 25
WN7: Leigh ... 4D 50
Elkstone Cl. WN3: Winst ... 3E 33
Elkwood Cl. WN1: Wigan ... 5B 14
Elland Cl. BL5: W'ton ... 6H 17
Ella Vw. Lodge M46: Ath ... 1C 38
ELLENBROOK ... 5H 41
Ellenbrook Rd. M28: Worsl ... 5H 41
Ellendale Grange
M28: Worsl ... 5H 41
Ellenor Dr. M29: Asty ... 6C 40
Ellen St.
WN1: Wigan ... 5C 64 (4D 24)
WN2: Ince M ... 4G 25
Ellerbeck Cl. WN6: Stan ... 2H 13
Ellergreen Rd. WN2: Hin ... 2G 37
Ellesmere Av. M28: Walk ... 2H 41
Ellesmere Cl. M38: L Hult ... 1H 41
Ellesmere Rd. WA3: Cul ... 5A 60
WN4: Ash M ... 2H 45
WN5: Wigan ... 5F 23
Ellesmere St. M29: Asty ... 2C 52
M29: Tyld ... 4H 39
(not continuous)
M38: L Hult ... 2H 41
WN7: Leigh ... 3B 50
(not continuous)
Elliot Dr. WN2: Hin ... 4B 26
Elliott Av. WA3: Golb ... 6H 47
Elliott Gdns. WN6: App B ... 2A 12
Elliott St. M29: Tyld ... 5G 39
Ellis Cres. M28: Walk ... 2H 41
Ellis Rd. WN5: Bil ... 3H 43
Ellis St. WN1: Wigan ... 2E 25
Ellwood Gdns. WN6: Shev ... 5C 12
Elm Av. WA3: Golb ... 6G 47
WA12: Newt W ... 6C 56
WN4: Garsw ... 2F 45
WN5: Wigan ... 5G 23
WN6: Stan ... 1H 13
Elmbridge Ct. WA3: Low ... 1D 58
Elm Ct. WN8: Skel ... 2E 19
Elm Cft. WN1: Wigan ... 5B 14
Elm Dr. WN5: Bil ... 2H 43
ELMERS GREEN ... 1B 20
Elmers Grn. WN8: Skel ... 1B 20
(not continuous)
Elmer's Grn. La.
WN8: Dalt, Skel ... 4A 10
(not continuous)
Elmers Wood Rd. WN8: Skel ... 2B 20
Elmfield WN6: Shev ... 3D 12
Elmfield Av. M46: Ath ... 1D 38
Elmfield Rd. WN1: Wigan ... 4B 14
Elm Gdns. WA11: Rainf ... 5B 30
Elm Gro. WN8: Skel ... 2E 19
Elmhow Gro. WN3: Wigan ... 3A 34
Elmridge WN7: Leigh ... 1D 50
WN8: Skel ... 2B 20
Elm Rd. BL5: W'ton ... 4A 28
WA11: Hay ... 2G 55
WN2: Abr ... 6A 36
Elms, The WA3: Low ... 2D 58
Elmsbury St. WN4: Ash M ... 2H 45
Elmstead WN8: Skel ... 3B 20
Elm St. M29: Tyld ... 4A 40
WN2: Platt B ... 3G 35
WN7: Leigh ... 4B 50
Elm Tree Rd. WA3: Low ... 1D 58
Elmwood WN8: Skel ... 6A 10
Elmwood Av. WN4: Ash M ... 5A 46
Elmwood Cl. BL5: O Hul ... 5H 29
Elnup Av. WN6: Shev ... 3D 12
Elsdon Dr. M46: Ath ... 1G 39
Elsham Dr. M28: Walk ... 2H 41
Elstead Gro. WN4: Garsw ... 3F 45
Elston Av. WA12: Newt W ... 4B 56
Elswick WN8: Skel ... 3A 20
Eltham Cl. WN4: Ash M ... 4D 46
Elton Cl. WA3: Low ... 2C 58
Elton Ho. WN5: Wigan ... 4E 23
Elvington Cl. WN5: Wigan ... 2D 22
Elvington Cres. M28: Worsl ... 5H 41

Elway Rd.—Furnival St.

Name	Grid
Elway Rd. WN4: Ash M	3C 46
Elworthy Gro. WN1: Wigan	1E 25
Ely Cl. M28: Worsl	5H 41
Ely Dr. M29: Asty	6C 40
Emerald Av. WN7: Leigh	3A 50
Emerald St. WN6: Wigan	6A 14
Emlea Gdns. WN2: Ince M	4H 25
Emlyn St. WN2: Hin	6A 26
Empire Cinema	
Robin Pk.	3H 23
Empress Dr. WN7: Leigh	1G 51
Empress Ind. Est.	
WN2: Ince M	4F 25
Empress Pk. WA11: Hay	2B 56
Ena Cres. WN7: Leigh	6G 37
Endsleigh Gdns. WN7: Leigh	2B 50
Enfield Gro. WN2: Hin	1C 50
Enfield St. WN5: Wigan	6E 23
Engineer St. WN2: Ince M	4G 25
ENGINE FOLD	**3H 41**
Engine Fold WN5: Wigan	5D 22
Engine Fold Rd. M28: Walk	2G 41
Engine La. M29: Tyld	1H 39
English St. WN7: Leigh	3C 50
Enid Pl. WN2: Bam	5F 35
Ennerdale WN8: Skel	3B 20
Ennerdale Av. WA11: St H	6F 43
WN4: Ash M	2B 46
Ennerdale Pl. WN2: Ince M	3H 25
Ennerdale Rd. M29: Asty	6A 40
WN2: Hin	6C 26
WN7: Leigh	2D 50
Enstone WN8: Skel	2B 20
Enstone Way WN7: Leigh	4C 40
Enterprise Pk. BL6: Hor	1G 17
WA11: Raint	6D 30, 3A 42
Enterprise Way WA3: Low	2E 59
Entwistle Gro. WN7: Leigh	4E 51
Envoy Cl. WN5: Wigan	2G 23
Ephraim's Fold WN2: Asp	3B 16
Epsom Dr. WN2: Bam	6F 35
Epsom St. WA9: St H	5B 54
Erica Wlk. WN7: Leigh	2F 49
Erradale Cres. WN3: Winst	3F 23
Erskine Cl. WA11: St H	3A 54
Erskine Pl. WN7: Abr	4H 35
Eskbank WN8: Skel	3A 20
Eskbrook WN8: Skel	3H 19
Eskdale WN8: Skel	2C 16
Eskdale Av. BL6: B'rod	6B 14
WN1: Wigan	6C 26
Eskdale Rd. WN2: Hin	2B 46
WN4: Ash M	2H 39
Essex Pl. M29: Tyld	6B 6
Essex Rd. WN1: Stan	2E 59
Essex St. WN4: Garsw	2F 45
Esther Fold BL5: W'ton	3A 28
Esthwaite Dr. M29: Asty	6C 40
Etherstone St. WN7: Leigh	3A 50
Eton St. WN7: Leigh	4B 50
Eton Ter. WN2: Ince M	6E 25
Eton Way WN5: Orr	3B 22
Evan Cl. WN6: Stan	5F 13
Evans Cl. WA11: Hay	2H 55
Evans St. WN7: Leigh	6G 37
Eva St. WN7: Leigh	2B 50
Evelyn Av. WA9: St H	6A 54
Evelyn St. WA9: St H	6A 54
Evenwood WN8: Skel	2B 20
Evenwood Cl. WN8: Skel	2A 20
Everard Cl. M28: Worsl	4H 41
Everest Pl. WN1: Wigan	1C 24
Everest Rd. M46: Ath	5E 29
Eversley WN8: Skel	2B 20
Everton St. WN4: Garsw	2F 45
Evesham Cl. WN7: Leigh	6H 49
Evington WN8: Skel	2B 20
Exchange Island WN8: Skel	3F 19
Exeter Dr. M44: Irlam	6H 63
WN2: Asp	4B 16
Exeter Rd. WN2: Hin	6C 26
Exford Av. WN3: Wigan	1B 34
Eyet St. WN7: Leigh	2A 50

F

Name	Grid
Factory St. M29: Tyld	4H 39
Factory St. E. M46: Ath	2E 39
Factory St. W. M46: Ath	2E 39
Faggy La.	
WN3: Wigan	6B 24 (4C 26)
Fairacres WN5: Stan	6D 4
Fairbourne Av. WN3: Wigan	1A 34

Name	Grid
Fairburn WN8: Skel	6H 9
Fairclough Cres. WA11: Hay	3C 54
Fairclough Pl. PR7: Adl	1F 7
Fairclough St.	
WA12: Newt W	6B 56
WN1: Wigan	5C 64 (4D 24)
WN2: Hin	5B 26
Fairfield Av. WN2: Platt B	2G 35
WN5: Wigan	6F 23
Fairfield Gdns. WA11: Crank	5C 42
FAIRFIELD INDEPENDENT HOSPITAL	
	5C 42
Fairfield St. WN5: Wigan	6E 23
Fairhaven Cl. WN4: Ash M	6A 10
Fairhaven Av. BL5: W'ton	3D 28
Fairholme Av. WN4: Ash M	3B 46
Fairhurst Av. WN6: Stan	4F 5
Fairhurst Dr. M28: Walk	3F 41
Fairhurst La. WN1: Stan	1A 14
Fairhurst St. WN3: Wigan	3B 24
WN6: Stan	1A 14
Fairle WN8: Skel	6A 10
Fairlyn Cl. BL5: O Hul	4H 29
Fairlyn Dr. BL5: O Hul	4H 29
Fairman Dr. WN2: Hin	4C 26
Fairstead Cl. BL5: W'ton	6A 10
Fairstead Cl. BL5: W'ton	3H 27
Fair Vw. WN5: Bil	2H 43
Fair Vw. Av. WN5: Bil	2H 43
Fairview Cvn. Pk. M46: Ath	1D 38
Fairview Cl. WN4: Ash M	3B 46
Fairways, The BL5: W'ton	3H 27
WN4: Ash M	5G 45
WN8: Skel	6B 10
Falcon Cl. WN7: Leigh	2G 49
Falcon Cl. WN7: Leigh	2E 51
Falcon Dr. M44: Irlam	5H 63
Falconers Grn. WN3: Wigan	6B 24
Falconwood Chase	
M28: Worsl	1H 53
Falconwood Cl. WN6: Wigan	2A 12
Falkirk Dr. WN2: Ince M	3G 25
Falkirk Gro. WN5: Wigan	3E 23
Falkland WN8: Skel	6A 10
Falkland Dr. WN4: Garsw	3E 45
Fallow Cl. BL5: W'ton	1A 28
Fallowfield Way M46: Ath	4G 39
Falstone Cl. WN3: Winst	7F 33
Faraday Cl. WN6: Wigan	3A 24
Fardon Pl. WN3: Wigan	2H 33
Farleigh Cl. BL5: W'ton	1C 28
Farm La. WN2: Roby M	6E 11
Farm La. WN2: Asp	2G 25
Farm Mdw. Rd. WN5: Orr	6A 22
FAR MOOR	**1H 31**
Farmside Av. M44: Irlam	6G 63
Farndale Gro. WN4: Ash M	5C 46
Farndale Sq. M28: Walk	2H 41
Farndale St. WN7: Leigh	1B 50
Farnsfield WN1: Wigan	2F 25
Farnworth St. WN7: Leigh	3D 50
	(not continuous)
Farr Cl. WN3: Wigan	6H 23
Farrell St. WN5: Wigan	6E 23
Farriers Cft. WN6: Wigan	6G 13
Farrier Way WN6: App B	2G 11
Farsley Pk. WN6: App B	2H 17
Fearnham Cl. M46: Ath	6A 30
Fellbridge Cl. WN7: Leigh	2C 28
Fellfoot Cl. M28: Worsl	2F 53
Fellfoot Mdw. BL5: W'ton	1C 28
Fell Gro. WA11: St H	6E 43
Fellside	
WN1: Wigan	1D 64 (1D 24)
Fell St. WN7: Leigh	2F 49
Felstead WN8: Skel	1H 19
Felthouse Dr. WN7: Leigh	3E 49
Feltons WN8: Skel	1H 19
Fenney Ct. WN8: Skel	2A 20
Fenton Way WN2: Hin	1D 36
Fenwick Cl. BL5: W'ton	6E 29
Ferguson Ri. WN5: Wigan	3G 23
Fern Bank WA11: Rainf	1H 43
Fernbray Rd. WN2: Hin	6E 27
Fern Cl. WN6: Ath	3F 39
WN6: Shev	3C 12
WN8: Skel	2E 19
Ferndale WN8: Skel	1H 19
Ferndale Dr. WN6: App B	2H 11
Ferndale Wlk. WN7: Leigh	2F 49
Ferndown WN2: Hin	6G 63

Name	Grid
Fernhurst Cl. WN3: Ince M	5F 25
Fern Lea Gro. M38: L Hult	1F 41
Fernlea Gro. WN4: Garsw	2F 45
Fernside Gro. WN3: Winst	4F 33
Ferny Knoll Rd. WA11: Rainf	6G 19
Ferrer St. WN4: Ash M	1H 45
Festival Rd. WA11: Rainf	6C 30
Fiddlers La. M44: Irlam	6H 63
Fieldbrook Wlk. BL5: W'ton	2C 28
Fielders Cl. WN3: Wigan	5B 24
Fieldfare Cl. WA3: Low	1B 58
Fieldhead Av. M29: Asty	2B 52
Fieldings Cl. WN5: Wigan	6F 23
Fields, The WN2: Asp	5A 16
WN6: Stan	1H 13
Fieldsend Dr. WN7: Leigh	1G 59
Field St. WN2: Hin	1C 36
WN3: Ince M	1F 35
WN6: Wigan	3B 24
WN8: Skel	1D 18
Fieldview WN8: Uph	4E 21
Fieldway WN2: Platt B	2H 35
Finch Av. WN7: Rainf	6C 30
Finchdale Gdns. WA3: Low	1F 59
Finchley Cres. WN2: Wigan	1G 25
Finch Mill Av. WN6: App B	2H 11
Findlay St. WN7: Leigh	2A 50
Findley Cook Rd.	
WN3: Wigan	1F 33
Findon WN8: Skel	2H 19
Finlay Ct. WN5: Wigan	3G 23
Finney Gro. WA11: Hay	3G 55
Firbank Rd. WN3: Wigan	2B 34
Firbeck WN3: Skel	2H 19
Fircroft WN6: Stan	5C 4
Firecrest Cl. M28: Worsl	5H 41
Firethorn Cl. BL5: W'ton	1B 28
Fir Gro. WN6: Wigan	6A 14
Firs Cotts. WN2: Asp	2C 26
Firsdale Ind. Est.	
WN7: Leigh	1G 49
FIRS LANE	**2H 49**
Firs La. WN7: Leigh	2H 49
Firs Pk. Cres. WN2: Asp	2B 26
Firs Rd. BL5: O Hul	5H 29
First Av. M29: Asty	3C 52
M46: Ath	1F 39
WN2: Hin	6B 26
WN6: Wigan	1A 24
First Cl. M46: Ath	1F 39
First St. WN2: Bam	6E 35
Firswood Rd. WN8: Skel	1B 18
Fir Tree Av. M28: Worsl	2H 53
WA3: Low	1D 58
Fir Tree Cl. WA11: Kings M	1D 42
WN8: Skel	4B 20
Fir Tree Cres. WN3: Ince M	2F 35
Fir Tree Dr. WN3: Ince M	1F 35
Fir Tree St. WN3: Ince M	1F 35
Fir Tree Wlk. WA3: Low	1D 58
Firvale Ct. WN7: Leigh	2G 49
Firwood WN8: Skel	6B 10
Firwood Gro. WN4: Ash M	5C 46
Fisher Av. WN2: Abr	6A 36
Fisher Cl. WN3: Wigan	5H 23
Fisher Dr. WN5: Orr	5A 22
Fishwicks Ind. Est.	
WA11: Hay	1H 55
Fishwicks Pk. Ind. Est.	
WN4: Ash M	5G 45
Fitness Xchange	
Atherton	1G 39
Fitzadam St. WN1: Wigan	3B 24
Flamingo Vs. M44: Irlam	6G 63
	(off Robin Dr.)
Flamsted WN8: Skel	2A 20
Flapper Fold La. M46: Ath	1E 39
Flaxton WN8: Skel	2A 20
Fleet Av. WA9: St H	6A 54
Fleet La. Ind. Est. WA9: St H	6A 54
Fleet St. WN5: Wigan	5D 22
Fleetwood Dr.	
WA12: Newt W	5B 56
Fleetwood Rd. M28: Walk	2G 41
Fleming Cl. WN6: Shev	5C 12
Fleming Dr. WN4: Ash M	3D 46
Fletcher Av. M46: Ath	6F 29
Fletcher St. M46: Ath	2E 39
Flimby WN8: Skel	2B 20
Flockton Av. WN3: Ince M	5F 13
Flora St. WN4: Ash M	5B 46
Flordon WN8: Skel	2A 20
Florence St. WN1: Wigan	3E 25

Name	Grid
Folds Rd. WA11: Hay	4B 54
Fold St. WA3: Golb	6G 47
Foley St. WN2: Hin	6B 26
Fontwell Cl. WN6: Stan	6H 5
Fontwell Rd. M29: Asty	6B 40
Forbes Cl. WN2: Hin	4C 26
Fordland Cl. WA3: Low	6C 48
Fordyce Way WN2: Ince M	3G 25
Forest Av. WN6: Wigan	6G 13
Forest Dr. BL5: W'ton	3C 28
WN6: Stan	5C 4
WN8: Skel	6A 10
Forest Fold WN6: Shev	3A 12
Forge St. WN1: Ince M	4E 25
Formby Av. M46: Ath	1F 39
Forres Gro. WN4: Garsw	3F 45
Forresters Cl. WN2: B'haw	5C 36
FORSTERS GREEN	**6B 10**
Forsters Grn. Rd. WN8: Skel	6B 10
Forst St. WA3: Golb	6G 47
Forth St. WN7: Leigh	3E 51
Forton Rd. WN2: Wigan	3H 33
WN3: Ince M	5E 25
Fosters Bldgs. WN6: Wigan	3B 24
Fosters Gro. WA11: Hay	3C 54
Fosters Island WN8: Skel	6A 10
Fosters Rd. WA11: Hay	3C 54
Foster St. WN6: Wigan	2A 24
Fotherby Pl. WN3: Wigan	2A 34
Foundry La. WN3: Wigan	1F 33
Foundry St. WA12: Newt W	6B 56
WN2: Hin	2B 26
WN7: Leigh	3D 50
Fountain Pk. BL5: W'ton	6H 27
Fountains Av. WA11: Hay	2H 55
Fountains Cl. WN2: Asty	6C 40
Fountains Wlk. WA3: Low	1F 59
FOUR GATES	**4G 17**
FOUR LANE ENDS	**4A 18**
Fourmarts Rd. WN5: Wigan	1E 23
Fourteen Mdws. Rd.	
WN3: Wigan	5B 24
Fourth St. WN2: Bam	6F 35
Fowler Cl. WN1: Wigan	3E 25
FOWLEY COMMON	**5D 60**
Fowley Comn. La. WA3: Cul	4D 60
Foxdene WN3: Winst	3G 33
Foxfield Gro. WN6: Shev	3D 12
Foxfold WN8: Skel	6A 10
Foxfold Cl. M28: Worsl	4F 41
Foxglove Cl. WA3: Low	1B 58
WN6: Stan	5F 5
Foxwood Cl. WN5: Orr	6A 22
Foy St. WN4: Ash M	4B 46
Frances Pl. M46: Ath	3C 38
France St. BL5: W'ton	5A 28
WN2: Hin	4C 26
WN5: Wigan	4H 23
Francis St. M29: Tyld	5D 40
WN6: Wigan	6B 26
WN6: Wigan	6A 38
Fraser Rd. WN5: Wigan	4G 23
Frawley Av. WA12: Newt W	4C 56
Freckleton St. WN1: Wigan	1C 24
Frederica Gdns.	
WN2: Platt B	2G 35
Frederick St. WN2: Hin	6B 26
WN3: Ince M	5D 24
WN4: Ash M	2A 46
Freelands M29: Tyld	4C 40
Freesia Av. M38: L Hult	2F 41
Frenchwood Ct. WN2: Asp	5A 16
Freshfield Av. M46: Ath	1E 39
Freshfield Rd. WN2: Hin	6D 26
WN3: Wigan	2G 33
Friars Cl. WN7: Leigh	4D 40
Frith St. WN5: Wigan	4A 24
Frodsham Cl. WN6: Stan	6F 13
Frodsham Dr. WA11: St H	4A 54
Frog La.	
WN1: Wigan	3A 64 (2A 24)
WN6: Wigan	2A 24
Frome Cl. M29: Asty	1C 52
Fry St. WA9: St H	6A 54
	(not continuous)
Fulbeck Av. WN3: Wigan	3H 33
Fulbrook Way WN2: Tyld	4C 40
Fulmar Cl. BL5: W'ton	5H 27
Fulwell Av. M29: Tyld	5G 39
Fulwood Rd. WA3: Low	2C 58
Furlong Cl. WN2: Bam	6F 35
Furness Cres. WN7: Leigh	4H 37
Furnival St. WN7: Leigh	6B 38

74 A-Z Wigan

Furze Av.—Greenslate Ct.

Furze Av. BL5: W'ton 4B **28**
Futura Pk. BL6: Hor 1G **17**

G

Gable St. WA12: Newt W 6A **56**
Gadbrook Gro. M46: Ath 3C **38**
Gadbury Av. M46: Ath 2D **38**
Gadbury Ct. M46: Ath 3C **38**
Gadbury Fold M46: Ath 2C **38**
Gadfield Ct. M46: Ath 2D **38**
Gadfield Gro. M46: Ath 2C **38**
Gainsborough Cl.
WN3: Winst 2F **33**
Gala Bingo
Robin Pk. 3H **23**
Wigan 3B 64 (3C 24)
Galleries, The
WN1: Wigan 3A **64** (3C **24**)
Galloway Dr. WN8: Uph 5F **21**
Galway Cres. WA11: Hay 2F **55**
Galwey Gro. WN1: Wigan 5C **14**
Gambleside Cl. M28: Worsl 5H **41**
Gantley Av. WN5: Bil 1H **31**
Gantley Cres. WN5: Bil 2H **31**
Gantley Rd. WN5: Bil 1H **31**
Garden La. M28: Worsl 1G **53**
Garden St. M29: Tyld 5A **40**
Garden Va. WN7: Leigh 5G **37**
Gardinar Cl. WN1: Stan 6C **6**
Gardiner Av. WA11: Hay 3E **55**
Gardiners Pl. WN8: Skel 3E **19**
Garner Dr. M29: Asty 2B **52**
Garnett Pl. WN8: Skel 4G **19**
Garrett Hall Rd. M28: Worsl 6E **41**
Garrett La. M29: Asty 6D **40**
Garside Av. WA3: Low 2B **58**
Garside Gro. WN3: Wigan 3G **33**
Garston Av. M46: Ath 6D **28**
Garston Cl. WN7: Leigh 4A **38**
GARSWOOD 4E **45**
Garswood Av. WA11: Rainf 4C **30**
Garswood Cres. WN5: Bil 3A **44**
Garswood Old Rd.
WA11: St H 6H **43**
WN4: Garsw 6B **44**
Garswood Rd. WA11: Hay 6D **44**
WN4: Garsw 2D **44**
WN5: Bil 3A **44**
Garswood Station (Rail) 4E **45**
Garswood St. WN4: Ash M 4B **46**
Garthmere Rd. M46: Ath 6H **29**
Garton Dr. WA3: Low 6C **48**
Gaskell Ct. WA9: St H 6B **54**
Gaskell's Brow WN4: Ash M 2G **45**
Gaskell St. WA9: St H 6A **54**
WN1: Wigan 3D **64** (3E **25**)
WN2: Hin 4C **26**
Gas St. PR7: Adl 1G **7**
WN2: Platt B 3H **35**
WN7: Leigh 2B **50**
Gategill Gro. WN5: Bil 2H **31**
Gatehouse Rd. M28: Walk 1G **41**
Gatemere Cl. M28: Worsl 5H **41**
GATHURST 6B **12**
Gathurst Golf Course 4B **12**
Gathurst Hall WN6: Shev 6B **12**
Gathurst La. WN6: Shev 6C **12**
Gathurst Rd. WN5: Orr 4A **22**
(not continuous)
WN6: Shev 4A **22**
Gathurst Station (Rail) 6C **12**
Gatley Cl. M29: Tyld 4B **40**
Gauntley Gdns. WN5: Bil 3G **31**
Gawsworth Rd. WA3: Golb 6F **47**
Gaynor Av. WA11: Hay 2H **55**
Gayton Cl. WN3: Winst 2F **33**
Gellert Pl. BL5: W'ton 5A **28**
Gellert Rd. BL5: W'ton 5A **28**
Geoffrey St. BL5: O Hul 3H **29**
George La. WN1: Ince M 3F **26**
George St. BL5: W'ton 3B **28**
M44: Irlam 6H **63**
M46: Ath 2F **39**
WA12: Newt W 5A **56**
WN2: Hin 6C **26**
WN2: Ince M 4F **25**
WN4: Ash M 3C **46**
George Ter. WN5: Orr 6H **21**
Georgian Ct. *M29: Tyld 4H 39*
(off Market St.)
WN7: Leigh 3D **50**
Georgian Sq. WN2: Platt B 3G **35**
Gerard Cen., The
WN4: Ash M 4B **46**
Gerard St. WN4: Ash M 4B **46**
Gerrard Cl. WN2: Asp 1B **26**
Gerrard Pl. WN8: Skel 3F **19**
Gerrard Rd. WN5: Bil 2A **44**
Gerrard St. BL5: W'ton 2A **28**
WN7: Leigh 2B **50**
Ghyll Gro. WA11: St H 6F **43**
Giants Hall Rd. WN6: Stan 6G **13**
Gibbon's Rd. WN4: Garsw 5F **45**
Gib Fld. M46: Ath 2D **38**
Gibfield Bus. Pk. M46: Ath 1D **38**
Gibfield Dr. M46: Ath 3C **38**
Gibfield Pk. Av. M46: Ath 1C **38**
Gib Fold M46: Ath 1F **39**
Gibson Gro. M28: Walk 2G **41**
Gibson La. M28: Walk 2G **41**
Gibson Sq. *WA3: Golb 1G 57*
(off Turton St.)
Gibson St. WN2: B'haw 4B **36**
Gibstone Cl. M46: Ath 3C **38**
GIDLOW 1A **24**
Gidlow Av. WN6: Wigan 1A **24**
Gidlow Ho's. WN6: Wigan 5A **14**
Gidlow La. WN6: Wigan 4A **14**
Gidlow St. WN2: Hin 5B **26**
WN2: Ince M 3G **25**
Gifford Pl. WN2: Hin 1D **36**
Giggles Fun Cen. 3D **18**
Gilbert Ct. WA3: Cul 6B **60**
Gilbert St. WN2: Hin 6A **26**
Gilda Rd. M28: Worsl 6E **41**
Gillan Rd. WN6: Wigan 1B **24**
Gill Av. WN6: Shev 3D **12**
Gillbrow Cres. WN1: Wigan 2F **25**
Gillibrands Rd. WN8: Skel 3F **19**
Gilliburns Fold M28: Worsl 6F **41**
Gilliburns Wlk. BL5: W'ton 6B **28**
Gilroy St.
WN1: Wigan 4D **64** (3D **24**)
GIN PIT 6H **39**
Girton Av. WN4: Ash M 3H **45**
Girvan Cres. WN4: Garsw 3F **45**
Gisburn Av. WA3: Golb 5F **47**
Gladden Hey Dr. WN3: Winst 4F **33**
Gladden Pl. WN8: Skel 3E **19**
Glade, The WN6: Shev 3D **12**
Gladstone St. BL5: W'ton 2A **28**
Gladstone Way
WA12: Newt W 5A **56**
Glaisdale Cl. WN4: Ash M 4C **46**
Glamis Cl. WN7: Leigh 1F **51**
Glassbrook St. WN6: Wigan 2A **24**
Glasshouse Rd. WN3: Wigan 3H **33**
Glasss Ho. Bus. Pk.
WN3: Wigan 4A **34**
Glastonbury Av. WA3: Low 1G **59**
Glastonbury Rd. M29: Asty 6B **40**
GLAZEBURY 2E **61**
Glazebury Dr. BL5: W'ton 1B **28**
Glazebury Mill Cl.
WA3: G'bury 4E **61**
Glebe Av. WN4: Ash M 5C **46**
Glebe Cl. WN6: Stan 6G **5**
Glebe End St. WN6: Wigan 3B **24**
Glebeland WA3: Cul 6A **60**
Glebe Rd. WN6: Stan 6H **5**
WN8: Skel 3G **19**
Glebe St. BL5: W'ton 2A **28**
WN2: Hin 3G **37**
WN7: Leigh 1B **50**
Glegg St. WN2: Ince M 3F **25**
Glemsford Cl. WN3: Wigan 2B **34**
Glenbeck Cl. BL6: Hor 1H **17**
Glenbranter Av. WN2: Ince M 3G **25**
Glenburn Rd. WN8: Skel 5E **9**
Glencar BL5: W'ton 4H **27**
Glendale Av. WN4: Ash M 3C **46**
Glendale Cl. M28: Worsl 6F **41**
Glendale Rd. M28: Worsl 6F **41**
Glendevon Cl. WN2: Ince M 3G **25**
Glen Dr. WN6: App B 1A **12**
Gleneagles Cl. WA3: Low 2D **58**
Gleneagles Dr. WA11: Hay 4C **54**
Glenmaye Gro. WN2: Hin 6E **27**
Glenmuir Cl. M44: Irlam 6G **63**
Glenpark WN7: Leigh 1D **50**
Glenview Rd. M29: Tyld 3H **39**
Glossop Way WN2: Hin 1C **36**
Gloucester Av. WA3: Golb 6H **47**
Gloucester Cres. WN2: Hin 5C **26**
Gloucester Pl. M46: Ath 1F **39**
Gloucester Rd. WN5: Wigan 5E **23**
Gloucester St. M46: Ath 2D **38**
Glover Ct. WN7: Leigh 5G **37**
Glover Ho. Cl. WN7: Leigh 5A **50**
Glover Rd. PR7: Cop 1F **5**
Glover St. WA12: Newt W 6C **56**
WN7: Leigh 5G **37**
Godmond Hall Dr.
M28: Worsl 2F **53**
GOLBORNE 1G **57**
Golborne Dale Rd.
WA12: Newt W 4G **57**
Golborne Ent. Pk. WA3: Golb 6G **47**
Golborne Gallery
WN1: Wigan 3A 64
(within The Galleries)
Golborne Ho. WA3: Golb 1H **57**
Golborne Pl. WN1: Wigan 3E **25**
Golborne Rd. WA3: Low 1A **58**
WN4: Ash M 3D **46**
Golborne St. WA12: Newt W 5E **57**
Goldcrest Cl. M28: Worsl 6H **41**
Goldenways WN1: Wigan 1C **24**
Goldsmith Pl. WN3: Wigan 1A **34**
GOOSE GREEN 2H **33**
Gordon Av. WA11: Hay 2H **55**
WN4: Garsw 3G **45**
Gordon Cl. WN5: Wigan 3G **23**
Gordonstoun Cres.
WN5: Orr 4B **22**
Gordon St.
WN1: Ince M, Wigan 4E **25**
WN7: Leigh 1B **50**
Gore's La. WA11: Crank 1D **42**
Gore St. WN5: Wigan 5D **22**
Gorman St. WN6: Wigan 2A **24**
Gorman Wlk. WN3: Wigan 6H **23**
Gorses Dr. WN2: Asp 3A **16**
Gorse Wlk. WN7: Leigh 2F **49**
Gorsey Brow WN5: Bil 2H **43**
WN6: Stan 5D 4
(off Almond Brook Rd.)
Gorsey Brow Cl. WN5: Bil 2H **43**
Gorsey Gro. BL5: W'ton 4H **27**
Gorsey Hey BL5: W'ton 4A **28**
Gorsey Pl. WN8: Skel 4G **19**
Gower St. WN5: Wigan 5A **24**
WN7: Leigh 3A **50**
Goyt Hey Av. WN5: Bil 2A **44**
Graces Cl. WA11: Rainf 4B **30**
Grace St. WN7: Leigh 2G **49**
Grafton St. M46: Ath 4C **38**
PR7: Adl 1F **7**
WA12: Newt W 6B **56**
Graham St. WN2: Abr 4G **35**
Grampian Way WA3: Low 6B **48**
WN2: Platt B 3H **35**
Grand Arc.
WN1: Wigan 4B **64** (3C **24**)
Grange, The BL5: W'ton 3G **27**
WN2: Hin 1B **36**
Grange Av. WN3: Wigan 6B **24**
WN5: Orr 4D **22**
Grange Cl. WA3: Low 3A **58**
Grange Rd. M28: Worsl 6E **41**
WA11: Hay, Newt W 4F **55**
WN2: B'haw 4C **36**
WN4: Ash M 1H **45**
Grange St. WN2: Hin 1B **36**
WN7: Leigh 4A **50**
Grange Valley WA11: Hay 3F **55**
Grangeway WN2: Hin 6E **27**
Grantham Gro. WN2: Wigan 1F **25**
Grantley St. WN4: Ash M 2A **46**
Grant Rd. WN3: Wigan 1A **34**
Grantwood WN4: Ash M 2A **46**
Granville St. WA9: St H 6A **54**
WN2: Hin 6C **26**
WN7: Leigh 6B **38**
Grasmere Av. WN2: Hin 1C **36**
WN2: Ince M 4G **25**
WN5: Orr 3B **22**
WN8: Uph 4F **21**
Grasmere Dr. WN4: Ash M 2B **46**
Grasmere Rd. WN5: Wigan 4E **23**
Grasmere St. WN7: Leigh 2A **50**
Grasmere Ter. WN2: Abr 5H **35**
Grasscroft Rd. WN2: Hin 1E **37**
Grassland Ri. M38: L Hult 1E **41**
Gratton Pl. WN8: Skel 3G **19**
Grave Oak La. WN7: Leigh 6C **50**
Gray Av. WA11: Hay 3F **55**
Gray Cl. WN2: Wigan 1G **25**
Graymar Rd. M38: L Hult 1G **41**
Grayson Rd. M38: L Hult 1H **41**
Grayson's Cl.
WN1: Wigan 1B **64** (2C **24**)
Graysons Rd. WA11: Rainf 3B **30**
Grazing Dr. M44: Irlam 6H **63**
Great Acre
WN1: Wigan 1D **64** (2D **24**)
Gt. Bank Rd. BL5: W'ton 6H **17**
Gt. Boys Cl. M29: Tyld 4E **41**
Great Delph WA11: Hay 2F **55**
Great Fold WN7: Leigh 3G **51**
Gt. George St.
WN3: Wigan 5A **64** (3B **24**)
Gt. Moss Rd. M29: Asty 5B **52**
Greaves Cl. WN6: App B 1B **12**
Greaves Wood WN6: Shev 5C **12**
Grebe Cl. WN3: Wigan 1D **32**
Green, The WN5: Wigan 4D **22**
(not continuous)
Green Acre BL5: W'ton 4B **28**
Greenacre
WN1: Wigan 1D **64** (2D **24**)
Greenacres WN6: Stan 6G **5**
Greenacres Cl. WN7: Leigh 1F **59**
Greenall St. WN4: Ash M 2B **46**
Green Av. M29: Asty 3H **51**
Greenbank WN2: Abr 6H **35**
WN2: Hin 2E **37**
Greenbank Av. WN5: Bil 2H **31**
Greenbank Bus. Pk.
WN2: Hin 1F **37**
Greenbank Ho. WN2: Hin 1F **37**
Greenbank Ind. Est.
WN2: Hin 2E **37**
Greenbarn Way BL6: B'rod 1C **16**
Greenburn Av. WA11: St H 6G **43**
Green Cl. M46: Ath 4G **39**
Green Comn. La. BL5: W'ton 4D **28**
Green Ct. WN7: Leigh 6F **49**
Greencourt Dr. M38: L Hult 1F **41**
Greendale M46: Ath 1G **39**
Greendale Cres. WN7: Leigh 3E **51**
Greenfield Av. WN2: Ince M 4E **25**
Greenfield Cl. BL5: W'ton 2C **28**
Greenfield Rd. M38: L Hult 1G **41**
M46: Ath 6G **29**
Greenfields WN6: Wigan 5A **14**
Greenfields Cl.
WA12: Newt W 5C **56**
WN2: Hin 5D **26**
Greenfields Cres.
WN4: Ash M 3C **46**
Greenfield Vw. WN5: Bil 3H **43**
Grn. Fold La. BL5: W'ton 4A **28**
Grn. Fold Way WN7: Leigh 4C **50**
Greenford Cl. WN5: Orr 5H **21**
Grn. Hall Cl. M46: Ath 6H **29**
Greenhaven *WN8: Uph 4F 21*
(off Tower Hill Rd.)
Grn. Hayes Av. WN1: Wigan 6C **14**
Greenhey WN5: Orr 4D **22**
Greenhey Pl. WN8: Skel 3F **19**
Greenhey Pl. Bus. Pk.
WN8: Skel 3F **19**
Greenhill Cres. WN5: Bil 2B **44**
Greenhill Rd. WN5: Bil 2B **44**
Green Ho. Cl. WA3: Low 6E **49**
Greenland Av. WN6: Stan 1G **13**
Greenland Cl. M29: Asty 6B **40**
Greenland Rd. M29: Asty 1B **52**
Green La. L40: Lath 3F **9**
WA3: Low 5E **49**
WA11: Rainf 6C **30**
WN2: Hin 6F **27**
WN5: Bil 2H **31**
WN6: Stan 6F **5**
WN7: Leigh 6E **39**
(not continuous)
Greenlea Cl. WN5: Orr 6H **21**
Greenleaf Cl. M28: Worsl 1F **53**
Green Mdws. BL5: W'ton 4H **27**
WA3: Low 4C **58**
Grn. Mill Cl. BL5: W'ton 2B **28**
Greenoak Cl. WN2: Abr 6H **35**
Greenough St. M46: Ath 4C **38**
WN1: Wigan 3C **64** (3D **24**)
Greenrigg Cl. WN6: Stan 2H **13**
Greensbridge Gdns.
BL5: W'ton 2B **28**
Greenshank Cl.
WA12: Newt W 5C **56**
WN7: Leigh 2D **50**
Greens La. WN5: Bil 3A **32**
Greenslate Av. WN6: App B 1A **12**
Greenslate Ct. WN5: Bil 2H **31**

A-Z Wigan 75

Greenslate Rd.—Heatons Gro.

Greenslate Rd. WN5: Bil 2A 32
Greensmith Way BL5: W'ton . . . 1A 28
Green St. M29: Tyld 4A 40
M46: Ath 4G 39
WN2: Platt B 3H 35
WN3: Wigan 6A 64 (5C 24)
Greensward Cl. WN6: Stan 6D 4
Greenvale WN6: Shev 5B 12
Greenway WN4: Ash M 3A 46
Greenway Av. WN8: Skel 4H 19
Greenway Cl. WN8: Skel 1E 19
Greenways WN5: Bil 2H 31
WN6: Stan 3A 14
WN7: Leigh 1C 50
Greenwell Rd. WA11: Hay 3E 55
Greenwood Av. WN5: Wigan . . . 4G 23
Greenwood Cl. M28: Worsl 6E 41
WN3: Wigan 1H 33
Greenwood Rd. WN6: Stan 5G 5
Greetby Pl. WN8: Skel 3G 19
Gregory Av. M46: Ath 6E 29
Gregory Row *WA3: Low 6E 49*
(off Sandy La.)
Gregory St. BL5: W'ton 4E 27
WN2: Hin 5A 26
WN7: Leigh 3A 50
Grenaby Av. WN2: Hin 6F 27
Grenfell Cl. WN3: Wigan 6A 24
Gresley Cl. WN1: Wigan 3E 25
Greta Wlk. WN2: Platt B 3G 35
Gretna Rd. M46: Ath 4C 38
Greyfriars WN4: Ash M 3H 45
Grey Knotts M28: Worsl 2G 53
Grey Rd. WN4: Ash M 3A 46
Greystone Av. WN2: Asp 4A 16
Greystone Cl. BL5: W'ton 1C 28
Grimeford La. BL6: B'rod 3H 7
Grimrod Pl. WN8: Skel 4G 19
Grimshaw Ct. WA3: Golb 6G 47
Grimshaw Rd. WN8: Skel 3G 19
Grimshaw St. WA3: Golb 6G 47
Grindlow Wlk. WN3: Winst 3E 33
Grizedale Dr. WN2: Ince M 4G 25
Grosvenor Av. WA3: Low 1B 58
Grosvenor Ct. WN5: Orr 5D 22
Grosvenor Gdns.
WA12: Newt W 6C 56
Grosvenor Rd. M28: Walk 1H 41
WA11: Hay 2D 54
WN7: Leigh 1H 49
Grosvenor St. WN2: Hin 6B 26
WN5: Wigan 5H 23
Grove, The BL5: W'ton 3H 27
WA3: Low 6B 48
WN2: Ince M 4E 25
Grove Cl. WN8: Uph 3G 21
Grove Cotts. BL5: W'ton 3A 28
Grove Farm Dr. PR6: Adl 1G 7
Grove Hill M28: Worsl 1F 53
Grove La. WN6: Stan 1H 13
Grove Pl. WN6: Stan 1H 13
Grove Rd. WN8: Uph 3G 21
Grove St. WN4: Ash M 3A 46
WN7: Leigh 3D 50
Grovewood Dr. WN6: App B 1A 12
Grundy's Cl. M29: Asty 2C 52
Grundy St. BL5: W'ton 2A 28
WA3: Golb 2G 57
Guest St. WN7: Leigh 2C 50
Guildford Cres. WN6: Wigan . . . 6H 13
Gunters Av. BL5: W'ton 5B 28
gymetc.
Lowton 2E 59
Wigan 4H 21

H

Habergham Cl. M28: Worsl 6H 41
Hackworth Cl. *WN1: Wigan 3E 25*
(off Hardybutts)
Hadbutt La. M29: Asty 2H 51
Haddon Rd. WA3: Low 5B 48
WN3: Wigan 2G 33
Haddon St. WN4: Ash M 2H 45
HAG FOLD 6E 29
Hag Fold Station (Rail) 6E 29
Hague Bush Cl. WA3: Low 6C 48
HAIGH 3H 15
Haigh Country Pk. 4F 15
Haigh Country Pk. Info. Cen.
. . . . 3F 15
Haigh Hall 3F 15
Haigh Hall Golf Course 4F 15
Haigh Rd. WN2: Asp, Haigh 2H 15
Haigh Vw. WN1: Wigan 1D 24
WN3: Ince M 5E 25
Haig St. WN3: Wigan 4B 24
Haile Dr. M28: Worsl 1F 53
Hale Bank BL5: W'ton 2B 28
Hale Cl. WN7: Leigh 5D 50
Hale Gro. WN4: Ash M 2H 45
Halesfield WN2: Hin 3F 37
Halewood Av. WA3: Golb 6F 47
Halfmile Island WN8: Skel 6F 9
Halfpenny La. WN8: Skel 2A 18
Hallbridge Gdns. WN8: Uph 3F 21
Hall Cl. WN6: Shev 3D 12
Hallcroft WN8: Skel 1A 20
Hallgate BL5: W'ton 6A 28
WN1: Wigan 3A 64 (3C 24)
HALL GREEN 4E 21
Hall Grn. WN8: Uph 4F 21
Hall Grn. Cl. WN8: Uph 4F 21
Hall Ho. La. WN7: Leigh 3F 51
Hall La. L40: Lath 4A 8
WN1: Wigan 5D 14
WN2: Asp, Hin 4B 26
WN3: Wigan 1B 32
WN5: Bil 1A 32
WN5: Wigan 1B 32
WN6: App B 5A 4
Hall La. Gro. WN2: Hin 3B 26
Hall Lee Dr. BL5: W'ton 2C 28
Hall Rd. WA11: Hay 2G 55
Hallstead Av. M38: L Hult 1E 41
Hallstead Gro. M38: L Hult 1E 41
Hall St. WN1: Wigan . . . 5C 64 (4D 24)
WN2: Bam 6E 35
WN2: Ince M 4F 25
Hallview Way M28: Walk 2F 41
Hall Wood Av. WA11: Hay 1H 55
Hallworthy Cl. WN7: Leigh 6F 49
Halstead Gro. WN7: Leigh 2D 50
Halton St. WA11: Hay 3G 55
Hambledon Cl. M46: Ath 6G 29
Hamblett St. WN7: Leigh 2F 49
Hamilton Ct. WN5: Wigan 3G 23
Hamilton Rd. M29: Asty 1D 52
WN2: Hin 1D 36
WN4: Garsw 3E 45
Hamilton Sq. WN5: Wigan 3G 23
Hamilton St. M46: Ath 3D 38
WN7: Leigh 1H 49
Hampden Pl. WN5: Wigan 2F 23
(not continuous)
Hampden Wlk. WN5: Wigan 2F 23
Hampson Av. WA3: Cul 6B 60
Hampson Cl. WN4: Ash M 5B 46
HAMPSON GREEN 1E 15
Hampson St. M46: Ath 2E 39
Hampstead Rd. WN6: Stan 6F 5
Hampton Gro. WN7: Leigh 6G 39
Hanborough Ct. M29: Tyld 5G 39
Hancock Cl. WN2: Hin 3F 37
Hand La. WN7: Leigh 5A 50
Hanmer St. WN2: Hin 6B 26
Hanover Rd. WN2: Hin 5A 26
Hanover St. WN7: Leigh 1C 50
Hansby Cl. WN8: Skel 3C 20
Hansom Dr. M46: Ath 4C 38
Hanson St. PR7: Adl 2F 7
Hanstock Cl. WN5: Orr 6A 22
Hanwell Cl. WN7: Leigh 6H 49
Harbern Dr. WN7: Leigh 3H 37
Harbourne Av. M28: Worsl 5H 41
Harbourne Cl. M28: Worsl 5H 41
Harbrook Gro. WN2: Hin 5G 37
Harbury Cl. WN6: Wigan 1H 23
Harbury Wlk. WN6: Wigan 1H 23
Hardacre St. WN3: Ince M 5D 24
Hardman St. WN3: Wigan 5B 24
Hardrow Cl. WN3: Wigan 3B 34
Hardwick Rd. WN4: Ash M 2A 46
Hardybutts
WN1: Wigan 4C 64 (3D 24)
(not continuous)
Hardy Cl. BL5: W'ton 1A 28
Hardy St. WN6: Wigan 2A 24
Harebell Av. M38: L Hult 2F 41
Harewood Rd. WN2: Hin 5A 26
Hargate Dr. M44: Irlam 6G 63
Hargreaves St. WA9: St H 5A 54
Harland Dr. WN4: Ash M 4C 46
Harlea Av. WN2: Hin 2E 37
Harlech Av. WN2: Hin 1E 37
Harlech St. WN4: Ash M 2H 45
Harmuir Cl. WN6: Stan 5G 13
Harold Av. WN4: Ash M 2A 46
Harold Rd. WA11: Hay 2H 55
Harold St. WN2: Asp 4B 16
Harper St. WN1: Wigan 4E 25
WN2: Hin 1A 36
Harptree Gro. WN7: Leigh 6H 37
Harrier Cl. WN7: Leigh 2D 50
Harrier Dr. WN8: Skel 3C 20
Harrington Pk. WN6: Shev 4C 12
Harrison Cres. BL6: B'rod 4H 7
Harrison Dr. WA11: Hay 3C 54
WA11: Rainf 3B 30
Harrison Rd. PR7: Adl 1G 7
Harrison St. M38: L Hult 1G 41
WN2: Hin 2F 37
WN5: Wigan 4H 23
Harrison Way WA12: Newt W . . . 5C 56
Harris Rd. WN6: Stan 4D 4
Harrogate St.
WN1: Wigan 5C 64 (4D 24)
Harrop St. M28: Walk 2H 41
Harrowby Cl. WN5: Wigan 5G 23
Harrowby St. WN5: Wigan 5G 23
Harrow Cl. WN5: Orr 3B 22
Harrow Cres. WN7: Leigh 4B 50
Harrow Pl. WN3: Ince M 1F 35
Harrow Rd. WN5: Wigan 2F 23
Harry's Ct. WN7: Leigh 2H 49
Harsnips WN8: Skel 1A 20
Harswell Cl. WN5: Orr 6A 22
HART COMMON 4F 27
Hart Comn. Cvn. Pk.
BL5: W'ton 4F 27
Hart Common Golf Course 4F 27
Hartford Grn. BL5: W'ton 5B 28
Hartford Rd. BL5: W'ton 6B 28
Hartington Dr. WN6: Stan 2H 13
Hartland WN8: Skel 1A 20
Hartland Cl. M29: Asty 5B 40
Hartley Av. WN1: Wigan 4E 25
Hartley Grn. Gdns. WN5: Bil . . . 3H 31
Hartley Gro. M44: Irlam 5H 63
WN5: Orr 4D 22
Hartley St. WN5: Wigan 5D 22
Hartley Ter.
WN3: Wigan 6A 64 (4C 24)
Hartley Way WN5: Bil 3H 31
Harts Farm M. WN7: Leigh 6B 38
Hartshead WN8: Skel 1A 20
Hart's La. WN8: Uph 3D 20
Hart St. BL5: W'ton 4F 27
M29: Tyld 5C 40
Hartswell Cl. WA3: Golb 5G 47
Harty Rd. WA11: Hay 4C 54
Harvest Way WN2: Hin 2G 37
Harvey Av. WA12: Newt W 6H 55
Harvey Ct. WA3: Golb 6G 47
WN7: Leigh 6F 49
Harvey La. WA3: Golb 6F 47
Harvey St. WN3: Ince M 5E 25
Haseldine St. WN4: Ash M 1H 45
Haseley Cl. M29: Tyld 5A 40
Haslemere Ind. Est.
WN4: Ash M 5A 34
Hassness Cl. WN3: Wigan 3B 34
Hatfield Cl. WN3: Ince M 1F 35
Hatford Cl. M29: Tyld 4C 40
Hathaway Wlk. WN3: Ince M . . . 1F 35
Hatherlow Ct. BL5: W'ton 1C 28
Hatherway Ct. WN7: Leigh 1D 50
Hatton Av. M46: Ath 6F 29
Hatton Fold M46: Ath 2D 38
Hatton St. PR7: Adl 1F 7
Havannah La. WA9: St H 6D 54
Havenwood Rd. WN1: Wigan . . . 5B 14
Havercroft Cl. WN3: Wigan 2G 33
Hawarde Cl. WA12: Newt W 5A 56
Hawes Cres. WN4: Ash M 2B 46
Haweswater Av. M29: Asty 6B 40
WA11: Hay 3C 54
WN2: Ince M 4H 25
Hawker Dr. WN8: Skel 3C 20
Hawkhurst Ct. WN7: Leigh 2D 50
Hawkhurst Pk. WN7: Leigh 2D 50
Hawkhurst St. WN7: Leigh 2D 50
HAWKLEY 3B 34
Hawkley Av. WN3: Wigan 3H 33
Hawkley Brook Ct.
WN3: Wigan 3H 33
Hawkridge Cl. BL5: W'ton 6B 28
Hawkrigg Cl. WN6: Stan 2H 13
Hawk Rd. M44: Irlam 6G 63
Hawksclough WN8: Skel 1B 20
Hawkshaw Cl. WN2: Asp 6G 15
Hawkworth M29: Asty 2B 52
Hawley Brook Trad. Est.
WN3: Wigan 3G 33
Haworth St. WN2: Hin 5B 26
Hawthorn Av.
WA12: Newt W 6D 56
WN1: Stan 3B 14
WN2: Hin 2E 37
WN4: Garsw 2E 45
WN5: Orr 5B 22
WN5: Wigan 5F 23
Hawthorn Cl. M29: Tyld 4D 40
WA11: Hay 4C 54
WN5: Bil 2H 43
Hawthorn Cres. WN8: Skel 2E 19
Hawthorne Av. WA3: Cul 4E 61
Hawthorn Gro. WN7: Leigh 6A 38
Hawthorn Rd. BL5: W'ton 4B 28
Hawthorns, The *M46: Ath 2F 39*
(off Water St.)
HAYDOCK 3E 55
Haydock Cross WA11: Hay 6H 45
Haydock Dr. M28: Worsl 1H 53
Haydock Ind. Est.
WA11: Hay 1G 55
Haydock La. WA11: Hay 3E 55
(not continuous)
Haydock La. Ind. Est.
WA11: Hay 1H 55
Haydock Leisure Cen. 3D 54
Haydock Pk. Gdns.
WA12: Newt W 6B 46
Haydock Pk. Golf Course 4F 57
Haydock Pk. Racecourse 6D 46
Haydock St. WA12: Newt W . . . 5A 56
WN4: Ash M 5B 46
Hayes Row WA3: Low 6E 49
Hayes St. WN7: Leigh 3E 49
(Horrocks St.)
WN7: Leigh 6A 38
(Robertshaw St.)
Hayfell Rd. WN3: Wigan 4A 34
Hayfield Av. M29: Asty 1C 52
Hayman Av. WN7: Leigh 5H 49
Haysbrook Av. M28: Walk 1F 41
Hayward Gro. WN6: Stan 5F 5
Haywood Cl. WA3: Low 6C 48
Haywood Ho. M46: Ath 2F 39
Hazel Av. BL5: W'ton 4B 28
M38: L Hult 1E 41
WN6: Wigan 6A 14
Hazel Bus. Pk. WA11: Rainf . . . 3A 42
Hazeldene BL5: W'ton 6H 27
Hazel Gro. WA3: Golb 1H 57
WN7: Leigh 6A 38
Hazelhurst Gro. WN4: Ash M . . . 3C 46
Hazel La. WN8: Skel 5H 9
Hazelmere Gdns. WN2: Hin 1C 36
Hazel Rd. M46: Ath 1E 39
Hazelton Cl. WN7: Leigh 6A 50
Hazelwood Rd. WN1: Wigan . . . 5B 14
Headen Av. WN5: Wigan 6D 22
Head Farm Ct.
WA12: Newt W 6A 56
Headingly Av. WN8: Skel 2C 18
Headland Cl. WA3: Low 3C 58
Heald St. WA12: Newt W 6H 55
Healthy Living Zone of the
Wigan Life Cen.
. . . . 4B 64 (3C 24)
Heardman Av. WN6: Wigan 2A 24
Heather Brae WA12: Newt W . . . 5A 56
Heather Gro. WN4: Ash M 3E 47
WN5: Wigan 4G 23
WN7: Leigh 6A 38
Heatherlea Cl. WN8: Uph 4G 21
Heath Fld. Cl. WA3: Low 2A 58
Heathfield Dr. M29: Tyld 4D 40
Heath Gdns. WN2: Hin 2G 37
Heathgate WN8: Skel 1A 20
Heath Ho. Cl. WA3: Low 2A 58
Heathland WN8: Uph 4F 21
Heath La. WA3: Low 2A 58
(not continuous)
WN7: Leigh 2F 49
Heathlea WN2: Hin 3G 37
Heathlea Gdns. WN2: Hin 3G 37
Heathmoor Av. WA3: Low 3B 58
Heath Rd. WN4: Ash M 5B 46
Heath St. WA3: Golb 1G 57
WN4: Ash M 5C 46
Heatley Gdns. BL5: W'ton 2B 28
Heaton Cl. WN8: Uph 4E 21
Heatons Gro. BL5: W'ton 1C 28

76 A-Z Wigan

Heaton St.—Hope Carr Ter.

Name	Grid
Heaton St. WN1: Wigan	1C 24
WN2: Asp	4B 16
WN3: Ince M	5E 25
WN6: Stan	6G 5
Hebden Av. WA3: Cul	4D 60
Hebden Cl. WN4: Ash M	2A 46
Heber St. WN2: Ince M	4F 25
Hector Rd. WN5: Wigan	2F 23
Heddles Ct. WN7: Leigh	3A 50
Hedgemead WN6: Wigan	2A 24
Hedgerow Gdns. WN6: Stan	6F 5
Hedgerows, The WA11: Hay	2F 55
Heeley St. WN1: Wigan	1B 24
Helen Bank Dr. WA11: Rainf	3B 30
Helen St. WA3: Golb	5F 47
WN4: Ash M	3A 46
Helias Cl. M28: Walk	2F 41
Hell Nook WA3: Golb	6E 47
Helmclough Way M28: Worsl	5H 41
Helmsdale WN8: Skel	1A 20
Helmsley Cl. WA12: Newt W	6H 55
Helmsman Way WN3: Wigan	6B 24
Helsby Way WN3: Winst	3E 33
Helston Av. WA11: St H	2A 54
Helston Way M29: Asty	5C 40
Helvellyn Rd. WN5: Wigan	5D 22
Hemfield Bus. Pk.	
WN2: Ince M	3H 25
(not continuous)	
Hemfield Cl. WN2: Ince M	3H 25
Hemfield Ct. WN2: Ince M	3A 26
Hemfield Rd. WN2: Ince M	4A 26
(De Trafford Dr., not continuous)	
WN2: Ince M	4H 25
(Makerfield Way)	
Hemley Cl. BL5: W'ton	5H 27
Henderson Dr. WA11: Rainf	3C 30
Hendon Gro. WN7: Leigh	5B 38
Hendon Rd. WN5: Wigan	3F 23
Hendon St. WN7: Leigh	5B 38
Hen Fold Rd. M29: Asty	5D 40
Henley St. WN2: Asp	3H 15
Henrietta St. WN1: Leigh	2B 50
Henry Pk. St. WN1: Ince M	4E 25
Henry St. BL5: W'ton	2A 28
(off Winward St.)	
M29: Tyld	4A 40
WN3: Ince M	1E 35
WN7: Leigh	4C 50
(not continuous)	
Hepworth Cl. WA3: Golb	5F 47
Herbert St. BL5: W'ton	1A 28
WN3: Wigan	4B 24
Hereford Av. WA3: Golb	6H 47
Hereford Cl. WN4: Ash M	5D 46
Hereford Gro. WN8: Uph	5H 21
Hereford Rd. WN7: Leigh	5D 26
Herevale Grange M28: Worsl	6H 41
Heritage Way	
WN3: Wigan	6A 64 (4B 24)
Hermitage Cl. WN6: App B	2A 12
Heron Dr. M44: Irlam	6G 63
WN3: Winst	3G 33
Heron Gro. WA11: Rainf	6D 30
Heron Pl. WN5: Bil	3E 23
Herons Reach WA3: G'bury	3E 61
Herons Wharf WN6: App B	2H 11
Hertford Dr. M29: Tyld	2A 40
Hesketh Ct. M46: Ath	2E 39
WA11: Rainf	6C 30
Hesketh Dr. WN6: Stan	5C 4
Hesketh Mnr. M46: Ath	2E 39
(off Hesketh Ct.)	
Hesketh Mdw. La. WA3: Low	1D 58
Hesketh St. M46: Ath	1F 39
WN5: Wigan	4H 23
WN7: Leigh	2H 49
Hesnall Cl. WA3: G'bury	1E 61
Heswall Av. WA3: Cul	6A 60
Heversham WN8: Skel	1A 20
Hewitt Bus. Pk. WN5: Bil	1A 32
Howlett Cl. BL6: W'ton	1F 27
WN1: Wigan	4B 64 (3C 24)
Hexham Av. WN3: Wigan	2H 33
Hexham Cl. M46: Ath	1G 39
Heyes Av. WA11: Hay	4F 55
WA11: Rainf	5C 30
Heyes Gro. WA11: Rainf	5C 30
HEYES JUNC.	4C 20
Heyes Rd. WN7: Leigh	5A 22
Heyes St. WN6: App B	2G 11
Heyeswood WA11: Hay	3F 55
Heyford Rd. WN5: Wigan	3F 23
Heysham Rd. WN5: Orr	4D 22
Hey Shoot La.	
WA3: Cul, G'bury	4E 61
(not continuous)	
Heysome Cl. WA11: Crank	3C 42
Heys St. WN2: Hin	5A 26
Hey St. WN3: Ince M	1F 35
WN6: Wigan	3B 24
Heywood Av. WA3: Golb	6H 47
Heywood Gdns. WA3: Golb	6H 47
Hic-Bibi La. PR7: Cop	1G 5
Hic-Bibi Local Nature Reserve	
	1H 5
Hieland Rd. WN1: Wigan	1E 25
Higginson St. WN7: Leigh	2C 50
High Bank M46: Ath	5H 29
High Beeches Cres.	
WN4: Ash M	1A 46
High Brow M38: L Hult	2E 41
Highbury Cl. BL5: W'ton	5H 27
Highcliffe Cl. WN6: Stan	2H 13
Highclove La. M28: Worsl	2F 53
Highcrest Gro. M29: Tyld	4D 40
Highcross WA11: Rainf	4B 30
(off Victoria St.)	
Higher Damshead	
BL5: W'ton	3B 28
Higher Drake Mdw.	
BL5: W'ton	6A 28
HIGHER END	2H 31
HIGHER FOLDS	1G 51
HIGHER GREEN	2C 52
Higher Grn. La. M29: Asty	3C 52
Higher Highfield Ct.	
WN2: Asp	3H 15
HIGHER INCE	4G 25
Higher Landedmans	
BL5: W'ton	3B 28
(off George St.)	
Higher La.	
WA11: Crank, Rainf	3C 30
WN2: Asp	5G 15
WN8: Dalt	1H 9
WN8: Uph	4G 21
Higher Southfield BL5: W'ton	4A 28
Higher Wlk. WN8: Uph	5G 21
HIGHFIELD	1E 33
Highfield WN5: Wigan	1F 33
Highfield Av. M28: Worsl	5E 41
M46: Ath	6G 29
WA3: Golb	1F 57
WN1: Wigan	2E 25
WN6: Shev	3C 12
WN7: Leigh	4E 51
Highfield Dr. WA11: Crank	3C 42
WN6: Stan	2H 13
Highfield Grange Av.	
WN3: Wigan, Winst	3F 33
Highfield Gro. WN2: Asp	4A 16
Highfield La. WA3: Low	4A 58
Highfield Rd. WN2: Hin	4B 26
Highgate BL3: Bolt	1E 29
Highgate Cres. WN6: App B	2A 12
Highfield Wk. WN8: Uph	4F 21
Highland Lodge WN6: Stan	1F 13
Highmarsh Cres.	
WA12: Newt W	4B 56
Highmeadow WN8: Uph	4E 21
High Pk. WN6: Shev	3E 13
High St. M29: Asty	2B 52
M29: Tyld	4H 39
M46: Ath	2F 39
WA3: Golb	3D 18
WA12: Newt W	5D 56
WN1: Wigan	1C 64 (1D 24)
WN2: Asp	6H 15
WN3: Ince M	5E 25
WN6: Stan	6G 5
WN7: Leigh	2C 50
Highwoods Cl. WN4: Ash M	2A 46
Highwood WA9: St H	6D 54
Hilary Av. WN6: App B	6E 29
WN3: Low	6B 48
Ilida St. WN7: Leigh	1C 49
Hilden St. WN7: Leigh	2B 50
Hildyard St. WN5: Wigan	5H 23
Hilgay Cl. WN3: Winst	2F 33
Hillary Av. WN5: Wigan	6F 23
Hillbank WN6: Stan	2A 14
Hillbeck Cres. WN4: Garsw	3F 45
Hillbrae Av. WA11: St H	6E 43
Hill Cl. WN6: App B	2A 12
Hill Cres. WN6: App B	2A 12
Hill Crest M46: Ath	6H 29

Name	Grid
Hillcrest WN2: Platt B	3H 35
WN8: Skel	4H 19
Hill Crest Av. WN7: Leigh	5G 37
Hillcrest Rd. M29: Tyld	5D 40
Hilldean WN8: Uph	3G 21
Hillfield Dr. M28: Worsl	6G 41
Hill La. BL6: B'rod	4H 7
Hillock, The M29: Asty	2B 52
Hillock La. WN8: Dalt	3A 10
Hillock Pl. M46: Ath	3F 39
(off Miller's La.)	
Hillreed WN6: Wigan	1H 23
Hillridge Rd. WN5: Wigan	1E 23
Hillside Av. M46: Ath	1G 39
WA12: Newt W	6H 55
WN4: Ash M	5H 33
Hillside Cl. BL3: Bolt	1F 29
WN3: Winst	2F 33
WN5: Bil	2H 43
Hillside Ct. M46: Ath	1G 39
WN6: Wigan	2B 24
Hill St. WN2: Hin	5B 26
WN6: Wigan	2B 24
WN7: Leigh	2A 50
Hill Top M46: Ath	6H 29
Hill Top Fold WN7: Hin	5C 26
Hill Top Rd. WA11: Rainf	5A 42
Hill Va. WN1: Stan	3B 14
Hill Vw. WN7: Leigh	5A 38
Hilton Bank M28: Walk	2H 41
Hilton Cl. WN7: Leigh	2C 50
Hilton Cres. M28: Worsl	1H 53
Hilton Gro. M28: Walk	2H 41
HILTON HOUSE	3E 17
Hilton La. M28: Walk	3H 41
Hilton Pl. WN2: Asp	3A 16
Hilton St. M38: L Hult	1G 41
WN1: Wigan	2C 64 (2D 24)
WN3: Ince M	5E 25
WN4: Ash M	4C 46
Hindburn Dr. M28: Worsl	5G 41
Hindles Cl. M46: Ath	3C 38
HINDLEY	6B 26
Hindley Bus. Cen. WN2: Hin	6B 26
HINDLEY GREEN	2G 37
Hindley Grn. Bus. Pk.	
WN2: Hin	3F 37
Hindley Hall Golf Course	3B 26
Hindley Ho. WN2: Wigan	6A 24
Hindley Ind. Est. WN2: Hin	1G 37
Hindley Mill La. WN2: Hin	4C 26
Hindley (Park & Ride)	4B 26
Hindley Pool	6D 26
Hindley Rd. BL5: W'ton	6B 28
WN2: W'ton	1G 37
Hindley Sports Cen.	6D 26
Hindley Station (Rail)	4C 26
Hindley Wlk. WN1: Wigan	3A 64
Hind Rd. WN5: Wigan	3F 23
HINDSFORD	3F 39
Hindsford Bri. M46: Ath	4H 39
Hindsford St. M46: Ath	4H 39
Hind's Head Av. WN6: Wright	1B 4
HMP & YOI Hindley	
Hoade St. WN2: Hin	4C 26
Hobberley Dr. WN8: Skel	3C 20
Hobby Gro. WN7: Leigh	2D 50
Hob Hey La. WA3: Cul	5H 59
Hockery Vw. WN2: Hin	1A 36
Hodder Cl. WN5: Wigan	4F 23
Hodges St. WN6: Wigan	6A 14
Hodnet Dr. WN4: Ash M	4C 46
Hodson St.	
WN3: Wigan	6A 64 (4B 24)
(not continuous)	
Hogan Ct. WN7: Leigh	3E 49
Holbeach Cl. WN2: Hin	1C 36
Holbeck M29: Asty	2B 52
Holbeck Cl. BL6: Hor	1H 7
Holborn Av. WN4: Ash M	6B 24
WN7: Leigh	5B 38
Holcombe Av. WA3: Golb	1A 58
Holcroft Dr. WN2: Abr	6A 36
Holcroft Lo. WA3: Cul	6D 60
Holden Brook Cl.	
Holden Lea BL5: W'ton	6H 17
Holden Rd. PR7: Adl	1F 7
Holden Rd. Trad. Est.	
PR7: Adl	1B 50
Holden St. PR7: Adl	1F 7
Holden Wlk. WN5: Wigan	6G 23
Holding St. WN2: Hin	5B 26
Holford Way WA12: Newt W	6F 56

Name	Grid
Holgate Dr. WN5: Orr	5A 22
HOLIDAY MOSS	5D 30
Holland Bus. Pk. L40: Lath	5C 8
Holland Ho. WN8: Uph	5G 21
HOLLAND LEES	4G 11
HOLLAND MOOR	4C 20
Holland Moss WN8: Skel	6G 19
Holland Moss Bus. Pk.	
WN8: Skel	1B 30
Holland's La. WN8: Skel	1A 18
Holland St. M46: Ath	3F 39
Hollies, The M46: Ath	2F 39
WN1: Wigan	6D 14
Hollin Acre BL5: W'ton	4B 28
Hollinbrook WN6: Wigan	1H 23
Hollington Way WN3: Winst	3E 33
Hollinwood Cl. WN4: Ash M	4A 46
Hollin Hey Cl. WN5: Bil	4H 43
HOLLINS, THE	6E 27
Hollins Cl. M29: Asty	5A 40
WN4: Garsw	3F 45
Hollins Rd. WN2: Hin	6E 27
Hollinswood Rd. M28: Worsl	1H 53
Holly Av. WA12: Newt W	6D 56
Holly Bank WN7: Leigh	6C 38
Holly Bush Sq. WA3: Low	6C 48
Holly Cl. WN8: Skel	2E 19
Holly Ct. M44: Irlam	6H 63
Holly Cres. WA11: Rainf	5C 30
Hollydene WN2: Asp	4H 15
Holly Gro. WN7: Leigh	6A 38
Holly Heath Dr. WN1: Wigan	5B 14
Holly Ho. L39: Bic	6D 18
Holly NOOK	3A 16
Holly Nook WN5: Asp	4A 16
Holly Rd. WA3: Golb	1A 58
WA11: Hay	4B 54
WN2: Asp	4H 15
WN3: Wigan	4G 23
Hollywood Bowl	
Bolton	1H 17
Holmbrook M29: Tyld	4C 40
Holme Av. WN3: Wigan	1C 24
Holmebrook Dr. BL6: Hor	1H 17
Holme Ct.	
WN1: Wigan	1B 64 (1C 24)
Holmcroft Chase	
WN3: Ince M	6F 25
Holmepark Gdns.	
M28: Worsl	2G 53
Holmes Ho. Av. WN3: Winst	2E 33
Holmes Wood Cl.	
WN3: Winst	4F 33
Holme Ter. WN1: Wigan	6B 14
Holmsfield Cl. WN2: Asp	1G 25
Holmwood Cl. WN4: Ash M	2A 46
Holt Av. WN5: Bil	3H 43
Holt Cres. WN5: Bil	4H 43
Holton Way WN3: Winst	4G 33
Holt St. M29: Tyld	4A 40
WN1: Ince M	3F 25
WN2: Hin	6A 26
WN3: Wigan	1A 34
WN5: Orr	6H 21
WN7: Leigh	6A 38
Holtseek Cl. WA3: Low	6C 48
Holyrood Cl. WN7: Leigh	6G 39
Homestead Av. WA11: Hay	2G 55
Honeybourne Cl. M29: Tyld	4C 40
Honeysuckle Av.	
WN6: Wigan	6H 13
Honeysuckle Ct.	
WN2: Platt B	3G 35
(off Sherwood Way)	
Honister Av. WA11: St H	6G 43
Honister Rd. WN5: Wigan	5D 22
Honiton Cl. WN7: Leigh	1H 37
Hood Cl. M29: Tyld	4D 40
Hood Gro. WN7: Leigh	4D 50
Hook St. WN1: Wigan	1D 24
HOOTEN GARDENS	4E 51
Hooten La. WN7: Leigh	5H 37
Hope Av. M38: L Hult	1H 41
Hope Carr La. WN7: Leigh	5B 50
Hope Carr Nature Reserve	5B 50
Hope Carr Rd. WN7: Leigh	4C 50
(Arrow St.)	
WN7: Leigh	4C 50
(Henry St.)	
Hope Carr Ter. WN7: Leigh	5C 50

A-Z Wigan 77

Hope Carr Way—Kilburn Cl.

Hope Carr Way WN7: Leigh 4C 50
Hope Cres. WN6: Shev 3D 12
Hope Ent. Cen. WN5: Wigan . . .2G 23
Hope Fold Av. M46: Ath 3D 38
Hope Island WN8: Skel 3G 19
Hope La. WA3: G'bury 5F 51
WN7: Leigh 5G 51
Hope St. BL6: B'rod 1C 16
M29: Asty 2B 52
M38: L Hult 1G 41
WA12: Newt W 6B 56
WN1: Wigan 3A 64
WN2: Asp 6D 16
WN2: Hin 5D 26
WN3: Ince M 1E 35
WN4: Ash M 2D 46
WN7: Leigh 6B 38
Hopwood Cl. WA3: Low 1D 58
Hopwood Cres. WA11: Rainf . . .6C 30
Hornbeam Cl. WA11: Hay 4B 54
Hornbeam Cres.
WN4: Ash M 4B 46
Hornby Dr. BL3: Bolt 1F 29
Hornby Gro. WN7: Leigh 6F 39
Hornby St.
WN1: Wigan 1A 64 (1C 24)
Horncastle Cl. WA3: Low 1D 58
Horne Gro. WN3: Wigan 6H 23
Hornsey Gro. WN3: Winst 2F 33
Horridge Av. WA12: Newt W 4C 56
Horridge Fold Av. BL5: O Hul . . .1H 29
Horrocks St. M29: Tyld 4H 39
M46: Ath 4G 39
WN7: Leigh 3E 49
Horseshoe Cl. WA9: St H 6C 54
Horsham Cl. BL5: W'ton 5B 28
Horsham Gro. WN2: Wigan 1F 25
Horton St. WN6: Wigan 6G 13
Horwich Parkway
(Park & Ride) 2G 17
Horwich Parkway Station
(Rail) 2G 17
Hoskers, The BL5: W'ton 4G 27
HOSKER'S NOOK 6G 27
Hoskers Nook BL5: W'ton 4H 27
Hotel St. WA12: Newt W 6B 56
Hough La. M29: Tyld 5C 40
Hough St. M29: Tyld 5D 40
Houghton Av. WN5: Wigan 1G 23
Houghton Cl. WA12: Newt W . . .6B 56
Houghton La. WN6: Shev 3B 12
Houghton's La. WN8: Skel 2A 20
(not continuous)
Houghton's Rd. WN8: Skel 6G 9
Houghton St. WA12: Newt W . . .6B 56
WN7: Leigh 1B 50
Houghwood Golf Course 6F 31
Houghwood Grange
WN4: Ash M 4H 45
Hourigan Ho. WN7: Leigh 5A 38
Houseman Gro. WN6: Wigan . . .1A 24
Housley Cl. WN3: Wigan 1A 34
Howard's WN5: Orr 4B 22
Howard's La. WN5: Orr 4B 22
(not continuous)
Howard St. WN5: Wigan 6E 23
Howarth St. BL5: W'ton 3B 28
WN7: Leigh 3D 50
Howbridge Cl. M28: Worsl 5H 41
Howden Dr. WN3: Wigan 1A 34
HOWE BRIDGE 4C 38
Howe Bri. Cl. M46: Ath 4C 38
Howe Bri. Crematorium
M46: Ath 3B 38
Howe Bridge Leisure Cen. 4D 38
Hoylake Cl. WN7: Leigh 5H 49
Hudson Gro. WA3: Low 1C 58
Hullet Cl. WN6: App B 1A 12
Hulme Gro. WN7: Leigh 1G 49
Hulme Rd. WN7: Leigh 1G 49
Hulton Av. M28: Walk 2G 41
Hulton District Cen.
M28: Walk 1G 41
HULTON LANE ENDS 3H 29
Hulton Pk. 4G 29
Hulton Va. BL3: Bolt 1H 29
Humber Pl. WN5: Wigan 4E 23
Humber Rd. M29: Asty 6C 40
Humphrey St. WN2: Ince M 4G 25
Huncote Av. WA11: St H 3A 54
HUNGER HILL
BL3 . . . . .1F 29
WN6 . . . . .4B 4
Hunger Hill Av. BL3: Bolt 1G 29
Hunter Rd. WN5: Wigan 2G 23
Hunters Chase WN5: Bil 4A 32
Hunt Rd. WA11: Hay 3G 55
Hunt's Bank BL5: W'ton 5B 28
Hunt St. M46: Ath 2F 39
WN1: Wigan 4E 25
Hurlston Av. WN8: Skel 3A 20
Hurst Cl. BL5: O Hul 4H 29
Hurstfield Rd. M28: Worsl 5H 41
Hurst Fold M44: Irlam 6H 63
Hurst Grn. Gdns. WA3: Cul 4A 60
Hurst La. WA3: G'bury 3D 60
Hurst Mill La. WA3: G'bury 1E 61
Hurst St. WN2: Hin 5A 26
WN7: Leigh 5D 50
Huskisson Way
WA12: Newt W 5B 56
Hutton Av. M28: Worsl 1F 53
Hutton Cl. WA3: Cul 4A 60
Hutton Ct. WN8: Skel 2D 18
Hutton Rd. WN8: Skel 2D 18
Hutton St. WN1: Stan 4A 6
Huxley Pl. WN3: Wigan 6A 24
Huyton Rd. PR7: Adl 1G 7
(not continuous)
Huyton Ter. PR6: Adl 1H 7
Hyacinth Cl. WA11: Hay 3H 55
Hyatt Cres. WN6: Stan 4E 5
Hyde Cl. WN3: Wigan 6A 24
Hyde Dr. M28: Walk 3H 41
Hyde Gro. M28: Walk 3H 41
Hyde Rd. M28: Walk 3H 41
Hyde's Brow WA11: Rainf 3C 30
Hydrangea Cl. BL5: W'ton 5B 28
Hyndelle Lodge WN2: Hin 5B 26

I

Ice Ho. Cl. M28: Walk 2F 41
Ilkeston Dr. WN2: Asp 6D 16
Imperial Dr. WN7: Leigh 1F 51
Ince Grn. La. WN2: Ince M 5E 25
WN3: Ince M 5E 25
Ince Hall Av. WN2: Ince M 3F 25
INCE-IN-MAKERFIELD 5E 25
Ince Station (Rail) 5E 25
Ince Wlk. WN1: Wigan 3A 64
Inchfield WN8: Skel 1H 19
Industrial St. BL5: W'ton 4B 28
Ingham St. WN7: Leigh 5A 38
Ingleby Cl. BL5: W'ton 1B 28
WN6: Stan 5F 5
Inglemoss Dr. WA11: Rainf 6A 42
Inglenook Ct. WN7: Leigh 5C 38
Ingles Fold M28: Worsl 5H 41
Inglesham Cl. WN7: Leigh 6A 50
Inglestone Cl.
WA12: Newt W 5B 56
Ingleton Dr. WA11: St H 6F 43
Inglewhite WN8: Skel 1G 19
Inglewhite Av. WN1: Wigan 1C 24
Inglewhite Cres.
WN1: Wigan 1C 24
Inglewhite Island WN8: Skel . . .1H 19
Inglewhite Pl. WN1: Wigan 1C 24
Inglewood Av. WN1: Wigan 4E 25
Inglewood Ct. WN5: Wigan 6F 23
Inglewood Rd. WA11: Rainf 6A 42
Ingram WN8: Skel 2H 19
Ingram St. WN2: Platt B 2G 35
WN6: Wigan 2H 23
Inskip WN8: Skel 1G 19
Inskip Ct. WN8: Skel 1H 19
Intake La. L39: Bic 6A 18
Inverness Cl. WN2: Asp 4B 16
Inward Dr. WN6: Shev 4C 12
Inworth Cl. BL5: W'ton 5B 28
Iredale Cres. WN6: Stan 2H 13
Ireland Rd. WA11: Hay 3E 55
IRLAM 6H 63
Irlam Moss 5D 62
Ironmonger La.
WN3: Wigan 6A 64 (4C 24)
Irvine Av. M28: Worsl 1G 53
Irvine St. WN7: Leigh 1B 50
Irwell WN8: Skel 6G 9
Irwell Av. M38: L Hult 1H 41
Irwell Pl. WN5: Wigan 5E 23
Irwell Rd. WN5: Orr 4B 22
Isabella Sq. WN1: Wigan 3E 25
Isherwood St. WN7: Leigh 5A 38
Island Row WN2: Ince M 4H 25
Ivanhoe Av. WA3: Low 6B 48
Ivybridge WN8: Skel 1H 19
Ivydale WN8: Skel 1H 19
Ivydale Dr. WN7: Leigh 2E 51
Ivy Farm Gdns. WA3: Cul 5H 59
Ivy Gro. M38: L Hult 1F 41
Ivy Ho. Rd. WA3: Low 6B 48
Ivy Rd. BL5: W'ton 4B 28
WA3: Golb 1H 57
Ivy St. WN1: Wigan 3B 24
WN4: Ash M 4B 46
Ivy Ter. WN6: Stan 4E 5

J

Jacks La. BL5: W'ton 4E 27
Jackson Av. WA3: Cul 6A 60
Jackson St. WA11: Hay 2C 54
WN2: Ince M 4G 25
Jacob Ct. WN5: Bil 3H 31
Jacob St. WN2: Hin 5B 26
Jaffrey St. WN7: Leigh 2A 50
James Cl.
WN3: Wigan 6A 64 (4C 24)
James Pl. WN6: Stan 5F 5
James Rd. WA11: Hay 2H 55
James Sq. WN6: Stan 5F 5
James St. BL5: W'ton 1A 28
M29: Tyld 5H 39
M46: Ath 4G 39
WN2: Bam 6E 35
WN3: Ince M 5D 24
Jasmine Ct. WN2: Platt B 3G 35
Jasmine Rd. WN5: Wigan 4F 23
Jaxons Ct. WN1: Wigan 3A 64
Jean Av. WN7: Leigh 5A 50
Jeffrey St. WN2: Ince M 3G 25
Jenkinson St. WN2: Hin 5B 26
Jennet Hey WN4: Ash M 1H 45
Jennet's La. WA3: G'bury 6E 51
Jennings Av. WN2: Abr 6A 36
JENNY GREEN 6G 63
Jessica Way WN7: Leigh 3F 49
Jibcroft Brook La. WA3: Cul 4A 60
Joan Lestor Ho. M38: L Hult . . .2H 41
Johns Av. WA11: Hay 2G 55
Johnson Av. WA12: Newt W 4B 56
WN2: B'haw 4C 36
Johnson Cl. WN7: Leigh 3F 49
Johnson St. M29: Tyld 4A 40
M46: Ath 4C 38
WN5: Wigan 5D 22
Johnson St. Sth. M29: Tyld 5A 40
John St. M29: Tyld 4A 40
WA3: Golb 1G 57
WN1: Wigan 4D 64 (3D 24)
WN2: Hin 2F 37
WN4: Ash M 2D 46
WN5: Wigan 6F 23
WN7: Leigh 2B 50
Jolly Tar La. PR7: Cop 1A 6, 1C 6
Jonathan Fold WN7: Leigh 2F 51
Jonquil Dr. M28: Walk 3F 41
Jubilee Av. WN5: Orr 1H 31
Jubilee Ct. *WA3: Golb 6G 47*
(off Grimshaw St.)
WA11: Hay 2D 54
Jubilee Cres. WA11: Hay 2H 55
Jubilee Dr. WN8: Skel 3E 19
Jubilee Ho's. M29: Tyld 5G 39
Juddfield St. WA11: Hay 3C 54
Junction La. WA12: Newt W 6B 56
Junction Rd. WA11: Rainf 3A 30
Junction Ter. WN3: Ince M 5E 25
June Av. WN7: Leigh 1G 49
Juniper Dr. WN2: Hin 2D 36
Jupiter Gro. WN3: Wigan 3G 33
Jury St. WN7: Leigh 6A 38
Justene Cl. WA3: Golb 5G 47
Jutland Gro. BL5: W'ton 2B 28

K

Kane Ct. WA3: Low 1E 59
Karen Rd. WN1: Ince M 3E 25
Kay Cl.
WN1: Wigan 4D 64 (3D 24)
Kaye Av. WA3: Cul 6B 60
Kay St. M46: Ath 3F 39
Keal Dr. M44: Irlam 5G 63
Kearnes Cl. WN2: Abr 6A 36
Kearsley St. WN6: Wigan 2B 24
WN7: Leigh 2H 49
Keats Av. WN3: Wigan 6A 24
WN5: Bil 4H 31
WN6: Stan 6G 13
Keats Cl. M46: Ath 6G 29
Keats St. WN7: Leigh 6H 37
Keats Way WN2: Abr 4H 35
Keble Gro. WN7: Leigh 5G 37
Keble St. WN2: Ince M 4F 25
Kellaton Cl. WN3: Ince M 5E 25
Kellbank Rd. WN3: Wigan 2G 33
Kellett Cl. WN5: Wigan 2F 23
Kelley Pit La.
WN1: Ince M 6D 64 (4D 24)
Kells Gro. WN6: Wigan 1A 24
Kelso Gro. WN2: Hin 1B 36
Kelvin Cl. WN4: Garsw 3F 45
Kelvin Gro. WN3: Wigan 3G 33
(not continuous)
Kelway Ter.
WN1: Wigan 1D 64 (2D 24)
Kempton Cl. WA12: Newt W 4D 56
Kendal Gro. WN4: Ash M 3B 46
WN7: Leigh 2H 49
Kendal Ho. WN2: Ince M 3G 25
Kendal Rd. M28: Worsl 6E 41
WN2: Hin 6C 26
WN2: Ince M 3G 25
Kendal St. WN6: Wigan 2B 24
Kendrick Pl. WN1: Wigan 3E 25
Kenford Dr. WN3: Winst 3G 33
Kenhall Rd. WN7: Leigh 3E 51
Kenilworth Dr. WN2: Hin 1D 36
WN7: Leigh 6G 39
Kenilworth Rd. WA3: Low 2C 58
Kenmore Gro. WN4: Garsw 3F 45
Kennedy Cl. WN6: Stan 1H 13
Kennedy Rd. M29: Asty 6D 40
Kennet Cl. BL5: W'ton 2A 28
Kenneth Av. WN7: Leigh 1H 49
Kenneth Gro. WN7: Leigh 1H 49
Kennet Rd. WA11: Hay 3E 55
Kennet Way WN7: Leigh 6B 38
Kensington Dr. WN7: Leigh 6G 39
Kensington Rd. WN5: Wigan . . .6F 23
Kent Av. WN2: Platt B 3G 35
Kent Cl. M28: Walk 3H 41
Kentmere Av. WA11: St H 6G 43
Kentmere Dr. M29: Asty 6B 40
Kent Rd. M29: Tyld 3A 40
M46: Ath 1E 39
Kent St.
WN1: Wigan 5D 64 (4D 24)
WN7: Leigh 3G 51
Kenway WA11: Rainf 5C 30
Kenwood Av. WN7: Leigh 3E 51
Kenwood Cl. WN7: Leigh 2E 51
KENYON 5D 58
Kenyon Ct. WN7: Leigh 6F 49
Kenyon Gro. M38: L Hult 1E 41
Kenyon La. WA3: Croft 6D 58
WA3: Cul, Low 3C 58
Kenyon Rd.
WN1: Wigan 1A 64 (1C 24)
WN6: Stan 5F 5
Kenyons La. Nth. WA11: Hay . . .1H 55
Kenyons La. Sth. WA11: Hay . . .2H 55
Kenyon St. WN7: Leigh 5H 37
Kenyon Ter. M38: L Hult 2E 41
Kenyon Way M38: L Hult 1E 41
Kepplecove Mdw.
M28: Worsl 2F 53
Kerans Dr. BL5: W'ton 2A 28
Kerfoots La. WN8: Skel 3C 18
Kerfoot St. WN7: Leigh 3E 51
Kermishaw Nook M29: Asty 1B 52
Kerr Gro. WA9: St H 6A 54
Kersal Av. M38: L Hult 1H 41
Kerscott Cl. WN3: Ince M 6F 25
Kershaw St. M29: Tyld 4A 40
WN5: Orr 5D 22
Kershaw Way WA12: Newt W . . .4C 56
Kestrel Dr. M44: Irlam 6G 63
WN4: Ash M 1C 46
Kestrel M. WN8: Skel 5A 10
Kestrel Pk. WN8: Skel 5A 10
Keswick Pl. WN2: Ince M 4G 25
Kidd Cl. WN5: Wigan 4H 23
Kid Glove Rd. WA3: Golb 6H 47
KidZone
Wigan 4A 64 (3B 24)
Kielder Cl. WN4: Ash M 6H 33
Kilbuck La. WA11: Hay 1H 55
Kilburn Av. WN4: Ash M 3D 46
Kilburn Cl. WN7: Leigh 4H 37

78 A-Z Wigan

Kilburn Dr.—Lever St.

Kilburn Dr. WN6: Shev	2C 12
Kilburn Gro. WN3: Winst	2F 33
Kilburn Rd. WN5: Orr	6G 21
Kildare Grange WN2: Hin	6A 26
Kildare St. WN2: Hin	6A 26
WN5: Wigan	5H 23
Killington Cl. WN3: Wigan	3B 34
Kiln La. WN8: Skel	1E 19
Kilshaw St. WN5: Wigan	6E 23
Kimberley Pl. WN4: Ash M	4C 46
Kimberley St. WN6: Wigan	2A 24
Kinder Gro. WN4: Ash M	1H 45
King Edward Vs. WN2: Hin	6C 26
(off Arthur St.)	
Kingfisher Ct. WN4: Ash M	1B 46
WN6: Wigan	2A 24
Kingfisher Ct. Ind. Est.	
WN4: Ash M	1B 46
Kingfisher Pk. WN8: Skel	5A 10
King George Ct. WN4: Ash M	4B 46
King George Rd. WA11: Hay	2A 56
King of Prussia Yd.	
WN1: Wigan	4A 64
King's Av. WA3: Low	2D 58
Kingsbury Ct. WN8: Skel	5A 10
Kings Ct. M29: Tyld	4H 39
(off Market St.)	
King's Cres. M29: Tyld	5G 39
Kingscroft Ct.	
WN1: Wigan ... 5D 64 (4D 24)	
Kingsdown Cres.	
WN1: Wigan	5C 14
Kingsdown Rd. WN2: Abr	6H 35
Kingsfield Way M29: Asty	5B 40
Kings Fold M46: Ath	2G 39
King's Gdns. WN7: Leigh	2E 51
Kingshill Ct. WN6: Stan	2H 13
Kingsley Av. WN3: Wigan	2H 33
Kingsley Rd. WN2: Hin	6D 26
Kingsley St. WN7: Leigh	6G 37
Kingsmede WN1: Wigan	6D 14
KINGS MOSS	**1D 42**
Kings Moss La.	
WA11: Kings M	1C 42
Kings Oak Cl.	
WN1: Wigan ... 3C 64 (3D 24)	
Kings Pk. WN7: Leigh	5C 38
Kings Rd. WA3: Golb	2G 57
WN4: Ash M	2A 46
Kingston Cl. WN3: Wigan	2B 34
King St. BL5: W'ton	3B 28
WA12: Newt W	6B 56
WN1: Wigan ... 4A 64 (3C 24)	
WN2: Hin	5B 26
WN2: Ince M	4G 25
WN7: Leigh	3B 50
King St. W.	
WN1: Wigan ... 4A 64 (3C 24)	
Kingsway WA11: St H	6E 43
WN1: Wigan	1D 24
WN2: Ince M	4F 25
King William St. M29: Tyld	5H 39
Kingwood Cres. WN5: Wigan	5F 23
Kinlet Rd. WN2: Wigan	1E 33
Kinnerley Gro. M28: Worsl	4G 41
Kinniside Rd. WN3: Wigan	3A 34
Kinross Av. WN4: Garsw	3E 45
Kinsley Cl. WN3: Ince M	4G 25
Kintbury St. M29: Bam	6F 35
Kipling Av. WN3: Wigan	1A 34
Kipling Gro. WN7: Leigh	6G 37
Kirby Av. M46: Ath	6E 29
Kirby Rd. WN7: Leigh	1A 50
Kiribati Way WN7: Leigh	1A 50
Kirkbeck WN7: Leigh	4E 51
Kirkby Rd. WA3: Cul	6B 60
Kirkdale Gdns. WN8: Uph	4E 21
Kirkfell Dr. M29: Asty	6B 40
Kirkhall La. WN7: Leigh	6A 38
Kirkham Av. WA3: Low	3C 58
Kirkham Rd. WN7: Leigh	5H 49
Kirkham St. M38: L Hult	1G 41
WN2: Abr	5H 25
Kirkhill Grange BL5: W'ton	1C 28
Kirkless Ind. Est. WN2: Asp	2F 25
Kirkless La. WN2: Ince M	1H 25
Kirkless St. WN1: Wigan	3E 25
WN2: Asp	6G 15
Kirkpatrick St. WN2: Hin	2F 37
Kirkstead Way WA3: Golb	1G 57
Kirkstile Cres. WN3: Winst	3G 33
Kirkstone WN5: Wigan	4E 23
Kirkstone Av. WA11: St H	6G 43

Kirkwood Cl. WN2: Wigan	1F 25
Kite Gro. WN7: Leigh	2D 50
KITT GREEN	**2D 22**
Kitt Grn. Rd. WN5: Wigan	2D 22
Kittiwake Cl. M29: Asty	6A 40
Kiveton Dr. WN4: Ash M	5C 46
Knaresborough Rd.	
WN2: Hin	1C 36
Knightsbrook Cl. M46: Ath	2E 39
Knightscliffe Cres.	
WN6: Shev	3H 11
Knightshill Cres.	
WN6: Wigan	2H 23
Knightswood BL3: Bolt	1H 29
Knott's Ho's. WN7: Leigh	6G 49
Knowles Av. WN3: Wigan	1H 33
Knowles Farm Cl.	
WN8: Roby M	1F 21
Knowles Pl. WN6: Wigan	3E 25
Knowles Vs. WN3: Ince M	5D 24
Knowsley Av. M46: Ath	1E 39
WA3: Golb	1H 57
Knowsley Dr. WN7: Leigh	5H 49
Knowsley Rd. WN6: Wigan	6A 14
Knowsley St. WN7: Leigh	2H 49
Knowsley Vw. WA11: Rainf	3A 30
KNUTSHAW BRIDGE	**1G 29**
Knutshaw Cres. BL3: Bolt	1F 29

L

Laburnam St. WN4: Ash M	5B 46
Laburnum Av. M46: Ath	2G 39
WN3: Ince M	5F 25
WN7: Leigh	5A 38
Laburnum Dr. WN8: Skel	2D 18
Laburnum Gro. M29: Tyld	4D 40
WN6: Wigan	5A 14
Laburnum Rd. WA3: Low	2D 58
Laburnum St. M46: Ath	2G 39
Ladies La. WN4: Ash M	5B 26
Ladies' Wlk. M46: Ath	4E 39
Lady Alice's Dr. L40: Lath	2A 8
Ladybarn Av. WA3: Golb	2F 57
Lady La. WN3: Wigan	1G 33
Ladymere Dr. M28: Worsl	5H 41
Ladysmith Av. WN4: Ash M	4C 46
Ladywell Av. M38: L Hult	1G 41
Ladywell Gro. M38: L Hult	1G 41
LAFFAK	**2A 54**
Lafford La.	
WN8: Roby M, Uph	6G 11
LAITHWAITE	**3G 23**
Laithwaite Rd. WN5: Wigan	4F 23
Lakeland Av. WN4: Ash M	3C 46
Lakes Dr. WN5: Orr	5A 22
Lake Side WN7: Leigh	1H 49
Lakeside Av. WN5: Bil	2A 32
Lakeside Cotts. WN1: Stan	6C 6
Lakeside Ct. WA11: Rainf	5C 30
Lakeside Gdns. WA11: Rainf	5C 30
Lake St. WN2: Ince M	4G 25
Lake St. WN7: Leigh	1C 50
Lake Wlk. WN3: Wigan	4D 22
LAMBERHEAD GREEN	**5D 22**
Lamberhead Ho. WN5: Orr	5D 22
Lamberhead Ind. Est.	
WN5: Wigan	6D 22
Lamberhead Rd.	
WN5: Wigan	5D 22
Lambeth St. M46: Ath	2D 38
Lambley Cl. WN7: Leigh	5H 37
Lambourne WN8: Skel	5H 9
Lambourne Gro. WA9: St H	6C 54
Lamb St. WN1: Wigan	2E 25
Lambton St. WN5: Wigan	6E 23
Lancaster Av. M29: Tyld	2A 40
M46: Ath	2G 39
WA3: Golb	1A 58
Lancaster Ct.	
WA12: Newt W	5H 55
Lancaster Cl. WN7: Leigh	3U 50
Lancaster Cres. WN8: Skel	2E 19
Lancaster Rd. WN2: Hin	5C 26
WN5: Wigan	2E 23
Lancaster St. WN3: Ince M	5E 25
Lancaster Wlk. WN5: Wigan	2E 23
Lancaster Way BL5: W'ton	1H 27
Lancewood Pl. WN2: Hin	5F 23
Landau Dr. M28: Walk	2F 41
Landedmans BL5: W'ton	4B 28
LAND GATE	**5A 34**

Landgate Ind. Est.	
WN4: Ash M	5A 34
Landgate La. WN4: Ash M	6A 34
Landor Cl. WA3: Low	1C 58
Landrace Dr. M28: Worsl	1H 53
LAND SIDE	**6B 50**
Landside WN7: Leigh	5B 50
Land St. WN6: Wigan	3B 24
LANE HEAD	**3C 58**
Lane Head Av. WA3: Low	6C 48
Langcliffe Cl. WA3: Cul	6A 60
Langdale Av. WA3: Golb	1A 48
WN1: Wigan	6B 14
WN2: Ince M	3H 25
Langdale Cres. WN2: Abr	5H 35
WN5: Orr	3D 22
Langdale Gro. WN2: Platt B	3H 35
Langdale Rd. WN2: Hin	4B 26
WN5: Orr	4D 22
Langdale St. WN7: Leigh	2A 50
Langdon Cl. WA3: Cul	5H 59
Langfield WA3: Low	2C 58
Langford Dr. WN7: Leigh	5A 50
Langham Rd. WN6: Stan	6F 5
Langholm Cl. WN3: Winst	2G 33
Langholm Rd. WN4: Garsw	3E 45
Langley Cl. WA3: Golb	6A 48
WN6: Stan	5G 5
Langley Dr. M28: Worsl	1F 53
Langley Platt La. M46: Ath	5E 39
Langley St. WN7: Wigan	5F 23
Langset Av. WN2: Hin	1C 36
Langton Av. WN6: Stan	6G 5
Langton Cl. WA12: Newt W	5A 56
Langton Cl. WN2: Platt B	2G 35
(off Moss La.)	
Langton Pl. WN6: Stan	6G 5
Langtree WN8: Skel	6H 9
Langtree Cl. M28: Worsl	5H 41
Langtree La. WN6: Stan	5H 5
Langworthy Av. M38: L Hult	1H 41
Lansbury Av. WA9: St H	6A 54
Lansbury St. WN5: Orr	5C 22
Lansdowne WA3: Cul	6A 60
Lansdowne Rd. M46: Ath	6H 29
Lansdowne Ter. WN2: Wigan	1B 64
Lapwing Cl. WA3: Low	1B 58
WA12: Newt W	5C 56
Larch Av. WA12: Newt W	6C 56
WN5: Bil	2H 43
Larch Cl. WA3: Low	3D 58
WN5: Bil	2H 43
WN8: Skel	2E 19
Larch Gro. M46: Ath	1E 39
Larch Rd. WA11: Hay	2G 55
Larch St. WN2: Hin	5A 38
Larchwood Dr. WN1: Wigan	5B 14
Larkfield Av. WN1: Wigan	5B 14
LARK HILL	**2B 52**
LARKHILL	**5C 62**
Larkhill WN8: Skel	5H 9
Larkhill Av. WN6: Stan	1H 13
Larkspur Cl. WN7: Leigh	4B 50
LATELY COMMON	**6E 51**
Latham Av. WA12: Newt W	5C 56
Latham La. WN5: Orr	2C 22
LATHOM	**1B 8**
Lathom Dr. WA11: Rainf	4B 30
Lathom Ho. L40: Lath	2B 8
LATHOM PARK	**2C 8**
Lathom Rd. L39: Bic	3A 18
Latimer Cl. WN5: Orr	4B 22
Launceston Rd. WN2: Hin	2G 37
Laurel Av. WA12: Newt W	6D 56
(not continuous)	
Laurel Cres. WN2: Hin	5C 26
Laurel Dr. M38: L Hult	1G 41
WN8: Skel	1E 19
Laurel Gro. WA3: Low	1G 58
WN4: Ash M	3B 46
Laurel Rd. WA11: Hay	4B 54
Laurel St. WN5: Wigan	4H 23
Laurus M. WN5: Wigan	4G 23
Lavender Cl. BL5: W'ton	6B 28
Lavender Rd. WN6: Wigan	6H 13
Lavender Wlk. WN4: Garsw	2F 45
Laverick Gro. WN3: Wigan	1F 33
Lawdale Dr. M28: Worsl	5H 41
Lawns, The WN2: Hin	6A 26
Lawns Av. WN5: Orr	6G 21
Lawnswood Dr. M29: Tyld	4D 40
Lawrence Dr. WN2: Abr	4H 35

Lawson Av. WN7: Leigh	4A 38
Lawton Cl. WA3: Cul	6A 60
Laxey Av. M46: Ath	3G 39
Laxey Cres. WN7: Leigh	6G 37
Layland Av. WA3: Cul	5A 60
Layton Cl. WN5: Wigan	6F 23
Lazenby Cres. WN4: Ash M	4H 45
Lazonby Av. WN2: Asp	6D 16
Leacroft WN4: Ash M	1H 45
Leadale Cl. WN6: Stan	6F 5
Leader St. WN1: Wigan	3E 25
WN5: Wigan	5E 23
Leafield M29: Tyld	4C 40
Leafield Dr. M28: Worsl	1G 53
Leagate Cl. WN2: Wigan	2G 33
Lealholme Av. WN2: Asp	6G 15
Lea St. WN3: Wigan	4A 24
Leavale Cl. M38: L Hult	1F 41
Leaview WN1: Wigan	2H 25
Leaway WN2: Ince M	4F 25
Leckenby Cl. M28: Worsl	1G 53
(off Border Brook La.)	
Ledburn WN8: Skel	6H 9
Ledbury St. WN7: Leigh	6B 38
(Orchard La.)	
WN7: Leigh	1B 50
(Sandgate Cl.)	
Ledgard Av. WN7: Leigh	3H 49
Ledger Rd. WA11: Hay	4C 54
Ledmore Gro. WN4: Garsw	4F 45
Lee Bank BL5: W'ton	3C 28
Leeds St. WN3: Wigan	4B 24
Leeds St. Ind. Est.	
WN3: Wigan	4B 24
Lee Fold M29: Asty	6C 40
Lee La. WN2: Abr	5H 35
Lees La. WN8: Dalt, Roby M	1A 10
Lee St. M46: Ath	3F 39
Leeswood WN8: Skel	6H 9
Legh Cl. WA3: Golb	1G 57
Legh Rd. WA11: Hay	3C 54
Legh St. WA3: Golb	1G 57
WA12: Newt W	6H 55
(not continuous)	
WN4: Ash M	5B 46
Leicester Av. WN2: Hin	5D 26
Leicester Rd. M29: Tyld	3A 40
LEIGH	**2B 50**
Leigh & Lowton Sailing Club	5E 49
Leigh Arc. WN1: Wigan	3A 64
Leigh Bus. Pk. WN7: Leigh	4D 50
Leigh Bus Station	2B 50
Leigh Centurions RLFC	4H 49
Leigh Commerce Pk.	
WN7: Leigh	5D 50
Leigh Comn. BL5: W'ton	2A 28
LEIGH END	**1E 61**
Leigh Golf Course	5G 59
Leigh Indoor Sports Cen.	4H 49
LEIGH INFIRMARY	**6C 38**
Leigh Rd. BL5: W'ton	3B 28
(not continuous)	
M28: Worsl	1G 53
(not continuous)	
M46: Ath	6B 38
WN2: Hin	4F 37
WN7: Leigh	6B 38
Leigh Sports Village	3H 49
Leigh St. BL5: W'ton	2A 28
WN1: Wigan ... 5D 64 (4D 24)	
WN2: Asp	6D 16
WN4: Ash M	4F 37
WN7: Leigh	2G 49
Leighton Av. M46: Ath	2D 38
Leighton Dr. WN7: Leigh	6F 49
Leighton St. M46: Ath	2D 38
Lemon St. M29: Tyld	5H 39
Lenfield Dr. WA11: Hay	3B 54
Leonard Ct. WN7: Leigh	2F 49
Leonard Pl. WN7: Leigh	3F 49
Leopold St. WN2: Wigan	CD 22
(not continuous)	
Lessingham Av. WN1: Wigan	6B 14
Lester Rd. M38: L Hult	1E 41
Letcombe Cl. WN7: Leigh	6B 38
Levengreave Cl. WN2: Hin	2G 37
Levens Pl. WN2: Ince M	3G 25
Levens Wlk. WN5: Wigan	4E 23
Lever Cl. M29: Tyld	4H 39
Lever St. BL5: W'ton	1A 28
M29: Tyld	4H 39
WN1: Wigan ... 3A 64 (3C 24)	

Lewis Cl.—Mafeking Pl.

Lewis Cl. PR7: Adl	1E 7
WN3: Wigan	6A 24
Leyburn Cl. WN1: Wigan	2F 25
Ley Cres. M29: Asty	1B 52
Leyland Av. M44: Irlam	5H 63
WN2: Hin	2B 36
LEYLAND GREEN	**2D 44**
Leyland Grn. Rd.	
WN4: Garsw	2E 45
Leyland Gro. WA11: Hay	3D 54
LEYLAND MILL BROW	**5D 14**
Leyland Mill La.	
WN1: Wigan	6C 14
Leyland Rd. WA11: Rainf	5B 30
Leyland St. WN2: Abr	4G 35
WN2: Hin	1A 36
Ley Rd. M29: Asty	6H 39
(not continuous)	
Library St. BL5: W'ton	3B 28
WN1: Wigan	4B 24 (3C 24)
Lichfield Av. M29: Asty	6C 40
WA3: Low	1B 58
Lichfield Gro. WN4: Ash M	5A 46
Lichfield Rd. WN5: Wigan	6E 23
Lidgate Cl. WN3: Winst	2F 33
Lightburne Av. WN7: Leigh	4A 50
Light Oaks Rd. WA3: G'bury	3E 61
Lightshaw La.	
WA3: Golb, Low	3H 47
Lightwood M28: Worsl	5H 41
Lilac Av. WN4: Garsw	2F 45
WN6: Wigan	6A 14
WN7: Leigh	6A 38
Lilac Gdns. WN3: Ince M	1F 35
Lilac Gro. WA11: Hay	4B 54
WN5: Bil	3H 43
WN8: Skel	2E 19
Lilac Rd. WA3: Golb	6G 47
LILFORD	**1C 50**
Lilford St. M46: Ath	3D 58
WN7: Leigh	3A 50
Lilian Dr. WN6: Wigan	6A 14
Lily Farm Cft. WN4: Ash M	2D 46
Lily La. M27: Bam, Platt B	6F 35
Lily Pl. WN4: Ash M	5A 38
Lily St. WN4: Ash M	2E 47
Lime Av. WN7: Leigh	5A 38
Lime Cl. M27: Abr	6A 36
Lime Ct. WN8: Skel	2E 19
Limefield	
WN1: Wigan	3C 64 (3D 24)
Limefield Dr. WN8: Skel	4C 20
Lime Gro. WA3: Low	3B 58
WA11: Rainf	5B 30
WN2: Hin	2D 36
WN8: Skel	4C 20
Limes, The WA3: Cul	5H 59
WA3: Low	3C 58
WN6: Stan	3A 14
WN7: Leigh	6C 38
Limes Av. WN6: Stan	3B 14
Lime St. M29: Tyld	4H 39
M46: Ath	2B 38
WN1: Wigan	3C 64 (3D 24)
Lime Va. WN3: Ince M	1F 35
Lime Va. Rd. WN5: Bil	4G 43
Limewood Mdw. M29: Asty	1C 52
Linbeck Gro. WA3: Low	6C 48
Lincoln Av. WA3: Low	6B 48
Lincoln Cl. M29: Tyld	3A 40
WA4: Ash M	4A 16
Lincoln Dr. WN2: Asp	4A 16
Lincoln Gro. M46: Ath	2D 58
Lincoln Pl. WN5: Wigan	2E 23
Lincoln Rd. WN2: Hin	6C 26
Lincroft Rd. WN2: Hin	2E 37
Lindale Cl. M28: Worsl	6E 41
Lindale Rd. M28: Worsl	6E 41
Linden Av. M46: Ath	4D 28
WN4: Ash M	2H 45
WN5: Orr	5A 22
Linden Ct. WN5: Orr	5A 22
Linden Gro. WN5: Bil	4G 43
WN5: Orr	5A 22
(not continuous)	
Linden M. M28: Worsl	1F 53
Linden Rd. M28: Worsl	1F 53
WN2: Hin	1H 26
Lindens WN8: Skel	5H 9
Linden Wlk. WN5: Orr	5A 22
Lindholme WN8: Skel	6A 10

Lindisfarne Av. WA3: Low	1G 59
Lindley Av. WN5: Orr	6G 21
Lindow St. WN7: Leigh	1H 49
Lindsay Ter. WN2: Asp	4H 15
Lingards Dr. M29: Asty	3A 52
Lingards La. M29: Asty	3A 52
(not continuous)	
Lingard St. WN7: Leigh	3D 50
Ling Dr. M46: Ath	3F 39
Lingfield Cres. WN6: Wigan	6G 13
Lingmell Av. WA11: St H	6F 43
Lingmoor Cl. WN3: Winst	4A 34
Lingmoor Dr. M29: Asty	6B 40
Link Av. WA11: St H	3A 54
Linkfield Dr. M28: Worsl	1F 53
Linkway, The BL6: Hor	1G 17
Linkway Av. WN4: Ash M	2E 47
Linley Cl. WN6: Stan	5E 13
Linley Rd. WN5: Wigan	6G 23
Linnet Cl. WA12: Newt W	6C 56
Linnet Dr. M44: Irlam	6G 63
WN7: Leigh	2D 50
Linney Sq. WN1: Wigan	3E 25
Linsford Dr. BL3: Bolt	1H 29
Linstock Way M46: Ath	2C 38
Linton Av. WA3: Golb	5F 47
Linwood Cl. WN2: Hin	1B 36
Liptrot St. WN5: Wigan	4H 23
Liscard St. M46: Ath	2D 38
Lit. Church St. WN5: Wigan	5D 22
Little Delph WA11: Hay	2E 55
Little La. M27: Tyld	4H 39
Littlegate BL5: W'ton	6A 28
LITTLE HULTON	**1G 41**
Little La. WN3: Wigan	6G 23
WN5: Wigan	6G 23
Little London	
WN1: Wigan	2B 64 (2C 24)
Little Pasture WN7: Leigh	6H 37
Littler Rd. WA11: Hay	4C 54
Little Scotland	**5H 7**
Little Scotland BL6: B'rod	6H 7
Littleton Gro. WN6: Stan	5G 5
Liverpool Rd.	
M44: Cad, Irlam	6G 63
WA11: Hay	2C 54
(not continuous)	
WN2: Hin, Platt B	3H 35
WN4: Ash M, Garsw	1C 54
WN8: Skel	3D 18
(not continuous)	
Livingstone Ho. WN1: Wigan	2E 25
Livingstone St. WN4: Ash M	2A 46
Liza St. WN7: Leigh	5A 38
Lloyd Ct. WN7: Leigh	6A 38
Lloyd Cres. WA12: Newt W	6H 55
Lloyd St. WA11: Hay	3B 54
Loch St. WN5: Orr	5D 22
Lockerbie Pl. WN3: Winst	3G 33
Locket Rd. WN4: Ash M	2F 47
Lockett Rd. WN4: Ash M	1B 46
Lockett St. BL3: Bolt	1F 29
Lockside M.	
WN1: Wigan	6D 64 (4D 24)
Locks Vw. WN1: Ince M	3F 25
Lodge Dr. M29: Asty	1B 52
WA3: Cul	6B 60
Lodge Gro. M46: Ath	4H 39
Lodge La. M46: Ath	4F 39
WA12: Newt W	6B 46
(not continuous)	
WN7: Leigh	2G 51
Lodge Rd. M46: Ath	4G 39
WN5: Orr	1A 32
Loeminster Pl. WN2: Ince M	4F 25
Logwood Av. WN5: Wigan	4F 23
Logwood Ho. WN5: Wigan	3G 23
Logwood Pl. WN5: Wigan	3G 23
Loire Dr. WN5: Wigan	3H 23
Lomax St. WN2: Platt B	3H 35
Lombard St. M46: Ath	2D 38
London Cl. WN5: Wigan	3F 23
London Flds. WN5: Bil	2A 44
Longacre Pl. WN2: Hin	5F 37
Long Causeway M46: Ath	6C 38
Longcroft M29: Asty	3G 51
Longden Rd. WN4: Ash M	4A 46
Longendale Rd. WN5: Stan	1F 13
Longfellow Cl. WN3: Wigan	6A 24
Longfield St. WN2: Asp	1G 25
Long Hey WN8: Skel	5A 10
Long Heys La. WN8: Dalt	5C 10

Longhurst Rd. WN2: Hin	1D 36
Long La. BL5: W'ton	1H 27
WN2: Hin	1E 37
WN8: Uph	2C 30
Longmead Av. WN4: Ash M	3C 46
Longrove Av. WA11: St H	4A 54
WN6: Stan	1H 13
Longridge Way WN6: Stan	1H 13
LONGSHAW	**4H 31**
Longshaw Av. WN5: Bil	4A 32
LONGSHAW BOTTOM	**4A 32**
Longshaw St. WN7: Leigh	4A 32
LONGSHAW COMMON	**5A 32**
Longshaw Comn. WN5: Bil	4A 32
(not continuous)	
Longshaw Dr. M28: Walk	1G 41
Longshaw Old Rd. WN5: Bil	4A 32
LONGSHOOT	**2D 64 (2D 24)**
Longshoot Cl.	
WN1: Wigan	2D 64 (2D 24)
Longton Av. WA3: Low	1A 58
Longton St. WN2: Hin	1A 36
Longwall Av.	
M28: Worsl	6H 41 (5H 41)
Longwood Cl. WA11: Rainf	6A 42
Longworth Av. BL6: B'rod	4H 7
Lonsdale Av. WN7: Leigh	5H 49
Lonsdale St. WN4: Ash M	4H 39
Lonsdale Wlk. WN5: Orr	3D 22
Loom, The WN7: Leigh	3C 50
Lord Av. M46: Ath	4H 39
Lord Gro. M46: Ath	4H 39
Lords Fold WA11: Rainf	4A 30
Lord St. BL5: W'ton	2A 28
M29: Asty	4G 39
M46: Ath	4G 39
WA12: Newt W	6A 56
WN1: Wigan	1B 64 (2C 24)
WN2: Hin	6B 26
WN2: Ince M	4G 25
WN4: Ash M	3D 46
WN5: Bil	2B 50
Lord St. Sth. WN7: Leigh	2C 50
Lordy Cl. WN6: Stan	5G 5
Lorne St. WN7: Leigh	3E 25
Lorton Av. WA11: St H	6E 43
Lorton Cl. M28: Worsl	1F 53
Lostock Cl. WN5: Bil	2A 44
Lostock Ind. Est. BL6: Los	2H 17
(not continuous)	
Lostock La. BL5: W'ton	4G 17
BL6: Los	4G 17
Lostock Rd. BL5: W'ton	5G 17
Lostock Wlk. WN7: Leigh	1H 49
Loughrigg Av. WA11: St H	6F 43
Loughrigg Cl. M29: Asty	6B 40
Louise Gdns. BL5: W'ton	5B 28
Loveless Ho. M46: Ath	1F 39
(off Brooklands Av.)	
Lovers La. M46: Ath	3B 38
Low Bank Rd. WN4: Ash M	3G 45
Lowcroft WN8: Skel	6A 10
Lowe Av. M46: Ath	6E 29
Lowe Mill La. WN7: Leigh	6B 26
Lwr. Brook Farm BL5: O Hul	4H 29
Lwr. Drake Fold BL5: W'ton	6A 28
Lowerfield Gdns. WA3: Golb	6A 48
LOWER GREEN	**4C 52**
Lower Grn. La. M29: Asty	5C 52
LOWER INCE	**6E 25**
Lower Landedmans	
BL5: W'ton	4B 28
Lwr. Longshaw Rd. BL5: W'ton	6B 28
Lower Longshoot	
WN1: Wigan	3D 64 (3D 24)
Lwr. Lyndon Av. WN6: Shev	3C 12
Lwr. New Row M28: Worsl	4G 41
Lwr. St Stephen St.	
WN6: Wigan	3A 24
Lower Southfield BL5: W'ton	4A 28
Lowe's La. WN8: Newb	1E 9
Lowe St. WA3: Golb	1G 57
Loweswater Av. M29: Asty	6A 40
Loweswater Cres.	
WA11: Hay	3C 54
Lowfield Gdns. WA3: G'bury	2E 61
Low Green M46: Ath	6H 29
Low Hall Gdns. WN2: Platt B	2H 35
Lowood St. WN7: Leigh	2H 49
Lowther Av. WA3: Cul	5B 60
Lowther Dr. WN7: Leigh	6G 39
Lowther Ter. WN6: App B	1G 11
LOWTON	**2D 58**
Lowton Bus. Pk. WA3: Low	1E 59
LOWTON COMMON	**6E 49**

Lowton Gdns. WA3: Low	4H 57
LOWTON HEATH	**3A 58**
Lowton Rd. WA3: Golb	5H 47
LOWTON ST MARY'S	**2E 59**
Lowton St Mary's By-Pass	
WN7: Leigh	2G 59
Loxton Cres. WN3: Wigan	2B 34
Luciol Cl. M29: Tyld	4C 40
Ludlow WN8: Skel	5A 10
Ludlow Av. WN3: Wigan	1E 37
Ludlow Dr. WN7: Leigh	6G 39
Ludlow St. WN6: Stan	4E 5
Ludovic Ter. WN1: Wigan	5C 14
Luke St. WN4: Ash M	2D 46
Lulworth WN8: Skel	5H 9
Lulworth Dr. WN2: Hin	1E 37
Lunedale WN2: Platt B	3H 35
Lune Gro. WN7: Leigh	2G 49
Lunehurst WA3: Low	1C 58
Lune Rd. WN2: Platt B	3F 35
Lune St. M29: Tyld	5H 39
Luntswood Gro.	
WA12: Newt W	5A 56
Lupin Dr. WA11: Hay	3H 55
Lurdin La. WN1: Stan	2B 14
WN6: Stan	2A 14
Luther Gro. WA11: St H	6D 54
Luton Gro. M46: Ath	2D 38
Lychgate WN5: Wigan	6G 23
Lydford Grn. WN6: Stan	1H 13
Lyefield Av. WN1: Wigan	2F 25
Lyelake La. L39: Bic	1A 18
L40: Westh	1A 18
Lymefield Dr. M28: Worsl	6G 41
Lyme St. WA11: Hay	3G 55
WA12: Newt W	5G 55
Lymewood Av. WA11: Hay	2G 55
Lymm Cl. M28: Walk	2G 41
Lymn St. WN2: Platt B	2H 35
Lynbridge Cl. WN5: Orr	6A 22
Lyndale WN8: Skel	5H 9
Lyndhurst WN8: Skel	5H 9
Lyndhurst Av. WN4: Irlam	6H 63
Lyndon Av. WN6: Shev	3C 12
Lynmouth Cl. WN6: Wigan	6A 14
Lynton Av. WN6: Wigan	6A 14
Lynton Rd. M29: Tyld	5D 40
WN2: Hin	5D 26
Lynton St. WN7: Leigh	2H 49
Lynwood Av. WA3: Low	3C 58
Lynwood Cl. WN8: Skel	4B 20
Lynwood Gro. M46: Ath	2D 38
Lynwood Ter. WN2: Hin	5B 26
(off Jenkinson St.)	
Lyon Cl. WN6: Shev	4C 12
Lyon Rd. WN6: Wigan	1H 23
Lyon St. WN3: Wigan	5A 24 (4B 24)
(not continuous)	
Lytham Rd. WN4: Ash M	2H 45

M

Mabel St. BL5: W'ton	5B 28
Maberry Cl. WN6: Shev	2H 11
Mab's Cross	**1C 64**
Mabs Cross Ct. WN1: Wigan	1B 64
Mab's Cross Ho.	
WN1: Wigan	1B 64
Macauley Pl. WN3: Wigan	1H 33
Macclesfield Cl. WN2: Hin	1A 36
McCormack Av. WA9: St H	5A 54
McCormack Dr.	
WN1: Wigan	4D 64 (3D 24)
McCorquodale Gdns.	
WA12: Newt W	6E 57
Macdonald Av. WA11: St H	4A 54
WN3: Wigan	2A 34
Macdonald St. WN5: Orr	5D 22
McEllen Rd. WN2: Abr	6A 36
Mackenzie Av. WN3: Wigan	2A 34
McLean Dr. M44: Irlam	5G 63
McMinnis Av. WA9: St H	6C 54
Macron Stadium	**2H 17**
Madams Wood Rd.	
M28: Walk	2F 41
Madeley Cl. WN3: Wigan	2G 33
Maden St. M29: Asty	1H 51
Madison Gdns. WN2: Hin	1C 28
Madison Pk. BL5: W'ton	1C 28
Maesbrook Dr. M29: Tyld	5A 40
Mafeking Pl. WN4: Ash M	4C 46

80 A-Z Wigan

Magdalen Dr.—Merton Rd.

Magdalen Dr. WN4: Ash M	3H 45
Magistrates' Court	
Wigan & Leigh	5C 64 (4D 24)
Magnolia Cl. WA11: Hay	4B 54
Maiden Cl. WN8: Skel	1C 18
Maidstone Cl. WN7: Leigh	3G 37
Main Cl. WA11: Hay	3C 54
Main La. WA3: Croft	6C 58
Mains Av. M29: Bam	6F 35
Main St. WN5: Bil	3H 43
Majestic M. WN5: Orr	6H 21
Major St. WN3: Wigan	5E 23
Makants Cl. M29: Tyld	5E 41
M46: Ath	6H 29
Makerfield Dr.	
WA12: Newt W	4A 56
Makerfield Way	
WN2: Ince M	3A 26
Makinson Arc. WN1: Wigan	3A 64
Makinson Av. WN2: Hin	4B 26
Maldon Cl. WN2: Wigan	1F 25
Maldon Rd. WN6: Stan	1H 13
Malham Av. WN3: Wigan	3A 34
Malham Cl. WN7: Leigh	2G 49
Malika Rd. WN4: Ash M	1G 45
Mallory Dr. WN7: Leigh	2E 51
Mallowdale M28: Worsl	5H 41
Malpas Av. WN1: Wigan	2D 24
Malt Kiln M. WN6: Stan	6G 5
Malton Av. WA3: Low	2C 58
Malton Cl. WN7: Leigh	1G 49
Malton Rd. M28: Worsl	6E 41
Malvern Av. M46: Ath	6H 29
WN2: Hin	1E 37
Malvern Cl. WN3: Winst	2E 33
WN4: Ash M	3B 46
Malvern Cres.	
WN3: Ince M	1F 35
Malvern Rd. WA9: St H	6B 54
Malvern St. WN3: Wigan	4E 5
Malvern Ter. WN7: Leigh	4B 50
Manchester Rd.	
BL5: O Hul, W'ton	1B 28
BL6: B'rod	1C 16
M29: Asty	1C 52
M29: Tyld	4A 40
WN1: Ince M	3E 25
WN2: Ince M	3E 25
WN7: Leigh	3E 51
Manchester Rd. E.	
M38: L Hult	1G 41
Manchester Rd. W.	
M38: L Hult	1F 41
Manderville Cl.	
WN3: Winst	3F 33
Manfield WN8: Skel	6G 9
Manley Av. WA3: Golb	5F 47
Manley Cl. WN7: Leigh	5H 37
Manley Cres. BL5: W'ton	2D 28
Manley Pk. WN7: Leigh	3C 50
Manley Row BL5: W'ton	3E 28
Manley St. WN3: Ince M	5E 25
Manning Av. WN6: Wigan	1A 24
Manningford Ct.	
WN3: Ince M	6E 25
Mannion Ho.	
WN1: Wigan	4C 64 (3D 23)
Manor, The WA11: Rainf	3A 42
Manor Av. WA3: Golb	1A 58
WA12: Newt W	5H 55
Manor Cl. WN4: Garsw	4E 45
Manor Ct. WA3: Golb	1A 58
Manor Fold M46: Ath	2E 29
Manor Gro. WN2: Asp	4H 15
WN5: Orr	3D 22
WN7: Leigh	4E 51
WN8: Skel	2F 19
Manor Ho. Cl. WA11: St H	6E 43
Manor Ho. Dr. WN8: Skel	2C 10
Manor Pl. WN3: Ince M	5F 25
Manor Rd. M29: Asty	1C 52
WA11: Hay	2H 55
WN2: Hin	6D 26
WN6: Shev	3B 12
Manor St. WA3: Golb	6H 47
WN1: Wigan	4A 64 (3C 24)
WN5: Wigan	5H 23
Mansart Cl. WN4: Ash M	4D 45
Manse Av. WN6: Wright	2B 4
Manse Gdns.	
WA12: Newt W	5D 56
WN3: Wigan	1H 33
Mansell Way BL6: Hor	1H 17
Mansfield St. WA3: Golb	6F 47

Maple Av. M46: Ath	1D 38
WA3: Low	2D 58
WA11: Hay	2D 54
WA12: Newt W	6D 56
WN2: Hin	2D 36
WN2: Ince M	5F 25
Maple Cl. WN5: Bil	2H 43
Maple Ct. WN8: Skel	5F 19
Maple Cres. WN7: Leigh	6A 50
(not continuous)	
Maple Dr. WN2: Abr	6H 35
Maplefield Dr. M28: Worsl	6H 41
Maple Gro. WN6: Wigan	6A 14
Maple St. WN4: Ash M	1A 46
Maple Vw. WN8: Skel	5F 19
Maplewood M28: Skel	5G 9
Marbury Gro. WN6: Stan	1G 13
Marchbank WN2: Asp	1G 25
Marchbank Rd. WN8: Skel	2D 18
Marchwood Cl. BL6: B'rod	2D 16
Mardale Av. WA11: St H	6F 43
Mardale Cl. M46: Ath	6E 29
Margaret Av. WN2: Stan	5E 13
Margaret St. WN2: Hin	5B 26
WN6: Wigan	2A 24
Marian Av. WA12: Newt W	6H 55
Marian Pl. WN2: Bam	5F 35
Marian Rd. WA11: Hay	2G 55
Marigold St. WN5: Wigan	6F 23
Maritime Cl.	
WA12: Newt W	4C 56
Market App. WN4: Ash M	4B 46
Market Arc. WN7: Leigh	2B 50
Marketgate Shop. Cen.	
WN1: Wigan	3A 64 (3C 24)
Market Pl. M46: Ath	2F 39
WA12: Newt W	6H 55
WN1: Wigan	4A 64 (3C 24)
WN6: Stan	6G 5
WN7: Leigh	2B 50
Market St. BL5: W'ton	3A 28
M29: Tyld	4H 39
(Charles St.)	
M29: Tyld	4H 39
(Shuttle St.)	
M46: Ath	2E 39
PR7: Adl	1G 7
WA12: Newt W	4A 56
WN1: Wigan	3A 64 (3C 24)
WN2: Hin	6B 26
WN6: Stan	6G 5
WN7: Leigh	2B 50
Markland Ct. WN6: Wigan	2A 24
Marklands Rd. M29: Asty	3A 52
Markland St. WN1: Wigan	4E 25
Mark St. M28: Worsl	6F 41
Marland WN8: Skel	5G 9
Marlborough Av.	
WN3: Ince M	1F 35
Marlborough Ct. WN8: Skel	5G 9
Marlborough Gdns. M28: Skel	5G 9
Marlborough Rd. M44: Irlam	6H 63
M46: Ath	1G 39
Marlborough Way	
WA11: Hay	1G 55
Marlbrook Dr. BL5: W'ton	6A 28
Marlbrook M. BL5: W'ton	6B 28
Marl Gro. WN5: Orr	1H 31
Marlow Ct. PR7: Adl	1F 7
Marlow Dr. M44: Irlam	6G 63
Marlowe Cl. WN3: Wigan	6A 24
Marmion Cl. WA3: Low	6C 48
Marnock Cl. M29: B'haw	5D 36
Marple Cl. WN6: Stan	5D 4
Marrick Cl. WN3: Wigan	3A 34
Marsden St. BL5: W'ton	3A 28
M28: Worsl	6F 41
WN1: Wigan	3A 64 (3C 24)
WN3: Ince M	1F 35
WN5: Wigan	4H 23
Marshall St. WN7: Leigh	3A 50
Marsham Rd. BL5: W'ton	5B 28
Marshbank BL5: W'ton	2A 28
Marshbrook Cl. WN2: Hin	5E 27
Marsh Brook Fold BL5: W'ton	1E 47
Marshdale WN7: Leigh	1H 49
(off Norbury St.)	
Marsh Fold BL5: W'ton	2A 28
(off Marsh St.)	
MARSH GREEN	2F 23
Marsh Grn. WN5: Wigan	2F 23

Marsh La.	
WN1: Wigan	3B 64 (3C 24)
Marsh Rd. M38: L Hult	1H 41
Marsh Row WN2: Hin	1E 37
Marsh St. BL5: W'ton	2A 28
Marshway Dr.	
WA12: Newt W	5B 56
MARSLAND GREEN	3G 51
Marsland Grn. La.	
M29: Asty	3G 51
Marston Bentley Ind. Est.	
WN2: Asp	1H 25
Martin Av. WA12: Newt W	4B 56
Martindale Cres.	
WN2: Wigan	5G 23
Martindale Rd. WA11: St H	5F 43
Martin Dr. M44: Irlam	5G 63
Martins Cl. WN2: Hin	5E 27
Martins La. WN8: Skel	4B 20
Martin St. M46: Ath	2F 39
Martland Av. WA3: Low	2B 58
WN6: Shev	4B 12
Martland Bus. Pk.	
WN2: Wigan	2F 23
Martland Ct. WN5: Orr	1E 22
Martland Cres. WN6: Wigan	6G 13
MARTLAND MILL	6F 13
Martland Mill Ind. Est.	
WN5: Wigan	1E 23
Martland Mill La.	
WN5: Wigan	1F 23
(not continuous)	
Martland Point WN5: Orr	1D 22
Martlew Dr. M46: Ath	1H 39
Marton Cl. WA3: Cul	5A 60
Marton Dr. M46: Ath	1G 39
Marton St.	
WN1: Wigan	2B 64 (2C 24)
Marus Av. WN3: Wigan	2H 33
Marus Bri. Retail Pk.	
WN3: Wigan	3H 33
Marwick Cl. WN6: Stan	5F 5
Mayfield Cl. WA3: Golb	2G 57
Mary Hulton Ct. BL5: W'ton	3C 28
MARYLEBONE	6D 14
Marylebone Cl. WN1: Wigan	6D 14
Marylebone Pl. WN1: Wigan	6C 14
Mary St. M29: Tyld	5A 40
Maryvale WN8: Skel	6G 9
Masefield Av. WN5: Orr	5C 22
WN7: Leigh	6F 37
Masefield Dr. WN3: Wigan	6H 23
Mason Cl. WN4: Ash M	3D 46
Mason La. M46: Ath	3G 39
Mason St. WN2: Abr	6H 35
WN3: Wigan	4B 24
Mason St. Ind. Est.	
WN3: Wigan	4B 24
(off Mason St.)	
Massam Cl. WA11: Rainf	5C 30
Massey Cl. WA12: Newt W	5B 56
Mather Av. WA3: Low	2D 58
WA9: St H	6A 54
Matherbank BL5: W'ton	6B 28
(off Lwr. Leigh Rd.)	
Mather Fold Rd. M28: Worsl	4H 41
Mather La. WN7: Leigh	3C 50
Mather St. M46: Ath	2F 39
Matheson Dr. WN5: Wigan	3F 23
Matlock Cl. M46: Ath	3F 39
Maunby Gdns. M38: L Hult	2H 41
May Av. WN2: Abr	6A 36
Mayfair Dr. M44: Irlam	6G 63
M46: Ath	1H 39
WN2: Asp	1B 26
Mayfield Ct. WN5: Orr	2D 22
Mayfield Dr. WN7: Leigh	5H 37
Mayfield Rd. WN5: Orr	3D 22
WN8: Uph	4E 21
Mayfield Ut. M40: Ath	2D 38
WN4: Ash M	4A 46
Mayflower Colts. WN1: Stan	1C 14
Maypole Cres. WN2: Abr	6A 36
May St. WA3: Golb	5H 47
WN7: Leigh	2G 49
May Tree Dr. WN1: Wigan	5B 14
Maytree Wlk. WN8: Skel	5H 9
Meadbank Av. M46: Ath	1G 39
Meadowbank Gdns.	
WA3: G'bury	2E 61
Meadow Beck WN7: Leigh	5B 50
Meadow Brook WN5: Wigan	6D 22

Meadow Cl. WA12: Newt W	6H 55
WN7: Leigh	5A 50
WN8: Skel	4B 20
Meadowclough WN8: Skel	5H 9
Meadow Cl. WN6: Wigan	2A 24
Meadowcroft BL5: W'ton	4B 28
WN4: Ash M	1H 45
WN8: Skel	5H 9
Meadowcroft Way	
WN7: Leigh	5D 50
Meadow Fld. WN2: Hin	5F 37
Meadowfield WN8: Uph	4E 21
Meadowfield Dr. M28: Worsl	1H 53
Meadow Gdns. WN5: Orr	6A 22
Meadowgate WN6: Wigan	1G 23
Mdw. Pit La. WN2: Haigh	1E 15
Meadows, The BL5: W'ton	4F 17
Meadows Cl. WN2: Hin	6B 26
Meadowside Av. M44: Irlam	6G 63
WN4: Ash M	5A 34
Meadowside Rd. M42: Hin	1D 36
Meadow St. PR7: Adl	1G 7
WN6: Wigan	2A 24
Meadowsweet La. M28: Walk	1F 41
Meadowvale Dr. WN5: Wigan	5E 23
Meadow Vw. WA11: Rainf	3A 42
WN5: Orr	3A 22
Meadow Wlk. WN3: Wigan	3B 52
(not continuous)	
Meadow Way BL6: B'rod	1C 16
Meads Gro. M29: Asty	1C 52
Meadway M29: Tyld	4D 40
WA3: Low	1B 58
WN2: Ince M	4F 25
WN8: Skel	5H 9
Mealhouse Ct. M46: Ath	2E 39
Mealhouse La. M46: Ath	2E 39
Meanley Rd. M29: Asty	6G 39
Meanley St. M29: Tyld	4A 40
Medlar Way WN4: Ash M	2H 45
Medlock Way C. M46: Platt B	3G 35
Medway Cl. WN4: Ash M	1H 45
WN7: Leigh	1G 59
Medway Dr. WA9: St H	6B 54
Medway Pl. WN5: Wigan	4F 23
Medway Rd. M28: Worsl	5H 41
Medway Wlk. WN5: Wigan	4F 23
Megfield BL5: W'ton	5A 28
Melbreck WN8: Skel	5G 9
Melford Dr. WN4: Ash M	3A 46
WN5: Bil	2H 31
Melling Cl. WN7: Leigh	6B 50
Mellings Av. WN5: Bil	4A 32
Melling St. WN5: Wigan	6G 23
Melling Way WN3: Winst	4F 33
Mellor Brook Dr.	
WN2: Platt B	3G 35
Mellor Cl. WN6: Stan	5G 5
Mellor Dr. M28: Worsl	4H 41
Melmerby Rd. WN4: Ash M	4H 45
Melrose Av. WN7: Leigh	4H 37
Melrose Cres. WN4: Garsw	4E 45
Melrose Dr. WN3: Winst	2E 33
Melton Cl. M29: Asty	5B 40
Melverley Dr. WN7: Leigh	2E 51
Melverley St. WN3: Wigan	4A 24
Mendip Av. WN3: Winst	2E 33
Mendip Gro. WA9: St H	6B 54
Mercer Rd. WA11: Hay	3F 55
Mercer St. WA12: Newt W	5D 56
Merchants Cres. WA3: Low	6C 48
Mercury Way WN8: Skel	3C 20
Mere Av. WN7: Leigh	2H 49
Mere Cl. WN8: Skel	1F 19
Merefield Cl. WN2: Hin	1C 36
Mere Fold M28: Walk	2H 41
Mere Gro. WA11: St H	6F 43
Mereland Cl. WN7: Leigh	5A 22
Mere Oaks WN1: Stan	4B 14
Mere Rd. WA12: Newt W	5F 57
WN4: Ash M	3C 46
Moro St. WN6: Wigan	5H 23
WN7: Leigh	2H 49
Merewood WN0: Okel	5G 9
Meriden Cl. WA11: St H	3A 54
Merlewood Dr. M29: Asty	5B 40
Merlin M. M44: Irlam	5G 63
Mersey Cl. M29: Asty	2G 37
Mersey Rd. WN2: Platt B	3F 35
WN5: Orr	4B 22
Mersey St. WA9: St H	6C 54
WN7: Leigh	2G 49
Merton Gro. M29: Asty	1C 52
Merton Rd. WN3: Wigan	1D 32

A-Z Wigan 81

Mervyn Pl.—New Lodge

Mervyn Pl. WN3: Wigan 1A 34
Mesnes Pk. 1A 64 (2B 24)
Mesnes Pk. Ter.
WN1: Wigan 2A 64 (2C 24)
Mesnes Rd. WN1: Wigan 1C 24
Mesnes St.
WN1: Wigan 2A 64 (2C 24)
Mesnes Ter.
WN1: Wigan 2B 64 (2C 24)
Metal Box Way
BL5: W'ton 1C 28
Metcalfe Ct. M38: L Hult 1F 41
Mews, The WN2: Hin 6B 26
Meynell Dr. WN7: Leigh 5B 50
Meyrick Cl. WN3: Winst 3E 33
Meyrick Ct. WA12: Newt W 6A 56
Meyrick St. WN5: Wigan 5H 23
Mickleton M46: Ath 1G 39
MIDDLEBROOK 1G 17
Middlebrook Retail & Leisure Pk.
BL6: Hor 1G 17
Middlecot Cl. WN5: Orr 6A 22
Middlewood WA3: Low 1C 58
WN8: Skel 5G 9
Midland Cl. WN7: Leigh 1G 49
Miles La. WN6: App B, Shev 1H 11
(not continuous)
Milford Rd. WN2: Wigan 1F 25
Milford St. WN3: Ince M 5E 25
Milk St. M29: Tyld 4A 40
WN3: Wigan 5A 64 (4C 24)
Millbank WN6: App B 2H 11
Millbeck Cres. WN5: Wigan 6F 23
Millbeck Gro. WA11: St H 5F 43
Mill Bri. Gdns.
WA12: Newt W 6E 57
Millbrook Av. M46: Ath 6G 29
Mill Brook Bus. Pk.
WA11: Rainf 4A 42
Millbrook Cl. WA3: G'bury 4E 61
WN2: Asp 6D 16
WN8: Skel 1E 19
MILL BROW 1G 53
Mill Ct. WN2: Asp 6D 16
Millcrest Cl. M28: Worsl 2F 53
Millcroft Av. WN5: Orr 6H 21
Milldale Cl. M46: Ath 2E 39
Milldale Rd. WN7: Leigh 6F 49
Miller Cl. WN8: Skel 5A 20
Miller's La. M46: Ath 3F 39
WN2: Platt B 3G 35
Millers Nook WN8: Uph 4F 21
Miller St. BL6: B'rod 2C 16
Millervale Ho. WN2: Platt B 4F 35
Millfield Bus. Pk. WA11: Hay 1G 55
Millfield Dr. M28: Worsl 1H 53
Millfield La. WA11: Hay 5G 45
WN4: Ash M 5G 45
Millfield Pk. WA3: Golb 1H 57
Millgate
WN1: Wigan 4B 64 (3C 24)
(not continuous)
Millgreen Cl. WN8: Uph 4E 21
Mill Ho. Vw. WN8: Uph 4G 21
Millingford Av. WA3: Golb 5F 47
Millingford Gro. WN4: Ash M 4B 46
Millingford Ind. Est.
WA3: Golb 2G 57
Mill La. BL5: W'ton 6A 28
WA11: Rainf 4A 42
WA12: Newt W 6E 57
WN2: Asp 6D 16
WN6: App B 2G 11
WN7: Leigh 3D 50
WN8: Dalt, Uph 1D 20
WN8: Skel 1F 19
(not continuous)
Mill Mdw. WA12: Newt W 6E 57
Mill Rd. WN5: Orr 6H 21
Millrose Cl. WN8: Skel 1F 19
Millside *WN3: Wigan 4B 24*
(off Heritage Way)
Millstone Ct. WA3: Golb 6F 47
Mill St. BL5: W'ton 3B 28
M28: Worsl 6G 41
M46: Ath 4G 39
WA3: Golb 1G 57
WN2: Hin 5B 26
WN3: Wigan 4B 24
WN4: Ash M 5C 46
Millwood Cl. WN4: Ash M 2A 46
Milnes Av. WN7: Leigh 5B 50
Milton Av. WA12: Newt W 6B 56
Milton Cl. M46: Ath 6F 29
Milton Gro. WN1: Wigan 6C 14
WN5: Bil 4H 31
WN5: Orr 5C 22
Milton Rd. WA3: Low 2B 58
Milton St. WN7: Leigh 2A 50
Minehead Av. WN7: Leigh 3H 37
Miners M., The
M28: Worsl 6H 41
Miners Vw. WN8: Uph 5D 20
Mine Way WA11: Hay 2H 55
Minster Gro. M29: Asty 6B 40
Minstrel Cl. WN2: Abr 6H 35
Mirfield Cl. WA3: Low 2B 58
Miriam Gro. WN7: Leigh 3C 50
Miry La. BL5: W'ton 6H 27
(Dunham Cl.)
BL5: W'ton 4A 28
(Lower Southfield)
WN3: Wigan 4A 24
WN6: Wigan 3A 24
Mitchell Rd. WN5: Bil 2A 44
Mitchell St. WA3: Golb 2G 57
WN2: Ince M 4G 25
WN4: Ash M 5C 46
WN5: Wigan 5G 23
WN7: Leigh 2F 49
Mitton Cl. WA3: Cul 4A 60
Moat Ho. St. WN2: Ince M 4G 25
Model Ter. WN2: Platt B 2G 35
Molyneux Rd. BL5: W'ton 2C 28
Molyneux St.
WN1: Wigan 3D 64 (3D 24)
Mona St.
WN1: Wigan 3A 64 (3B 24)
Mond Rd. M44: Irlam 5H 63
Monica Ter. WN4: Ash M 5B 46
Monmouth Cres.
WN4: Ash M 5C 46
Monroe Cl. WN3: Wigan 2A 34
Montford Ri. WN2: Asp 1G 25
Montfort Cl. BL5: W'ton 5H 27
Montreal St. WN7: Leigh 3C 48
Montrey Cres. WN4: Garsw 4E 45
Montrose Av. WN5: Wigan 3D 22
Monument Mans.
WN1: Wigan 1C 24
(off Wigan La.)
Monument Rd. WN1: Wigan 1D 24
Monyash Vw. WN2: Hin 2D 36
Moody St. WN6: Stan 6G 5
Moor Av. WN6: App B 1A 12
Moor Dr. WN8: Skel 4B 20
Moore Av. WA9: St H 6D 54
Moore Dr. WA11: Hay 2H 55
Moores La. WN6: Stan 5F 5
Moore St. WN1: Wigan 1D 24
Moore St. E. WN1: Wigan 2E 25
Moorfield M28: Worsl 6F 41
Moorfield Cl. M44: Irlam 6H 63
Moorfield Cres. WA3: Low 2E 59
Moorfield Mdw. WN5: Bil 3G 31
Moorfield Pde. M44: Irlam 6H 63
Moorfield Rd. M44: Irlam 6H 63
Moorfield St. WN2: Platt B 2H 35
Moorfoot Rd. WA9: St H 6B 54
Moorfoot Rd. Ind. Est.
WA9: St H 5B 54
Moorgate Dr. M29: Asty 2C 52
Moorings Cl. WN1: Ince M 3F 25
Moorland Rd. WN2: Hin 6A 26
WN4: Ash M 3E 47
Moorlands Av.
WN7: Leigh 4B 50
Moor La. WN7: Leigh 5A 38
Moor Rd. WN5: Orr 6H 21
Moorside WN2: Asp 4A 16
Moorside Wlk. WN5: Orr 3D 22
Moor St. WN2: Asp 4B 16
Morano Dr. WN2: Platt B 2G 35
Morden Av. WN4: Ash M 3A 46
Moresby Cl. WN7: Leigh 2H 49
More St. WN5: Wigan 4H 23
Moreton Cl. WA3: Golb 6F 47
WN3: Winst 3E 33
Moreton Dr. WN7: Leigh 6A 50
Morgan St. WA9: St H 6A 54
Morgans Way WA3: Low 1E 59
Morillon Rd. M44: Irlam 5G 63
Morley's La. M29: Asty 4H 51
(not continuous)
Morley St. M46: Ath 2E 39
Mornington Rd. M46: Ath 5H 29
WN2: Hin 6D 26
Morris Cl. WA11: Hay 4C 54
Morris Ho. WN1: Wigan 3C 64
Morris Rd. WN8: Uph 4E 21
Morris St. M29: Tyld 4H 39
WN1: Wigan 3C 64 (3D 24)
WN2: Hin 6B 26
WN3: Ince M 1E 35
Morston Cl. M28: Worsl 5H 41
Mortlake Cl. M28: Walk 2F 41
Mort La. M29: Tyld 4E 41
Morton Av. WN3: Wigan 6B 24
Mortons, The BL5: W'ton 1A 28
Mort St. WN2: Hin 6E 27
WN6: Wigan 2A 24
WN7: Leigh 2F 49
Morville Dr. WN3: Wigan 1B 34
Mosedale Av. WA11: St H 6F 43
Mosedale Cl. M29: Asty 1C 52
MOSLEY COMMON 6F 41
Mosley Comn. Rd.
M28: Worsl 5E 41
M29: Tyld 5E 41
Moss Av. WN5: Bil 2H 31
WN7: Leigh 2D 50
MOSS BANK 6E 43
Moss Bank Ct. WN7: Leigh 2G 49
Moss Bank Rd.
WA11: St H 6E 43
Mossborough Rd.
WA11: Rainf 6B 30
Moss Brow WA11: Rainf 4B 30
Mossdale Rd. WN4: Ash M 5A 34
Mossfield Cl. M29: Tyld 5B 40
Mossfields WN6: Wright 1B 4
Moss Fold M29: Asty 6C 40
Moss Gro. WN6: Stan 1G 13
Moss Ho. La. *M28: Worsl 2F 53*
(off Vicars Hall La.)
Moss Ind. Est.
WN7: Leigh 6F 49
Mossland Gro. BL3: Bolt 1F 29
Moss La. M29: Asty 6H 51
WA3: G'bury 4F 61
(not continuous)
WA3: Low 4H 57
WA11: Crank 2C 42
WN2: Platt B 2G 35
WN6: Wright 3A 4
WN8: Skel 5F 19
Moss La. Vw. WN8: Skel 5F 19
Moss Mdw. BL5: W'ton 2A 28
Moss Nook La. WA11: Rainf 5A 30
(not continuous)
Moss Pit Row WN2: Asp 5H 15
Moss Rd. M44: Cad 6B 62
WN5: Bil 2H 31
Moss St. WN2: Platt B 2G 35
WN3: Ince M 2F 35
WN5: Wigan 5D 22
WN6: Wigan 2A 24
Moss Ter. WN5: Wigan 6D 22
Moss Vw. M29: Tyld 5A 40
MOSSY LEA 1A 4
Mossy Lea Fold
WN6: Wright 4C 4
Mossy Lea Rd. WN6: Wright 1A 4
Mottram Dr. WN3: Wigan 6B 24
Mount, The WN8: Skel 3H 19
Mountain St. M28: Walk 1H 41
Mount Cres. WN5: Orr 5B 22
Mountfield Ct. WN5: Orr 4B 22
Mountmorres Cl.
BL5: O Hul 4H 29
Mt. Pleasant Av. WA9: St H 6C 54
Mt. Skip La. M38: L Hult 1G 41
Mount St. WN7: Leigh 3G 49
Mount Vw. WN3: Ince M 6D 24
Mountwood WN8: Skel 5G 9
Moxon Way WN4: Ash M 3D 46
Muirfield Dr. M29: Asty 5C 40
Mulberry Av. WA3: Low 2D 58
Mulberry Cl. WN5: Wigan 5F 23
Mulcrow Cl. WA9: St H 5A 54
Mullein Cl. WA3: Low 1B 58
Mullins Av. WA12: Newt W 4C 56
Muncaster Dr. WA11: Rainf 4C 30
Munro Av. WN5: Orr 5A 22
Murphy Cl. WN3: Wigan 6A 24
Murphy Gro. WA9: St H 5A 54
Murray St. M46: Ath 3D 38
Mus. of Wigan Life 5B 64 (4C 24)
Mycroft Cl. WN7: Leigh 5A 38
Myrtle Av. WA11: Hay 2D 54
WN4: Ash M 1H 45
WN7: Leigh 5A 38
Myrtle Gro. WN5: Bil 3H 43
Myrtle St. *WN1: Wigan 3B 24*
(off Spring Gdns.)

N

Naburn Dr. WN5: Orr 6A 22
Nairn Av. WN8: Skel 4H 9
Nairn Cl. WN6: Stan 6F 5
Nangreaves St. WN7: Leigh 2G 49
Narborough Cl. WN2: Hin 1C 36
Narcissus Wlk. M28: Walk 2F 41
Nathan Dr. WA11: Hay 3G 55
Nathaniel Ct. *WN2: Platt B 2H 35*
(off Ridyard St.)
Naunton Av. WN7: Leigh 2G 49
Navenby Rd. WN3: Wigan 3A 34
Navigation Bank WN6: Stan 6F 13
Navigation Cl. WN7: Leigh 3A 50
Navigation Ho. *WN7: Leigh 3C 50*
(off Siddow Comn.)
Naylor Av. WA3: Golb 1H 57
Naylor Farm Av. WN6: Shev 4B 12
Naylor St. M46: Ath 2E 39
Needham Way WN8: Skel 4H 9
Neild Gdns. WN7: Leigh 3A 50
Nel Pan La. WN7: Leigh 5G 37
Nelson Dr. WN2: Ince M 3G 25
Nelson St. M29: Tyld 5B 40
M46: Ath 1D 38
(not continuous)
WA12: Newt W 6A 56
(not continuous)
WN2: Hin 5B 26
Nene Gro. WN2: Hin 1C 36
Netherby Rd. WN6: Wigan 6A 14
Nethercott Ct. M29: Tyld 4G 39
Netherfields WN7: Leigh 6H 37
Netherwood Ct. WN6: Shev 3C 12
Netherwood Gro.
WN3: Winst 4G 33
Netherwood Way BL5: W'ton 1C 28
Neverstitch Cl. WN8: Skel 1F 19
Neverstitch Rd. WN8: Skel 2C 18
Neville Dr. M44: Irlam 5G 63
Neville St. WA12: Newt W 5A 56
WN2: Platt B 2G 35
Newall Gro. WN7: Leigh 6B 38
Newark Rd. WN2: Hin 1A 36
Newark St. WN6: Wigan 2H 23
New Bank St. M29: Tyld 5A 40
New Barn Av. WN4: Ash M 4C 46
New Barn La. WN7: Leigh 5A 50
Newbeck Cl. BL6: Hor 1H 17
NEW BOSTON 3G 55
Newbridge Cl. WN4: Garsw 4F 45
Newbrook Rd. BL5: O Hul 6H 29
M46: Ath 6H 29
NEWBURGH 1G 9
Newburn Cl. WN3: Wigan 1G 33
WN8: Skel 4H 9
Newbury Rd. WN8: Skel 4H 9
Newby Dr. WN8: Skel 4H 9
Newby Sq. WN5: Wigan 6D 22
Newchurch La. WA3: Cul 6B 60
New City Rd. M28: Worsl 5G 41
New Drake Grn. BL5: W'ton 6A 28
Newearth Rd.
M28: Walk, Worsl 5H 41
Newenden Rd. WN1: Wigan 5B 14
Newfield Ct. BL5: W'ton 2A 28
New Fold WN5: Orr 1G 31
NEWGATE 4E 21
Newgate Av. WN6: App B 1A 12
Newgate Rd. WN8: Uph 4D 20
New Glade Hill WA11: St H 3A 54
Newhaven Av. WN7: Leigh 5B 38
Newholme Gdns. M28: Walk 2H 41
Newhouse Dr. WN3: Winst 4F 33
NEW HOUSES 3E 33
Newland Av. WN5: Wigan 6F 23
Newland Dr. BL5: O Hul 4H 29
Newland M. WA3: Cul 4A 60
Newlands Av. M29: Asty 1A 52
M44: Irlam 6F 63
Newlands Dr. BL6: B'rod 2C 16
WA3: Low 1B 58
Newlands Rd. WN7: Leigh 4B 50
(not continuous)
NEW LANE END 6E 59
New Lester Cl. M29: Tyld 4B 40
New Lester Way M38: L Hult 1E 41
New Lodge WN1: Wigan 1D 24

82 A-Z Wigan

Newlyn Dr.—Parklands

Newlyn Dr. WN4: Ash M 5B **46**
WN8: Skel 4B **20**
Newlyn Gro. WA11: St H 2A **54**
Newman Av. WN6: Wigan 1A **24**
NEW MANCHESTER 4G 41
Newman Cl. WN2: Hin 5A **26**
Newman St. WN1: Wigan 1E **25**
New Mkt. Hall
WN1: Wigan 2A **64** (2C **24**)
New Mkt. St.
WN1: Wigan 3A **64** (3C **24**)
(not continuous)
New Miles La. WN6: Shev 3B **12**
New Rd. WN2: Haigh 3G **15**
New Rock BL5: W'ton 6B **28**
Newsham Wlk. WN6: Wigan . . .2H **23**
Newsholme Cl. WA3: Cul 6B **60**
News La. WA11: Rainf 3C **30**
NEW SPRINGS 1G 25
Newstead Dr. BL3: Bolt 1H **29**
WN8: Skel 4H **9**
Newstead Rd. WN3: Wigan . . .2G **33**
New St. WN2: Platt B 3G **35**
WN4: Ash M 3C **46**
WN5: Wigan 6D **22**
Newton Cl.
WN1: Wigan 1C **64** (1D **24**)
NEWTON COMMON 6G 55
Newton Dr. WN8: Skel 4H **9**
Newton Gdns. WA3: Low 1E **59**
Newton La. WA12: Newt W 3E **57**
NEWTON-LE-WILLOWS 5D 56
Newton-le-Willows Station (Rail) 6E 57
Newton Pk. Dr.
WA12: Newt W 6F **57**
Newton Rd. WA3: Low 5G **57**
WA9: St H 6C **54**
WN5: Bil 1A **44**
Newton St. WN7: Leigh 2B **50**
NEWTOWN 5H 23
NHS WALK-IN CENTRE
Leigh 6C 38
Skelmersdale 2H 19
Nicholson St. WA9: St H 5A **54**
Nicol Mere Dr. WN4: Ash M 1A **46**
Nicol Rd. WN4: Ash M 2A **46**
Nightingale Ct. WN6: Wigan . . .2A **24**
Nipe La. WN8: Skel 6G **19**
Nixons La. WN8: Skel 4B **20**
Noble St. WN7: Leigh 2C **50**
(not continuous)
Nook, The WN6: App B 2A **12**
Nook La. M29: Asty 5C **52**
WA3: Golb 1H **57**
Norbreck Cres. WN6: Wigan . . .1A **24**
Norbury Av. WN5: Bil 1H **43**
Norbury St. WN7: Leigh 2H **49**
Norfolk Cl. WN2: Hin 5E **27**
Norfolk Rd. M46: Ath 6D **28**
WN5: Bil 4A **32**
Norfolk St. WN5: Wigan 5H **23**
WN6: Wigan 1A **24**
NORLEY 4E 23
Norley Hall Av. WN5: Wigan . . .4E **23**
Norley Rd. WN5: Wigan 4D **22**
WN7: Leigh 3F **49**
Norman Av. WA11: Hay 2A **56**
WA12: Newt W 6E **57**
Normanby Rd. M28: Worsl 4H **41**
Normanby St. WN5: Wigan . . .5D **22**
Normanton Cl. WN6: Stan 5G **13**
Norris St. M29: Tyld 5A **40**
Northam Cl. WN6: Stan 6F **5**
NORTH ASHTON 1F 45
North Av. WN7: Leigh 4E **51**
(East Av.)
WN7: Leigh 3D **48**
(South Av.)
Nth. Butts St. WN7: Leigh 3D **50**
North Cft. M46: Ath 6D **28**
Northcroft WN1: Wigan 2F **25**
North Edge WN7: Leigh 1D **50**
Northfield WN8: Skel 5H **9**
Northfield Ct. WA3: Golb 6A **48**
NORTH FLORIDA 1F 55
Nth. Florida Rd. WA11: Hay 1F **55**
North Gro. M28: Walk 2H **41**
North La. M29: Asty 1A **52**
Northolt Av. WN7: Leigh 5B **38**
Nth. Quarry Bus. Pk.
WN6: App B 1H **11**
Nth. Quarry Bus. Village
WN6: App B 1H **11**
North Rd. M46: Ath 1D **38**
North St. WA11: Hay 3G **55**
WA12: Newt W 5H **55**
WN4: Ash M 3D **46**
WN7: Leigh 3D **50**
Northumberland St.
WN1: Wigan 2E **25**
(not continuous)
Northway
WN1: Wigan 2B **64** (2C **24**)
WN8: Skel 6H **9**
Northways WN6: Stan 5F **5**
Northwell St. WN7: Leigh 5A **38**
Northwest National Driving Range 4A 42
Northwold Cl. WN3: Winst 2F **33**
Northwood Av.
WA12: Newt W 5F **57**
Norton Rd. M28: Worsl 6E **41**
Norweb Way WN7: Leigh 4D **50**
Norwich Av. WA3: Low 1B **58**
WN4: Ash M 5D **46**
Norwood Av. M29: Asty 1A **52**
WA3: Low 2D **58**
WN4: Ash M 1H **45**
WN6: Wigan 6A **14**
Norwood Gro. WA11: Rainf 5C **30**
Nostell Rd. WN4: Ash M 2A **46**
Nottingham Pl. WN1: Wigan 2E **25**
Nunn St. WA9: St H 6A **54**
Nuttall St. M46: Ath 2G **39**
Nutt St. WN1: Wigan 1E **25**
Nye Bevan Pool 2H 19

O

Oak Av. WA3: Golb 1H **57**
WA11: Hay 2G **55**
WA12: Newt W 6C **56**
WN2: Abr 6A **36**
WN2: Hin 2E **37**
WN6: Stan 1H **13**
Oakbank WN2: Platt B 2H **35**
Oak Cres. WN8: Skel 2D **18**
Oakdale Dr. M29: Asty 1C **52**
Oakdene WN7: Leigh 2C **50**
Oakenden Cl. WN4: Ash M 1A **46**
Oakengates WN6: Stan 6H **5**
Oakfield Av. M46: Ath 1E **39**
WA3: Golb 6F **47**
Oakfield Cres. WN2: Asp 4A **16**
Oakhead WN7: Leigh 4E **51**
Oak Hill Cl. WN1: Wigan 6B **14**
Oakhurst Gro. BL5: W'ton 4H **27**
Oakland Ct. *WN2: Hin 2E 37*
(off Basswood Grn.)
Oaklands Rd. WA3: Low 2D **58**
Oaklea WN6: Stan 5C **4**
Oakley Av. WN5: Bil 1A **44**
Oakley Dr. WN5: Wigan 5G **23**
Oaklings, The WN2: Hin 2E **37**
Oaks Bus. Pk. WN8: Uph 1D **30**
Oak St. M29: Tyld 4A **40**
M46: Ath 4C **38**
WN1: Wigan 3E **25**
WN4: Ash M 1A **46**
WN7: Leigh 4B **50**
Oakthorn Gro. WA11: Hay 3E **55**
Oak Tree Cl. M46: Ath 4C **38**
Oak Tree Ct. WN8: Skel 6B **10**
Oakwood WN8: Skel 6B **10**
Oakwood Av. WN4: Ash M 5A **46**
WN6: Shev 4B **12**
Oakwood Dr. WN7: Leigh 6A **50**
Oban Dr. WN4: Garsw 3E **45**
Oban Way WN2: Asp 4B **16**
O'Brien Gro. WA9: St H 5A **54**
Observer Bldg. WN1: Wigan 4B **64**
O'Connell Cl. WA11: Hay 3E **55**
Okell Gro. WN7: Leigh 1H **49**
Old Bakery, The BL5: W'ton 3B **28**
Old Beechfield Gdns.
WN6: Stan 1F **13**
OLD BOSTON 2H 55
Old Boston WA11: Hay 1A **56**
Old Boston Trad. Est.
WA11: Hay 1B **56**
Oldbridge Dr. WN2: Hin 5B **26**
Old Colliery Yd. WN4: Garsw . . .4E **45**
Oldcott Cl. M28: Worsl 2F **53**
Old Engine La. WN8: Skel 1C **18**
Oldfield Cl. BL5: W'ton 3B **28**
Old Fold WN5: Wigan 5D **22**
Old Fold Rd. BL5: W'ton 4F **27**
WN2: Asp 4B **16**
Old Hall Dr. WN4: Ash M 5A **46**
Old Hall Gdns. WA11: Rainf 4C **30**
Old Hall La. BL5: W'ton 6A **28**
Old Hall Mill La. M46: Ath 5C **38**
Old Hall St. WN3: Ince M 5E **25**
Old La. BL5: W'ton 4H **27**
WA11: Rainf 4B **30**
WN1: Wigan 5B **14**
WN6: Shev 3D **12**
Old Langtree Gdns.
WN6: Stan 4F **5**
Old Mnr. Pk. M46: Ath 3C **38**
Old Moss La. WA3: G'bury 3F **61**
Old Nook La. WA11: St H 3A **54**
Old Penny La. WA11: Hay 1B **56**
Old Pepper La. WN6: Stan 5D **4**
Old Rd. WN4: Ash M 3A **46**
Old School Cl. WN1: Wigan 2E **25**
Old School La. PR7: Adl 2E **7**
Old School Pl. WN4: Ash M 5A **46**
OLD SIRS 1A 38
Old Sirs BL5: W'ton 6B **28**
Old Station Ct. WN5: Bil 1A **32**
Old Town Cl. WN8: Skel 3D **18**
Old Town Way WN8: Skel 3D **18**
Old Vicarage BL5: W'ton 6A **28**
Old Vicarage M. BL5: W'ton 6A **28**
Old Wargrave Rd.
WA12: Newt W 6B **56**
Old Whint Rd. WA11: Hay 3C **54**
(Edward St.)
WA11: Hay 5C **54**
(Harty Rd.)
Oleo Ter. M44: Irlam 6H **63**
Olive Gro. WN6: Wigan 6H **13**
WN8: Skel 2E **19**
Oliver Fold Cl. M28: Worsl 1E **53**
Oliver St. M46: Ath 2F **39**
Ollerton Cl. WN2: Asp 1G **25**
Opal Gro. WN7: Leigh 3A **50**
Orchard, The BL5: W'ton 2A **28**
WN8: Skel 3D **18**
Orchard Av. M28: Worsl 6H **41**
Orchard Cl. WN6: Shev 2C **12**
WN7: Leigh 6B **38**
Orchard Ct. WA11: Hay 3E **55**
WN5: Bil 2H **31**
Orchard Gdns. WN6: Wright 1A **4**
Orchard La. WN7: Leigh 6B **38**
Orchards, The WN5: Orr 6A **22**
Orchard St.
WN1: Wigan 3C **64** (3D **24**)
WN4: Ash M 4C **46**
Orchid Cl. WN8: Uph 5F **21**
Ordsall Av. M38: L Hult 1H **41**
Orford Cl. WA3: Golb 2G **57**
Orford Ct. WN7: Leigh 5D **50**
Orford Pk. WN7: Leigh 5D **50**
Organ St. WN2: Hin 2F **37**
WN7: Leigh 2A **50**
Oriel Rd. WN4: Ash M 3H **45**
Oriole Dr. M28: Worsl 5H **41**
Orkney Cl. WA11: St H 2A **54**
Ormsby Cl. WN6: Stan 5G **5**
Ormside Cl. WN2: Hin 1F **37**
Ormskirk Old Rd. L39: Bic 4A **18**
Ormskirk Rd. L39: Bic 4A **18**
WA11: Rainf 3A **30**
WN5: Wigan 4A **24**
(Douglas St.)
WN5: Wigan 5D **22**
(Gore St.)
WN8: Skel 2C **18**
(Bromilow Rd.)
WN8: Skel 3H **19**
(Spencers La.)
WN8: Uph 4D **20**
Ormston Gro. WN7: Leigh 6B **38**
Orpington St. WN5: Wigan 5E **23**
ORRELL 6H 21
Orrell Gdns. WN5: Orr 5B **22**
Orrell Hall Cl. WN5: Orr 3D **22**
ORRELL POST 4A 22
Orrell Rd. WN5: Orr 4H **21**
Orrell Station (Rail) 1A 32
Orrell St.
WN1: Wigan 6C **64** (4D **24**)
Orrell Water Pk. 2A 32
Orton Way WN4: Ash M 4H **45**
Orwell Cl. WN6: Stan 6G **13**
Osborne Ct. M46: Ath 2E **39**
Osborne Gro. WN7: Leigh 1F **51**
Osborne Rd. WA3: Low 2C **58**
WN4: Ash M 3A **46**
Osprey Av. BL5: W'ton 5G **27**
Osprey Dr. M44: Irlam 6G **63**
Osprey's, The WN3: Wigan 1E **33**
O'Sullivan Cres. WA11: St H 4A **54**
Otterswood Sq. WN5: Wigan 1E **23**
Oulton Cl. WN7: Leigh 3C **50**
Outterside St. PR7: Adl 1G **7**
Oval, The WN6: Shev 4B **12**
Overbeck Cl. WN6: Wigan 5A **14**
Overhill Way WN3: Winst 2F **33**
OVER HULTON 4H 29
Overton St. WN7: Leigh 3A **50**
Owen St. WN7: Leigh 2H **49**
Owlsfield WA12: Newt W 6E **57**
Owlwood Cl. M38: L Hult 2E **41**
Owlwood Dr. M38: L Hult 2E **41**
Oxburgh Rd. WN3: Ince M 1F **35**
Oxford Ct.
WN1: Wigan 2D **64** (2D **24**)
Oxford Rd. M46: Ath 6D **28**
WN5: Orr 3B **22**
WN8: Skel 2E **19**
Oxford St. PR7: Adl 1G **7**
WA12: Newt W 6A **56**
WN2: Hin 4D **26**
WN7: Leigh 6B **38**
Oxhouse Rd. WN5: Orr 1H **31**
Oxlea Gro. BL5: W'ton 4A **28**

P

Paddock, The WN4: Ash M 1H **45**
Paddock Cl. M46: Ath 6G **29**
Paddock Ri. WN6: Wigan 6G **13**
Paddock Rd. WN8: Skel 6A **20**
Padiham Cl. WN7: Leigh 2C **50**
Pagefield Cl. WN6: Wigan 2A **24**
Pagefield Ind. Est.
WN6: Wigan 2H **23**
Pagefield St. WN6: Wigan 2A **24**
Paignton Cl. WN5: Bil 5A **32**
Paisley Av. WA11: St H 2A **54**
Palace Arc. *WN4: Ash M 4B 46*
(off Foy St.)
Palace Gro. WN7: Leigh 1F **51**
Palatine Cl. WN3: Wigan 1G **33**
Palatine Sq. WN7: Leigh 2H **49**
Palewood Cl. WN1: Wigan 2E **25**
Palin St. WN2: Hin 2F **37**
Palm Av. WN4: Garsw 2F **45**
Palm Ct. WN8: Skel 1E **19**
Palmer Gro. WN7: Leigh 4A **38**
Palmerston Cl. WN2: Hin 1A **36**
Palm Gro. WN5: Wigan 5F **23**
Parade, The WA3: Cul 6A **60**
Paragon Bus. Pk. BL6: Hor 1H **17**
Parbold Av. WA11: St H 3A **54**
Parchments, The
WA12: Newt W 5D **56**
Paris Av. WN3: Winst 2E **33**
Park & Ride
East Bond Street 2C 50
Hindley 4B 26
Horwich Parkway 2G 17
Tyldesley 5A 40
Westhoughton 1B 28
Park Av. WA3: Golb 5F **47**
WA11: Hay 3C **54**
WN5: Bil 4A **32**
WN6: Shev 2D **12**
Park Av. Nth. WA12: Newt W . . .6C **56**
Park Bank M46: Ath 5H **29**
Park Brook La. WN6: Shev 2D **12**
Park Cres. WN1: Wigan 2B **24**
Park Cres. W. WN1: Wigan 2B **24**
Parkdale M29: Asty 2B **52**
Park Edge BL5: W'ton 4C **28**
Parkedge Cl. WN7: Leigh 4A **50**
Parkend Dr. WN7: Leigh 5H **49**
Parkfield WN6: Shev 2D **12**
Parkfield Av. M29: Asty 1B **52**
Parkfield Cl. M29: Asty 1B **52**
WN7: Leigh 6C **38**
Parkfield Dr. M29: Tyld 4D **40**
Parkfields WN2: Abr 6H **35**
Park Grange WN2: Hin 2C **36**
Parkham Cl. BL5: W'ton 5B **28**
Pk. Hey Dr. WN6: App B 2A **12**
Parklands BL6: Los 2H **17**
WA11: Rainf 4B **30**
WN8: Skel 1B **20**

A-Z Wigan 83

Parklands Dr.—Porthleven Cres.

Parklands Dr. WN2: Asp 3A **16**
Park La. M28: Worsl 6D **40**
WN2: Abr 6H **35**
WN7: Leigh 3E **51**
Park Mdw. BL5: W'ton 3C **28**
Park Rd. BL5: W'ton 3B **28**
PR7: Adl 1F **7**
WA3: Golb 2F **57**
WA9: St H 5A **54**
WA11: St H 5A **54**
WN1: Wigan 2A **24**
WN2: Hin 1B **36**
WN5: Bil 4A **32**
(not continuous)
WN5: Orr 5C **22**
WN6: Stan 1G **13**
WN6: Wigan 2A **24**
Park Rd. Nth. WA12: Newt W 6E **57**
Park Rd. Sth. WA12: Newt W 6D **56**
Parks, The WA12: Newt W 6B **46**
Parkside WN2: Hin 5C **26**
Parkside Av. WN4: Ash M 5H **33**
WN8: Skel 3D **18**
Parkside Cres. WN5: Orr 5B **22**
Parkside Ind. Pk.
WA3: Golb 1G **57**
Parkside Pl. WN8: Uph 1D **30**
Parkside Rd. WA2: Winw 5G **57**
WA3: Winw 5G **57**
Parkstone Rd. M44: Irlam 6G **63**
Park St. M29: Tyld 4A **40**
M46: Ath 1G **39**
WA11: Hay 3B **54**
WN3: Wigan 5B **24**
Park Ter. BL5: W'ton 2B **28**
WN6: Stan 4F **5**
Park Vw. WA12: Newt W 6E **57**
WN2: Abr 4H **35**
WN2: Ince M 4H **25**
WN4: Ash M 5B **46**
Park Vw. Ho. M46: Ath 2E **39**
Parkway BL5: W'ton 5H **27**
M38: L Hult 1E **41**
WN6: Stan 5C **4**
Parkway Gro. M38: L Hult 1E **41**
Parkwood Cl. WN3: Ince M 5E **25**
Parkwood Dr. BL5: O Hul 4H **29**
Parliament St. WN3: Ince M 5D **24**
WN8: Uph 4G **21**
Parnell Dr. M29: Asty 2B **52**
PARR 6A **54**
PARR BROW 6E **41**
Parr Gro. WA11: Hay 3C **54**
Parrs Ct. M44: Irlam 6F **63**
Parr Stocks Rd. WA9: St H 6A **54**
Parr St. M29: Tyld 5H **39**
Parsonage, The *WN2: Hin 4C 26*
(off Hoade St.)
Parsonage Brow WN8: Uph 3D **20**
Parsonage Cl. WN8: Uph 4E **21**
Parsonage Dr. M28: Walk 3H **41**
Parsonage Pl. WN3: Wigan 1H **33**
Parsonage Retail Pk.
WN7: Leigh 1A **50**
Parsonage Rd. WN8: Uph 4E **21**
Parsonage Wlk. WA3: Cul 6B **60**
Parsonage Way WN7: Leigh 1A **50**
Parson's Brow WA11: Rainf 5A **30**
Parson's Wlk.
WN1: Wigan 2A **64** (2B **24**)
Partington St. WN5: Wigan 3G **23**
Partridge Cl. M44: Irlam 5G **63**
Part St. BL5: W'ton 1A **28**
Pasture Cl. WN4: Ash M 1G **45**
Pasturegreen Way
M44: Irlam 6H **63**
Pasture La. Bus. Cen.
WA11: Rainf 6C **30**
Patchett St. M29: Tyld 4A **40**
Pateley Sq. WN6: Wigan 1B **24**
Patricroft Rd. WN2: Ince M 5F **25**
Patterdale Pl. WN2: Ince M 4G **25**
Patterdale Rd. WN4: Ash M 5A **34**
WN7: Leigh 3E **51**
Patterson St. BL5: W'ton 4F **27**
WA12: Newt W 6B **56**
Patting Cl. M44: Irlam 6H **63**
Pauline St. WN2: Hin 4F **37**
Pavilion Ct. WA12: Newt W 6A **56**
Pavilion Gdns. BL5: W'ton 3A **28**
Pavilion Sq. BL5: W'ton 3A **28**
Paxton Pl. WN8: Skel 1A **30**
Paythorne Cl. WA3: Cul 6B **60**
Peacehaven WN8: Skel 2E **19**
Peace St. M29: Asty 1H **51**
M46: Ath 2G **39**
Peach Gro. WA11: Hay 2G **55**
Peacock Fold WN7: Leigh 1H **49**
Peak Av. M46: Ath 6E **29**
Pearl St. WN6: Wigan 6B **14**
Pearson Pl. WN7: Leigh 3E **49**
Pearson's Flash 1C **34**
Pear Tree Ct. WN2: Asp 3A **16**
Pear Tree Gro. M29: Tyld 4D **40**
Peebles Av. WA11: St H 2A **54**
Peebles Cl. WN4: Garsw 3E **45**
PEEL 1E **41**
Peel Cl. M46: Ath 2G **39**
Peel Dr. M38: L Hult 1F **41**
Peel Hall Av. M29: Tyld 4B **40**
Peel Ho. Cl. M38: L Hult 2F **41**
Peel La. M28: Walk 2F **41**
M29: Asty 3B **52**
M38: L Hult 2F **41**
Peel Pk. Cres. M38: L Hult 1F **41**
Peel Rd. WN8: Skel 6B **20**
Peel St. BL5: W'ton 2A **28**
WA12: Newt W 6A **56**
WN2: Platt B 3G **35**
WN7: Leigh 2A **50**
Peel Ter. BL5: W'ton 1A **28**
Peelwood Av. M38: L Hult 1G **41**
Peelwood Gro. M46: Ath 3G **39**
Pelham Gro. WN2: Hin 1B **36**
Pelican Cen., The 4H **39**
Pemberlei Rd. WN2: Asp 1B **26**
PEMBERTON 6E **23**
Pemberton Bus. Cen.
WN5: Wigan 5E **23**
Pemberton Rd. WN3: Winst 4D **32**
WN5: Winst 4D **32**
Pemberton Station (Rail) 1F **33**
Pemberton St. M38: L Hult 1H **41**
Pembroke Rd. WN2: Hin 2G **37**
WN5: Wigan 2F **23**
Pen, The WA11: Hay 2D **54**
Penbury Rd. WN1: Wigan 4B **14**
Pendeen Cl. M29: Asty 6A **40**
Pendennis Cres. WN2: Hin 2E **37**
Pendle Av. WA11: St H 4A **54**
Pendlebury Fold BL3: Bolt 1F **29**
Pendlebury La. WN1: Haigh 4C **14**
WN2: Haigh 4C **14**
Pendle Cl. WN5: Wigan 6F **23**
Pendle Ct. WN7: Leigh 3D **50**
WN8: Skel 2B **30**
Pendle Gdns. WA3: Cul 6A **60**
Pendle Pl. WN8: Skel 1B **30**
Pendle Rd. WA3: Golb 6A **48**
Penfield Rd. WN7: Leigh 6G **49**
Penketh Av. M29: Asty 1B **52**
Penketh Pl. WN8: Skel 6A **20**
Penketh St. WN6: Wigan 1A **24**
Penkford St. WA12: Newt W 6G **55**
Penleach Av. WN7: Leigh 2D **50**
Pennell Dr. WN3: Wigan 6H **23**
Pennine Av. WN3: Winst 2E **33**
Pennine Cl. WA9: St H 6A **54**
Pennine Dr. WA9: St H 6B **54**
Pennine Gro. WN7: Leigh 5G **37**
Pennine La. WA3: Golb 6A **48**
Pennine Pl. WN8: Skel 5H **19**
Pennine Wlk. WN2: Platt B 3H **35**
PENNINGTON 3A **50**
Pennington Av. WN7: Leigh 4A **50**
Pennington Cl. M38: L Hult 1E **41**
WN2: Asp 2C **26**
Pennington Ct. WN7: Leigh 6F **49**
Pennington Dr.
WA12: Newt W 6E **57**
Pennington Flash Country Pk.
5F **49**
Pennington Flash Country Pk. Vis. Cen. 4G **49**
Pennington Gdns.
WN7: Leigh 4A **50**
Pennington Golf Course 4G **49**
PENNINGTON GREEN 1B **26**
Pennington Grn. La.
WN2: Asp 1C **26**
Pennington Ho. WN7: Leigh 3A **50**
Pennington La.
WA9: Coll G, St H
6E **55** (6G **55**)
WN2: Haigh 1E **15**
WN2: Ince M 3G **25**
Pennington M. WN7: Leigh 5A **50**
Pennington Rd. WN7: Leigh 4B **50**
Pennington Sq.
WN7: Leigh 3C **50**
Pennington St. WN2: Hin 5B **26**
Pennistone Cl. M44: Irlam 6H **63**
Pennybutts Cl. WA3: Golb 5F **47**
Pennygate Cl. WN2: Hin 5B **26**
Pennyhurst St. WN3: Wigan 4A **24**
PENNYLANDS 2D **18**
Penny La. WA11: Hay 2H **55**
Penrhyn Gro. M46: Ath 6E **29**
Penrice Fold M28: Worsl 6H **41**
Penrith Cres. WN4: Ash M 3B **46**
Penrose Pl. WN8: Skel 1C **30**
Penryn Av. WA11: St H 2A **54**
Penshaw Av. WN3: Wigan 2B **34**
Penson St. WN1: Wigan 1D **24**
Penswick Rd. WN2: Hin 2G **37**
Pentland Av. WA9: St H 6B **54**
Penwell Fold WN8: Skel 3C **20**
Pepper La. WN6: Shev, Stan 4D **4**
Pepper Mill La.
WN1: Wigan 6C **64** (4D **24**)
Pepperwood Dr. WN3: Winst 3G **33**
Pepys Pl. WN3: Wigan 1A **34**
Perceval Way WN2: Hin 1B **36**
Perch St. WN1: Wigan 2E **25**
Peregrine Dr. M44: Irlam 6G **63**
WN7: Leigh 2D **50**
Perrybrook Wlk.
WN4: Ash M 3D 46
(off North St.)
Perryn Pl. WN6: Stan 6H **5**
Perth Av. WN2: Ince M 3G **25**
Peterhouse Wlk.
WN4: Ash M 3H **45**
Peter Kane Sq. *WA3: Golb 1G 57*
(off Heath St.)
Petersfield Gdns. WA3: Cul 5A **60**
Peter St. BL5: W'ton 4E **27**
M29: Tyld 4H **39**
WA3: Golb 1G **57**
WN2: Hin 6B **26**
WN4: Ash M 4C **46**
WN5: Orr 3D **22**
WN7: Leigh 3D **50**
Petrel Cl. M29: Asty 5A **40**
Petticoat La. WN2: Ince M 4H **25**
Petunia Wlk. *M38: L Hult 2F 41*
(off Madams Wood Rd.)
Petworth Av. WN3: Winst 3F **33**
PEWFALL 6E **45**
Pewfist, The BL5: W'ton 4A **28**
Pewfist Grn. BL5: W'ton 5A **28**
Pewfist Spinney, The
BL5: W'ton 4H **27**
Phaeton Cl. M46: Ath 4C **38**
Pheasant Cl. M28: Worsl 1G **53**
Philip Cl. WN5: Wigan 6F **23**
Phillips St. WN7: Leigh 5A **38**
Phoenix Way WN3: Ince M 6E **25**
Phythian St. WA11: Hay 3B **54**
Picadilly WN5: Bil 2A **44**
Pickering Dr. WA12: Newt W 6H **55**
Pickley Ct. WN7: Leigh 4A **38**
PICKLEY GREEN 4A **38**
Pickley Grn. WN7: Leigh 4A **38**
Picksley St. WN7: Leigh 3D **50**
Pickthorn Cl. WN2: Platt B 2H **35**
Pickup St. WN2: Ince M 4F **25**
Piele Rd. WA11: Hay 2F **55**
Pier, The *WN3: Wigan 4B 24*
(off Pottery Rd.)
Pigot St. WN5: Orr 5D **22**
Pike Av. M46: Ath 3C **38**
Pikelaw Pl. WN8: Skel 6A **20**
Pilgrims Way WN6: Stan 2A **14**
Pilkington St. WA11: Rainf 5B **30**
WN2: Hin 5B **26**
Pilling Pl. WN8: Skel 6A **20**
Pilling St. WN7: Leigh 2H **49**
Pilsley Cl. WN5: Orr 2C **22**
Pimblett Rd. WA11: Hay 2G **55**
Pimblett St. WA3: Golb 2G **57**
Pimbo Ind. Est. WN8: Skel 6A **20**
(not continuous)
PIMBO JUNC. 6C **20**
Pimbo La. WN8: Uph 2D **30**
Pimbo Rd. WA11: Kings M 1D **42**
WN8: Skel 5A **20**
Pincroft La. PR7: Adl 1G **7**
Pine Av. WA12: Newt W 6C **56**
Pine Cl. WA11: Hay 3E **55**
WN8: Skel 2F **19**
Pine Dale WA11: Rainf 4A **30**
Pine Gro. BL5: W'ton 4A **28**
WA3: Golb 1A **58**
Pine Rd. WN5: Wigan 5G **23**
Pines, The WN7: Leigh 4B **50**
Pine St. M29: Tyld 4A **40**
Pinevale WN6: Stan 2A **14**
Pine Vw. WN3: Winst 4D **32**
Pinewood WN4: Ash M 5A **46**
WN8: Skel 6B **10**
Pinewood Cl. WN2: Abr 6A **36**
Pinewood Cres. WN2: Ince M 5F **25**
WN5: Orr 5A **22**
Pinfold Cl. BL5: W'ton 5H **27**
Pinfold Pl. WN8: Skel 1B **30**
Pinfold St. WN2: Ince M 4G **25**
Pingot, The M44: Irlam 6H **63**
WN7: Leigh 2H **49**
Pingot Ct. *WN7: Leigh 2H 49*
(off Co-operative St.)
Pingot Rd. WN5: Bil 2A **44**
Pioneer Ind. Est.
WN5: Wigan 5G **23**
Pipers, The WA3: Low 1D **58**
Pipers Ct. M44: Irlam 6H **63**
Pipit Av. WA12: Newt W 6C **56**
Pit Hey Pl. WN8: Skel 6A **20**
Pitt St. WN3: Ince M 5D **24**
WN3: Wigan 5A **64** (4B **24**)
Plane Av. WN5: Wigan 4G **23**
Plane Tree Gro. WA11: Hay 2A **56**
Planewood Gdns. WA3: Low 2D **58**
PLANK LANE 3F **49**
Plank La. WN7: Leigh 3E **49**
Plantation Av. M28: Walk 1H **41**
Plantation Gates
WN1: Wigan 1E **25**
PLATT BRIDGE 3G **35**
Platt Cft. WN7: Leigh 3E **51**
Platt Fold Rd. WN7: Leigh 1C **50**
Platt Fold St. WN7: Leigh 2C **50**
Platt La. BL5: W'ton 3D **28**
WN1: Stan 4B **6**
WN1: Wigan 2E **25**
WN2: Hin 6B **26**
Platts St. WA11: Hay 3C **54**
Platt St. WN2: Platt B 3G **35**
WN7: Leigh 1B **50**
Pleasance Way
WA12: Newt W 5C **56**
Plodder La. BL5: O Hul 2H **29**
Ploughfields BL5: W'ton 6H **17**
M28: Worsl 2G **53**
Plough La. L40: Lath 6A **8**
Plover Cl. WA12: Newt W 6C **56**
Plover Dr. M44: Irlam 5G **63**
Plover Way WA3: Low 1C **58**
Plymouth Gro. WN6: Stan 2A **14**
Pocket Nook La. WA3: Low 1E **59**
Poets Nook WN7: Leigh 3A **50**
Poke St. WN5: Wigan 5D **22**
Polding St. WN3: Ince M 1E **35**
Polegate Dr. WN7: Leigh 3G **37**
Pole St. WN6: Stan 6G **5**
Pond St. WA3: Low 1E **59**
Pondwater Cl. M28: Walk 2F **41**
Poolbank Cl. WN2: Hin 2G **37**
POOLSTOCK 5B **24**
Poolstock WN3: Wigan 6B **24**
Poolstock La. WN3: Wigan 2H **33**
Pool St. WN2: Hin 1B **36**
WN3: Wigan 5B **24**
Poplar Av. WA3: Cul 6B **60**
WA12: Newt W 6D **56**
WN4: Garsw 2F **45**
WN5: Wigan 5F **23**
Poplar Cl. M29: Tyld 4A **40**
Poplar Ct. WN8: Skel 5F **19**
Poplar Dr. WN8: Skel 2F **19**
Poplar Gro. BL5: W'ton 3A **28**
M29: Tyld 5A **40**
WA11: Hay 3E **55**
WN2: Hin 2F **37**
Poplar Rd. WA11: Hay 3E **55**
Poplars, The PR7: Adl 1F **7**
WA3: Golb 6H **47**
WN7: Leigh 1G **59**
Poplar St. M29: Tyld 4H **39**
WA3: Golb 6H **47**
WN7: Leigh 3B **50**
Porlock Cl. WN2: Platt B 4G **35**
Porter Av. WA12: Newt W 4C **56**
Porterfield Dr. M29: Tyld 5A **40**
Porters Wood Cl. WN5: Orr 4D **22**
Porthleven Cres. M29: Asty 5C **40**

84 A-Z Wigan

Portland Cl.—Riveredge

Name	Grid
Portland Cl. WN2: Platt B	4G 35
Portland Rd. M28: Walk	1H 41
Portland St. WA12: Newt W	5H 55
WN5: Wigan	5G 23
WN7: Leigh	2B 50
Portside Cl. M28: Worsl	2H 53
Potter Cl. WN8: Skel	5A 20
Potter Pl. WN8: Skel	6B 20
Pottery Rd. WN3: Wigan	4A 24
Pottery Ter. WN3: Wigan	4B 24
Poulton Dr. WN4: Ash M	2H 45
Powell Dr. WN5: Bil	4H 43
Powell St.	
WN1: Wigan	2B 64 (2C 24)
WN2: Abr	4H 35
Powerleague	
Wigan	**2G 23**
Pownall St. WN7: Leigh	2C 50
Powys Rd. M46: Ath	4G 39
Poynt Chase M28: Worsl	2H 53
Prefect Pl. WN5: Wigan	3E 23
Presbyterian Fold WN2: Hin	5B 26
Prescot Av. M29: Tyld	4D 40
M46: Ath	6G 29
Prescott Av. WA3: Golb	5F 47
Prescott Ct. M28: Walk	2H 41
(off Prescott St.)	
Prescott La. WN5: Orr	2D 22
Prescott Rd. WN8: Skel	6D 20
Prescott St. M28: Walk	2H 41
WA3: Golb	6G 47
WN2: Hin	6B 26
WN6: Wigan	3A 24
WN7: Leigh	1B 50
Prestbury Av. WN3: Wigan	2G 33
Preston Rd. PR7: Cop	1E 5
WN6: Stan	3F 5
Prestt Gro. WN3: Wigan	6A 24
Prestwich Av. WA3: Cul	6A 60
WN7: Leigh	2D 50
Prestwich Ind. Est. M46: Ath	1D 38
Prestwich St. M46: Ath	1D 38
Prestwood Pl. WN8: Skel	1D 30
Pretoria Rd. WN4: Ash M	3B 46
Priestfields WN7: Leigh	2D 50
Priestners Way WN7: Leigh	1A 50
Primrose Av. M28: Walk	3H 41
Primrose Bank M28: Walk	3H 41
Primrose Gro. WA11: Hay	2G 55
WN5: Wigan	4G 23
Primrose La. WN6: Stan	5F 5
Primrose Pl. WN4: Ash M	5B 46
(off Haydock St.)	
Primrose St. M29: Tyld	4A 40
WN7: Leigh	2H 49
Primrose St. Nth. M29: Tyld	4A 40
Primrose St. Sth. M29: Tyld	5A 40
Primrose Vw. WN4: Ash M	5B 46
Primula Dr. WA3: Low	1B 58
Prince's Av. M29: Asty	1A 52
Princes Av. M44: Irlam	6H 63
Princes Gdns. WN7: Leigh	2E 51
Prince's Pk. WN6: Shev	5B 12
Princess Av. M46: Ath	6E 29
WA11: Hay	2A 56
WN4: Ash M	4C 46
Princess Rd. WN4: Ash M	4B 46
WN6: Stan	5E 13
Princess St. WN2: Hin	6A 26
WN3: Wigan	6A 64 (4C 24)
WN7: Leigh	2C 50
(not continuous)	
Princes St. WA12: Newt W	6B 56
Prince St. WN4: Ash M	2A 46
Printshop La. M29: Tyld	4G 39
M46: Ath	4G 39
Priorsmead Pl. WN8: Skel	1D 30
Priory Av. WN7: Leigh	4H 37
Priory Cl. WN5: Wigan	6D 22
Priory Nook WN8: Uph	4G 21
Priory Rd. WN4: Ash M	2H 45
WN8: Uph	4G 21
Proctor Cl. WN5: Wigan	2G 23
Prodesse Ct. WN2: Hin	5B 26
Proe's Ct. WN1: Wigan	3B 24
Progress Ho. WN3: Wigan	5C 24
Progress St. WN2: Hin	6B 26
Prospect Cotts. WN2: Haigh	3G 15
Prospect Ho. WN6: Stan	1G 13
Prospect Ind. Cen. WN2: Hin	6B 26
Prospect Pl. WN8: Skel	6D 20
Prospect Rd. WN2: Hin	2G 13
Prospect St. M29: Tyld	4H 39
WN2: Hin	6B 26
Prosperity M29: Asty	5D 40
Prosser Av. M46: Ath	3C 38
Provident St. WA9: St H	6C 54
Pryce Av. WN2: Ince M	4F 25
Pump St. WN7: Leigh	6B 26
Punch La. BL3: Bolt	1F 29
PUNGLE, THE	**6H 27**
Pungle, The BL5: W'ton	6H 27
Purbeck Way M29: Asty	6B 40
Pye Cl. WA11: Hay	1B 56
Pyke St.	
WN1: Wigan	1D 64 (2D 24)

Q

Name	Grid
Quail Dr. M44: Irlam	6G 63
Quakerfields BL5: W'ton	4H 27
Quakers Pl. WN6: Stan	6G 5
Quakers Ter. WN6: Stan	4F 5
Quantock Cl. WN3: Winst	3E 33
QUARRY JUNC.	**3A 20**
Quarry Pl. WN1: Wigan	3E 25
Quarry Pond Rd. M28: Walk	2F 41
Quayle Cl. WA11: Hay	1E 55
Quayside WN7: Leigh	3A 50
Quayside Cl. M28: Worsl	2H 53
Quebec St. WN7: Leigh	2C 48
Queen Anne Dr. M28: Worsl	6F 41
Queen's Av. M46: Ath	6E 29
WA3: G'bury	2E 61
WN4: Ash M	4B 46
Queens Cl. M28: Worsl	6F 41
WN5: Wigan	5D 22
(off Wardley St.)	
Queens Dr. WA3: Golb	1A 58
WA12: Newt W	4B 56
Queens Gdns. WN7: Leigh	2E 51
Queens Hall Pas.	
WN1: Wigan	3A 64
Queen's Rd. WN4: Ash M	3B 46
Queens Rd. WA11: Hay	2A 56
WN5: Orr	6G 21
Queen St. BL5: W'ton	3A 28
M38: L Hult	2H 41
WA3: Golb	1H 57
WA12: Newt W	6B 56
WN2: Hin	5B 26
WN2: Platt B	3G 35
WN5: Orr	5C 22
WN5: Wigan	6F 23
WN3: Wigan	5A 64 (4C 24)
WN7: Leigh	2E 51
Queensway M28: Worsl	5H 41
WA11: Rainf	6C 30
WN1: Wigan	1B 24
WN2: Ince M	3G 25
WN6: Shev	5B 12
WN7: Leigh	2E 51

R

Name	Grid
Radcliffe Av. WA3: Cul	6A 60
Radcliffe Rd. WN7: Leigh	6B 38
Radford Dr. M44: Irlam	6G 63
Radnor Cl. WN2: Hin	2E 37
Radnor Dr. WN7: Leigh	2G 49
Radway M29: Tyld	4C 40
Railway Island WN8: Skel	3D 18
Railway Rd. PR6: Adl	1G 7
PR7: Adl	1G 7
WA3: Golb	6H 47
WN7: Leigh	6H 37
WN8: Skel	2C 18
Railway St. M46: Ath	1D 38
(not continuous)	
WA12: Newt W	6B 56
WN2: Hin	4B 26
WN6: Wigan	2A 24
Railway Vw. PR7: Adl	1G 7
Rainbow Dr. M46: Ath	6F 29
RAINFORD	**4C 30**
Rainford By-Pass	
WA11: Rainf, Windle	
	3A 30, 5A 42
Rainford Hall Cotts.	
WA11: Crank	5D 42
Rainford Ind. Est.	
WA11: Rainf	3A 42
(not continuous)	
Rainford Rd. L39: Bic	5A 18
WN5: Bil	2F 43
Raithby Dr. WN3: Wigan	2A 34
Rampit Cl. WA11: Hay	2H 55
Ramsden Cl. WN3: Wigan	6A 24
Ramsey Cl. M46: Ath	3G 39
WN4: Ash M	5B 46
Ramsey St. WN7: Leigh	3C 50
Ram St. M38: L Hult	1F 41
Randall Av. WN6: Shev	4C 12
Randall Cl. WA12: Newt W	5B 56
Randle Av. WA11: Rainf	3A 30
Randle Brook Ct.	
WA11: Rainf	3A 30
Randle St. WN2: Hin	5B 26
Rands Clough Dr.	
M28: Worsl	1H 53
Ranicar St. WN2: Hin	2G 37
Ranleigh Dr. WN8: Newb	1G 9
Ranmore Av. M44: Garsw	3F 45
Ranworth Dr. WA3: Low	2C 58
Raspberry La. M30: Irlam	4H 63
M44: Irlam	5F 63
Rassey Cl. WN6: Stan	2A 14
Ratcliffe Av. M44: Irlam	6G 63
Ratcliffe Rd. M29: Asty	4B 40
Ratcliffe St. M29: Tyld	4B 40
WN6: Wigan	2A 24
WN7: Leigh	1B 50
Rathen Av. WN2: Ince M	2G 25
Rathmell Cl. WA3: Cul	6A 60
Raven Dr. M44: Irlam	6G 63
Ravenhead Dr. WN8: Uph	4E 21
Ravenhead Way WN8: Uph	5D 20
Ravenswood Av. WN3: Winst	2F 33
Ravens Wood Brow WN5: Bil	2A 44
Ravenswood Dr. WN7: Leigh	5C 26
Rawsthorne St. WN2: Tyld	5D 40
Raydale Cl. WA3: Low	6C 48
Rayden Cres. BL5: W'ton	5A 28
Rayrig Fold WA11: Rainf	5B 30
Recreation Av. WN4: Ash M	3D 46
Recreation Dr. WN5: Bil	2A 44
Recreation St. WA9: St H	4A 54
Rectory Av. WA3: Low	1A 58
Rectory Gdns. BL5: W'ton	6A 28
Rectory La. WN1: Stan	6G 5
WN6: Stan	6G 5
Rectory Rd. WN4: Garsw	2F 45
Red Barn Rd. WN5: Bil	1F 43
Redbrook Rd.	
WN3: Ince M	6D 64 (5D 24)
Redburn Cl. WN3: Wigan	5B 24
Red Cat La. WA11: Crank	3C 42
Redfield Cft. WN7: Leigh	2C 50
Redford Cl. WN7: Leigh	2C 50
Redgate Dr. WA9: St H	6A 54
Redgate Rd. WN4: Ash M	1B 46
Redgrave Ri. WN3: Winst	2F 33
Red Hill Way WN2: Hin	5B 26
Red Ho. Bri. PR7: Adl	1F 7
Redington Dr. M28: Worsl	1G 53
Redland Ct. M22: Bam	6F 35
Redmain Gro. WA3: Low	1C 58
Redmayne Cl.	
WA12: Newt W	5B 56
Rednal Wlk. WN3: Wigan	5B 24
Redpol Av. WN7: Leigh	1D 50
Redpoll Cl. M28: Worsl	6H 41
RED ROCK	**1C 14**
Red Rock Brow WN1: Haigh	1C 14
Red Rock La.	
WN1: Haigh, Stan	1B 14
WN2: Haigh	1B 14
Red Rose Gdns. M38: Walk	1G 41
Redruth Av. WA11: St H	2A 54
Redshank Cl. WA12: Newt W	5C 56
Redshank Gro. WN7: Leigh	1C 50
Redstart Cl. WA3: Low	1C 58
Redstock Cl. BL5: W'ton	2C 28
Redwater Cl. M28: Worsl	1G 53
Red Waters WN7: Leigh	1C 50
REDWOOD	**5C 22**
Redwood DL5: W'ton	6H 27
WN6: Shev	3D 12
Redwood Av. WN5: Orr	5C 22
Redwood Dr. WA11: Hay	4B 54
WN6: Wigan	6H 13
Reed Cres. WN3: Wigan	1A 34
Reedley Dr. M28: Worsl	5H 41
Reeds Brow WA11: Rainf	3H 30
Reedsmere Cl. WN5: Wigan	5H 23
Reedymoor BL5: W'ton	1A 38
Reepham Cl. WN3: Winst	2F 33
Reeves St. WA9: St H	6A 54
Reeve St. WA3: Low	1F 59
Regaby Gro. WN2: Hin	6E 27
Regency Ct.	
WN1: Wigan	3C 64 (3D 24)
Regency Wharf WN7: Leigh	3E 51
Regent Av. M38: L Hult	1H 41
WA11: Hay	2D 54
WN4: Ash M	2H 45
Regent Dr. WN7: Leigh	6F 39
Regent St. M46: Ath	3G 39
WA12: Newt W	6A 56
WN3: Wigan	6A 26
(not continuous)	
Regina Cres. WN7: Leigh	1G 51
Reginald St. BL3: Bolt	1H 29
Renfrew Av. WA11: St H	2A 54
Renfrew Cl. WN3: Wigan	2A 34
Renfrew Dr. BL3: Bolt	1H 29
Renfrew Rd. WN2: Asp	4B 16
Renwick Sq. WN4: Ash M	4C 46
Repton Av. WN3: Ince M	1F 35
Reservoir St. WN2: Asp	6D 16
WN2: Ince M	3G 25
Restormel Av. WN2: Asp	4B 16
Reynolds Cl. BL5: O Hul	5H 29
Reynolds Dr. BL5: O Hul	4H 29
Ribbesford Rd. WN3: Wigan	1E 33
Ribble Cres. WN5: Bil	4G 43
Ribble Dr. M28: Worsl	1F 53
WN5: Wigan	4E 23
Ribble Gro. WN7: Leigh	2G 49
Ribble Rd. WN2: Platt B	3F 35
WN6: Stan	5D 4
Ribchester Gdns. WA3: Cul	6C 60
Richard Gwyn Cl.	
BL5: W'ton	5H 27
Richards Cl. WA9: St H	5A 54
Richards Rd. WN6: Stan	4D 4
Richard St.	
WN3: Ince M	6D 64 (5D 24)
Richmond Av. WA11: Hay	2D 54
Richmond Cl. WA3: Cul	5H 59
WN1: Stan	2B 14
Richmond Dr. WN7: Leigh	6G 39
Richmond Gro. WN7: Leigh	1F 51
Richmond Hill WN5: Wigan	5E 23
Richmond Rd. M28: Worsl	6E 41
WN2: Hin	2E 37
WN4: Ash M	2H 45
Richmond St. M46: Ath	3A 64 (3B 24)
WN3: Wigan	6A 24
Rides, The WA11: Hay	3F 55
Ridge Av. WN1: Stan	2B 14
Ridgegreen M28: Worsl	2G 53
Ridgeway WA3: Low	2D 58
Ridgewell Av. WA3: Low	1A 58
Ridgewood Cl. WN2: Hin	2G 37
Ridgmont Dr. M28: Worsl	1F 53
Riding Cl. M29: Asty	6D 40
Riding La. WN4: Ash M	1E 47
Ridyard St. M38: L Hult	1H 41
WN2: Platt B	2H 35
WN5: Wigan	4F 23
Rigby Cl. WN6: Shev	5C 12
Rigby Gro. M38: L Hult	1E 41
Rigby's Ho's. PR7: Adl	1E 7
Rigbys La. WN4: Ash M	4D 46
(not continuous)	
Rigby St. WA3: Golb	1G 57
WN1: Stan	5C 26
WN4: Ash M	4A 46
Rigby's Yd. WN5: Wigan	5D 22
Riley Bank Rd. WN7: Leigh	3E 49
Riley La. WN2: Haigh	1H 15
Riley Sq.	
WN1: Wigan	3D 64 (3D 24)
Riley St. M46: Ath	4C 38
Rilston Av. WA3: Cul	6H 59
Rimington Av. WA3: Golb	6A 48
Rimington Cl. WA3: Cul	6A 60
Rimmer Gro. WA9: St H	6A 54
Rindle Rd. M29: Asty	5C 52
Ringley Av. WA3: Golb	6F 47
Ringway Av. WN7: Leigh	5B 38
Ripley Dr. WN3: Wigan	1E 33
WN7: Leigh	1B 50
Ripon Av. WA3: Low	1B 58
WN6: Wigan	6B 14
Ripon Cl. WA12: Newt W	5C 56
Ripon St. WN4: Ash M	5D 46
Rise, The WN6: Stan	6E 13
Riverdale WN6: Stan	6E 13
Riveredge WN3: Wigan	4A 24

Riverside Av.—Sandyacre Cl.

Riverside Av.
WN1: Wigan 1D 64 (2D 24)
Riversmeade WN7: Leigh 1C 50
Rivers St. WN5: Orr 5A 22
Riverway
WN1: Wigan 5B 64 (4C 24)
Rivington Av. WA3: Golb 6A 48
WN1: Wigan 1B 24
WN2: Platt B 2H 35
Rivington Dr. WN2: B'haw 4D 36
WN8: Uph 4G 21
Rivington Pl. PR7: Cop 1F 5
Rivington St. M46: Ath 3C 38
Rivington Way WN6: Stan 1H 13
Rixton Dr. M29: Tyld 5B 40
Roach Grn. WN1: Wigan 2E 25
Roadside Ct. WA3: Low 1A 58
Robert Lewis Ct.
WN5: Wigan 4F 23
Roberts Av. WA11: Hay 4C 54
Robertshaw St.
WN7: Leigh 6A 38
Robert St. M46: Ath 4G 39
WN2: Platt B 2G 35
Robin Dr. M44: Irlam 6G 63
Robin Hill Dr. WN6: Stan 5D 4
Robin Hill La. WN6: Stan 4D 4
ROBIN PARK 3H 23
Robin Pk. Arena 3H 23
Robin Pk. Retail Pk.
WN5: Wigan 3H 23
Robin Pk. Rd. WN5: Wigan 3G 23
Robin Pk. Sports & Tennis Cen.
3H 23
Robin's La. WA11: Kings M 5E 31
Robinson St. M29: Tyld 4A 40
WN7: Leigh 3C 50
Rob La. WA12: Newt W 5E 57
Robson Pl. WN2: Abr 5H 35
Robson Way WA3: Low 1D 58
ROBY MILL 6F 11
Roby Mill WN8: Roby M 5F 11
Roby Well Way WN5: Bil 2H 43
Rochester Cl. WA3: Golb 1G 57
Rockbourne Cl. WN2: Hin 1B 36
Rockingham Dr. WN2: Hin 1A 36
Rock Rd. M28: Worsl 4G 53
Rock St. WA3: Golb 5G 47
Rocky Bank Ter.
WN3: Ince M 6E 25
(off Warrington Rd.)
Rodgers Cl. BL5: W'ton 5A 28
Rodgers Way BL5: W'ton 5A 28
Rodney St. M46: Ath 3E 39
WN1: Wigan 5B 64 (4C 24)
Roebuck St. WN2: Hin 2G 37
Roecliffe Cl. WN3: Wigan 5B 24
Rogerton Cl. WN7: Leigh 3D 50
Rokeby Av. WA3: Low 6B 48
Rokeden WA12: Newt W 5D 56
Roman Cl. WA12: Newt W 6C 56
WN3: Wigan 1H 33
Roman Rd. WN4: Ash M 2A 46
Romford Av. WN7: Leigh 1B 50
Romford Pl. WN2: Hin 6C 26
Romford St. WN2: Hin 6B 26
Romiley Dr. WN8: Skel 1F 19
Romiley Sq. WN6: Stan 1G 13
Romney Way WN1: Wigan 6B 14
Romsey Gro. WN3: Winst 3F 33
Rookery, The WA12: Newt W 5D 56
Rookery Av. WN4: Ash M 5B 46
WN6: App B 1A 12
Rookery Dr. WA11: Rainf 5C 30
Rookery La. WA11: Rainf 6C 30
Roscoe Av. WA12: Newt W 6E 57
Roscoe Ct. BL5: W'ton 4B 28
Roscoe St. WN1: Wigan 4E 25
Rose Acre M28: Worsl 6H 41
Rose Av. WA11: Hay 3G 55
WN2: Abr 6H 35
WN6: Wigan 6H 13
Rose Bank Cl. WN1: Wigan 5B 14
Roseberry Rd. WN4: Ash M 2A 46
Rosebery St. BL5: W'ton 3B 28
ROSE BRIDGE 3F 25
Rosebridge Ct. WN1: Ince M 4F 25
Rose Bridge Sports & Community Cen. 3E 25
Rosebridge Way
WN1: Ince M 4F 25
Rosebury Av. WN7: Leigh 2C 50
Rose Ct. WN1: Ince M 4F 25
Rose Cres. WN8: Skel 2E 19
Rosedale Av. M46: Ath 2E 39
WA3: Low 2A 58
Rosedale Dr. WN7: Leigh 2E 51
Rose Dr. WA11: Rainf 6C 30
ROSE HILL
WN4 6H 33
WN5 5E 23
Rose Hill Av. WN5: Wigan 5E 23
Rose Hill Ter. M46: Ath 2F 39
Rosehill Vw. WN4: Ash M 6H 33
Rosemary Cres. WN1: Wigan 1D 24
Rosemary Dr. WA12: Newt W 6E 57
Rosemary La. BL5: O Hul 6H 29
(not continuous)
Rose Pl. WA11: Rainf 6C 30
Rose St. WN1: Ince M 4F 25
WN2: Hin 6B 26
Rosevale Cl. WN2: Hin 1B 36
Rosewood BL5: W'ton 5H 27
Rosewood Cl. WN2: Abr 6H 35
Rosina Cl. WN4: Ash M 1H 45
Rosley Rd. WN3: Wigan 2B 34
Rossall Cres. WN7: Leigh 4C 50
Ross Cl. WN2: Wigan 1F 25
WN5: Bil 1A 44
Rossdale Gro. WN6: Stan 2A 14
Rosset Cl. WN3: Winst 3F 33
Rostherne Av. WA3: Low 1B 58
Rosthwaite Cl. WN3: Wigan 3A 34
Rosthwaite Gro. WA11: St H 6F 43
Rothay St. WN7: Leigh 3D 50
Rothesay Cl. WA11: St H 2A 54
Rothwell Rd. WA3: Golb 6A 48
Roughlea Av. WA3: Cul 5H 59
Roundabout, The WN8: Skel 2D 18
Roundhouse Av. WN1: Wigan 2E 25
Roundmoor Rd. WN6: Stan 2A 14
Roundthorn La. BL5: W'ton 4A 28
Rowan Av. WA3: Low 2D 58
WN6: Wigan 6H 13
Rowan Cl. WA11: Hay 4B 54
Rowanhill
WN1: Wigan 1D 64 (2D 24)
Rowan La. WN8: Skel 5H 9
Rowans, The M28: Worsl 6E 41
Rowbottom Sq.
WN1: Wigan 4A 64 (3C 24)
Rowe St. M29: Tyld 4B 40
Rowland St. Nth. M46: Ath 2F 39
Rowland St. Sth. M46: Ath 3F 39
Rowton Ri. WN1: Stan 1B 14
Roxby Cl. M28: Walk 2H 41
ROYAL ALBERT EDWARD INFIRMARY
6C 14
Royal Arc. WN1: Wigan 3B 64
Royal Dr. WN7: Leigh 1F 51
Royden Av. WN3: Wigan 3A 34
Royden Cres. WN5: Bil 2A 44
Royden Rd. WN5: Bil 2A 44
Royston Cl. WA3: Low 1C 58
Ruabon Cres. WN2: Hin 1D 36
Ruabon Fold WN2: Hin 1E 37
Ruby Gro. WN7: Leigh 3A 50
Rudd Av. WA9: St H 6D 54
Rudyard Av. WN6: Stan 5G 5
Ruecroft Cl. WN6: App B 1H 11
Rufford Pl. M29: Asty 3H 51
Rufford Rd. WA11: Rainf 4B 30
Rufford St. WN4: Ash M 2H 45
Rufford Wlk. WA11: St H 3A 54
Rugby Cl. WN5: Orr 6A 22
Rugby Dr. WN5: Orr 3B 22
Rugby Rd. WN7: Leigh 4B 50
Runfield Cl. WN7: Leigh 2B 50
Runnymede Dr. WA11: Hay 3C 54
Runshaw Av. WN6: App B 1A 12
Rupert St. WN1: Wigan 4E 25
Rushbank *BL5: W'ton 6B 28*
(off Lwr. Leigh Rd.)
Rushdene WN3: Wigan 1A 34
Rushmoor Av. WN4: Ash M 3E 47
Rushton Av. WA12: Newt W 5B 56
WN7: Leigh 5H 37
Rushwood Pk. WN6: Stan 5F 5
Rushy Vw. WA12: Newt W 5A 56
Ruskin Av. WA12: Newt W 5C 56
WN3: Wigan 2H 33
Ruskin Cres. WN2: Abr 4H 35
Russeldene Rd. WN3: Wigan 2G 33
Russell Ct. M38: L Hult 2H 41
Russell St. M38: L Hult 2H 41
M46: Ath 2E 39
WN2: Hin 3G 37
WN2: Ince M 3G 25
Rutherford Dr. BL5: O Hul 4H 29
Rutland Av. M46: Ath 6H 29
WA3: Low 2B 58
Rutland Dr. WN4: Ash M 3C 46
Rutland Rd. M29: Tyld 3H 39
WN2: Hin 5D 26
Rutland St. WN7: Leigh 3G 51
Rydal Av. WN2: Hin 6C 26
WN5: Orr 4B 22
Rydal Cl. M29: Asty 6A 40
WN4: Ash M 3C 46
Rydal Pl. WN2: Abr 5H 35
WN2: Ince M 3H 25
Rydal St. WA12: Newt W 6C 56
WN7: Leigh 2A 50
Rydal Wlk. WN5: Wigan 4D 22
Ryder Gro. WN7: Leigh 5E 51
Ryde St. WN5: Wigan 5G 23
Ryecroft Av. WA3: Low 6C 48
Ryecroft Dr. BL5: W'ton 6H 17
Ryeford Cl. WN3: Ince M 5F 25
Rye Hill BL5: W'ton 3B 28
Ryelands BL5: W'ton 3B 28
Ryelands Ct. *BL5: W'ton 3B 28*
(off Ryelands)
Rylance Rd. WN3: Winst 4F 33
Rylands St. WN6: Wigan 1A 24
Ryton Cl. WN3: Wigan 5B 24

S

Sabden Brook Dr.
WN2: Platt B 3F 35
Saddleback Cl. M28: Worsl 1H 53
Saddleback Cres.
WN5: Wigan 5D 22
Saddleback Rd. WN5: Wigan 4D 22
Saddle Ct. WN5: Wigan 5H 23
SADDLE JUNC. 4H 23
Saddle Tree Fold WA3: Low 5D 48
Saffron Cl. WA3: Low 1C 58
St Aelreds Dr.
WA12: Newt W 5D 56
St Aidan's Cl. WN5: Bil 1A 44
St Albans Cl. WA11: Hay 2H 55
St Ambrose Rd. M29: Asty 2A 52
St Andrew's Cres. WN2: Hin 6B 26
St Andrew's Dr. WN6: Wigan 1H 23
St Andrews Dr. WN7: Leigh 2E 51
St Andrews Ho. M38: Walk 2H 41
St Anne's Av. M46: Ath 4G 39
St Annes Ct. WN6: Shev 4B 12
St Anne's Dr. WN6: Shev 4C 12
ST ANN'S HOSPICE (LITTLE HULTON) 1G 41
St Aubyn's Rd. WN1: Wigan 5C 14
St Austell Av. M29: Asty 5C 40
St Christopher Ct. WN6: Stan 5E 13
St Clements Ct. M44: Irlam 6H 63
WN3: Wigan 6A 24
St Clement's Rd.
WN1: Wigan 5C 14
St Clement's St.
WN3: Ince M 1F 35
St David's Cres. WN2: Asp 4H 15
St Edmund's Wlk.
M38: L Hult 1H 41
St Elizabeth's Rd. WN2: Asp 3H 15
St Gabriel Cl. WN8: Roby M 6F 11
St George's Av. BL5: W'ton 5A 28
St George's Ct. *M29: Tyld 5H 39*
(off Lemon St.)
St George's Pl. M46: Ath 1D 38
St George's St. M29: Tyld 5H 39
St Helens Rd. BL3: Bolt 3H 29
BL5: O Hul 3H 29
WA11: Rainf 5A 42
WN7: Leigh 1G 59
St James Ct. WN6: Stan 5F 5
St James Cres. WN2: B'haw 5D 36
St James Gro. WN3: Wigan 5B 24
St James Rd. WN5: Orr 1H 31
St James St. BL5: W'ton 6B 28
St John's Av. BL5: W'ton 6H 17
St John's Ct. WN2: Abr 4H 35
St John's Rd. M28: Worsl 6F 41
WN2: Asp 4H 15
St John's St. WN2: Abr 5H 35
St John St. M46: Ath 2F 39
WA12: Newt W 6A 56
WN5: Wigan 5D 22
St Luke's Av. WA3: Low 1B 58
St Luke's Dr. WN5: Orr 1H 31
St Lukes Ho. WN4: Ash M 3C 46
St Malo Rd. WN1: Wigan 5C 14
St Mark's Av. WN5: Wigan 4H 23
(not continuous)
St Mark's St. WA11: Hay 3C 54
St Mary's Av. WN5: Bil 3G 43
St Mary's Cl. M46: Ath 3G 39
WN2: Asp 4H 15
St Mary's Ct. WA3: Low 6F 49
St Mary's Rd. WN2: Asp 3H 15
St Mary's Way WN7: Leigh 2B 50
St Matthew's Cl.
WN3: Wigan 1E 33
St Michael's Av. M46: Ath 4C 38
St Michael's Ct.
WN1: Wigan 1B 64 (1C 24)
St Nicholas Rd. WA3: Low 6E 49
St Oswald's Rd. WN4: Ash M 5A 46
St Patrick St.
WN1: Wigan 4D 64 (3D 24)
St Patricks Way
WN1: Wigan 4D 64 (3D 24)
St Paul's Av. WN3: Wigan 1H 33
St Pauls Cl. WN7: Leigh 4A 38
St Richard's Cl. M46: Ath 1E 39
St Stephen's Av. WN1: Wigan 1E 25
St Stephens Cl. M29: Asty 2A 52
St Stephen's Rd. WN6: Stan 6E 5
St Thomas's Ct. WN8: Uph 4G 21
St Thomas St.
WN3: Wigan 6A 64 (4C 24)
St Wilfrid's Pl. WN6: Stan 6H 5
St Wilfrid's Rd. WN6: Stan 6H 5
St Wilfrid's Way WN6: Stan 6G 5
Salcombe Cl. WN1: Wigan 1E 25
Sale La. M29: Tyld 5D 40
Salesbury Way WN3: Wigan 2A 34
Sale Way WN7: Leigh 3H 49
Salford Rd. BL5: O Hul 3H 29
Salisbury Av. WN2: Hin 5D 26
Salisbury Rd. WA11: Hay 1G 55
WN4: Ash M 2A 46
Salisbury St. WA3: Golb 1G 57
Salisbury Way M29: Asty 5B 40
Salkeld Av. WN4: Ash M 4H 45
Sallowfields WN5: Orr 6H 21
Salmon St. WN1: Wigan 2E 25
Salters Ct. M46: Ath 2F 39
Salterton Dr. BL3: Bolt 1H 29
Saltram Rd. WN3: Wigan 1E 33
Salvin Cl. WN4: Ash M 4D 46
Salwick Cl. WN3: Wigan 1G 33
Samuel St. M46: Ath 4H 39
Samwoods Ho. *WN4: Ash M 2A 46*
(off Whitledge Grn.)
Sandalwood BL5: W'ton 5H 27
Sandalwood Dr. WN6: Wigan 6H 13
Sandbrook Gdns. WN5: Orr 6H 21
Sandbrook Rd. WN5: Orr 6G 21
Sandcross Cl. WN5: Orr 1H 31
Sanderling Cl. BL5: W'ton 5H 27
Sanderling Dr. WN7: Leigh 1C 50
Sanderling Rd.
WA12: Newt W 5C 56
Sanderson's Cft. WN7: Leigh 3E 51
Sanderson St. WN7: Leigh 2H 49
Sandfield Cl. WA3: Low 1C 58
Sandfield Cres. WA3: G'bury 2E 61
Sandford Rd. WN5: Orr 6G 21
Sandgate Cl. WN7: Leigh 1B 50
Sandiacre WN6: Stan 1G 13
Sandiway M44: Irlam 6G 63
Sandling Dr. WA3: Golb 5F 47
Sandon Gro. WA11: Rainf 5C 30
Sandown Cl. WA3: Cul 5B 60
Sandown Rd. WN6: Wigan 6G 13
Sandpiper Cl. WA12: Newt W 5C 56
Sandpiper Rd. WN3: Wigan 1D 32
Sandra Dr. WA12: Newt W 6D 56
Sandringham Cl. PR7: Adl 1E 7
WN5: Wigan 6G 23
Sandringham Ct. *WA3: Low 2C 58*
(off Thurlow)
Sandringham Dr. WN7: Leigh 6G 39
Sandringham Rd.
M28: Worsl 1G 53
WN2: Hin 1C 36
Sandstone Rd. WN3: Winst 3G 33
Sandwash Bus. Pk.
WA11: Rainf 6D 30 (3A 42)
Sandwash Cl. WA11: Rainf 6D 30
Sandway WN6: Wigan 1H 23
Sandwith Cl. WN3: Wigan 3B 34
Sandyacre Cl. BL5: O Hul 5H 29

86 A-Z Wigan

Sandy Ct.—Sougher's La.

Sandy Ct. WN7: Leigh 6E 49
Sandycroft Av.
WN1: Wigan 1B 64 (1C 24)
Sandy La. M29: Asty 3A 52
(Abbotts Grn.)
M29: Asty 6B 52
(Gt. Moss Rd.)
M44: Irlam 6G 63
PR7: Adl 1E 7
WA3: Golb 1F 57
WA3: Low 5E 49
WA11: St H 6C 42
WN2: Hin 5D 26
WN5: Orr 1H 31
WN8: Skel 2D 18
(not continuous)
Sandy La. Cen. WN8: Skel 2D 18
Sandy Pk. WN2: Hin 5E 27
Sandy Way WN2: Hin 5D 26
Sandyway Cl. BL5: W'ton 3H 27
Sankey Rd. WA11: Hay 4B 54
Sankey St. WA3: Golb 1G 57
WA12: Newt W 6A 56
Sankey Valley Country Pk. 5C 54
Sankey Valley Country Pk. Vis. Cen. 3A 54
Santon Dr. WA3: Low 1C 58
Sarah St. WN2: Hin 3F 37
Sarsfield Av. WA3: Low 1B 58
Satchel Cl. WN5: Wigan 4H 23
Satinwood Cl.
WN4: Ash M 4H 45
Saunderton Cl. WA11: Hay 2E 55
Sawley Av. WA3: Low 6B 48
WN6: Wigan 1H 23
Sawley Cl. WA3: Cul 6B 60
Sawyer Dr. WN4: Ash M 4D 46
Saxthorpe Cl. WN3: Winst 2F 33
Scafell Dr. WN5: Wigan 5D 22
Scafell Gro. WN2: Platt B 3H 35
Scarborough Dr.
WA12: Newt W 6A 56
Scarisbrick Rd. WA11: Rainf . . .4B 30
Scarisbrick St.
WN1: Wigan 1B 64 (2C 24)
Scarth Pk. WN8: Skel 4A 20
Sceptre Cl. WA12: Newt W 6A 56
Schofield Gdns. WN7: Leigh . . .4A 50
Schofield La. M46: Ath 2B 38
Schofield St. WN7: Leigh 4A 50
Scholefield La.
WN1: Wigan 3D 64 (3D 24)
SCHOLES 4D 64 (3D 24)
Scholes WN1: Wigan . . .4C 64 (3D 24)
(not continuous)
Scholes Pct.
WN1: Wigan 4D 64 (3D 24)
School Av. WN1: Wigan 2E 25
School Brow WN5: Bil 2A 44
School Dr. WN5: Bil 2A 44
School Island WN8: Skel 1D 18
School La. M44: Irlam 6F 63
WN1: Wigan 4C 64 (3D 24)
WN2: Haigh 2E 15
WN4: Garsw 4E 45
WN6: Stan 6F 5
WN8: Roby M 6F 11
WN8: Skel 1D 18
WN8: Uph 4G 21
School St. BL5: W'ton 3A 28
M29: Asty 6H 39
M29: Tyld 5H 39
M46: Ath 3D 38
WA3: Golb 1G 57
WA11: Hay 3B 54
WA12: Newt W 6B 56
WN1: Wigan 3C 64 (3D 24)
WN2: Abr 4H 35
WN2: Ince M 4F 25
WN4: Ash M 2D 46
WN7: Leigh 5A 38
School Ter. WA3: Golb 1G 57
School Way WN5: Wigan 5E 23
Scotia Wlk. WA3: Low 1D 58
Scot La. BL6: B'rod 4B 16
WN2: Asp 4B 16
WN5: Wigan 1G 23
(not continuous)
WN6: Wigan 1G 23
SCOT LANE END 2C 16
Scotman's Flash 1B 34
Scott Av. WN1: Wigan 4B 14
WN2: Hin 5C 26
Scott Rd. WA3: Low 6B 48
Scott St. BL5: W'ton 1A 28
M29: Asty 3C 52
WN6: Wigan 2B 24
WN7: Leigh 2H 49
Seaforth Av. M46: Ath 1E 39
Seaman Way WN2: Ince M 5G 25
Seascale Cres.
WN1: Wigan 6C 14
Seath Av. WA9: St H 5A 54
Seathwaite Cl. M29: Asty 6A 40
Seatoller Pl. WN5: Wigan 4D 22
Seaton Pl. WN8: Skel 6E 9
Second Av. M29: Asty 3B 52
M46: Ath 1F 39
WN6: Wigan 1A 24
Seddon Cl. M46: Ath 2E 39
Seddon Ho. Dr. WN6: Wigan . . .6G 13
Seddon Pl. WN8: Skel 6E 9
Seddon St. BL5: W'ton 1A 28
Sedgefield Dr. WN6: Wigan 6G 13
Sedgely WN6: Stan 2A 14
Sedgley Dr. BL5: W'ton 6A 28
Sedgwick Cl. BL5: W'ton 5B 28
M46: Ath 2G 39
Sedwyn St. WN1: Wigan 2E 25
Seedley Av. M38: L Hult 1H 41
Sefton Av. M46: Ath 6E 29
WN5: Orr 6H 21
Sefton Cl. WN5: Orr 6H 21
Sefton Fold Dr. WN5: Bil 2H 43
Sefton Fold Gdns. WN5: Bil 2H 43
Sefton La. BL6: Hor 1H 17
Sefton Rd. WN3: Wigan 1H 33
WN4: Ash M 1H 45
WN5: Orr 6H 21
Sefton St. WA12: Newt W 6H 55
WN7: Leigh 2B 50
Sefton Vw. WN5: Orr 6H 21
Selbourne Cl. BL5: W'ton 2C 28
Selbourne St. WN7: Leigh 6B 38
Selby Ct. *WN7: Leigh* *2A 50*
(off Boughey St.)
Selby Dr. WN3: Wigan 1E 33
Selby Pl. WN8: Skel 1D 18
Selkirk Av. WN4: Garsw 3F 45
Selkirk Gro. WN5: Wigan 3D 22
Selside WN3: Wigan 3B 34
Selwyn Cl. WA12: Newt W 4B 56
Selwyn Jones Sports Cen. 3C 56
Selwyn St. WN7: Leigh 1B 50
Senecar Cl. WN2: Asp 1H 25
Sennicar La.
WN1: Haigh, Wigan 4C 14
WN2: Haigh 3D 14
Sephton Av. WA3: Cul 6A 60
Sephton St. WN3: Ince M 5F 25
Serin Cl. WA12: Newt W 6C 56
Serpentine Wlk.
WA12: Newt W 1D 56
Sesame Gdns. M44: Irlam 6H 63
Sevenoaks WN7: Leigh 1C 50
Seven Stars Rd. WN3: Wigan . . .4A 24
Severn Cl. WN5: Bil 4H 43
Severn Dr. WN2: Hin 2G 37
WN5: Wigan 5E 23
Severn Rd. WA3: Cul 6B 60
WN4: Ash M 2E 47
Severn St. WN7: Leigh 3D 50
Sewell Way M38: L Hult 2F 41
Sexton Cl. WN5: Wigan 4H 23
Shadwell Gro. WN7: Leigh 5G 37
Shaftsbury Rd. WN5: Orr 3C 22
Shaftsbury St. WN6: Wigan 6H 13
Shaftway Cl. WA11: Hay 2H 55
SHAKERLEY 3A 40
Shakerley La. M29: Ath 1H 39
M46: Ath 1H 39
Shakerley Rd. M29: Tyld 4H 39
Shakespeare Gro.
WN3: Wigan 1A 34
Shalbourne Rd. M28: Walk 2H 41
Shalebrook Cl. M46: Ath 3C 38
Shalefield Gdns. M46: Ath 3C 38
Shalemere Ct. M46: Ath 3C 38
Shalewood Ct. M46: Ath 3C 38
Shamrock Ct. M28: Walk 2H 41
Shap Ga. WN5: Wigan 4D 22
Shared St.
WN1: Wigan 6D 64 (4D 24)
Sharon Sq. WN2: Bam 5F 35
Sharp St. WN3: Ince M 5E 25
Shawbrook Av. M28: Worsl 5H 41
Shaw Ho. *M46: Ath* *1F 39*
(off Brooklands Av.)
Shaw St. WA3: Cul 6C 60
WA11: Hay 3G 55
WN1: Wigan 1A 64 (2C 24)
WN4: Ash M 2B 46
Shearwater Av. M29: Asty 5A 40
Shearwater Dr. BL5: W'ton 5H 27
M28: Walk 2H 41
Sheaves Cl. WN2: Abr 6A 36
Sheep La. M28: Worsl 5F 41
Shefford Cres. WN3: Winst 3E 33
Sheilings, The WA3: Low 1D 58
Shelburne Dr. WN2: Hin 1A 36
Sheldon Av. WN6: Stan 5G 5
Sheldwich Cl. WN7: Leigh 4B 50
Shelley Dr. WN2: Abr 4H 35
WN5: Orr 5C 22
Shelley St. WN7: Leigh 6G 37
Shelley Wlk. M46: Ath 6F 29
Shellingford Cl. WN6: Shev 2H 11
Shenton Av. WA11: St H 3A 54
Shepton Av. WN2: Platt B 4G 35
Sheraton Cl. WN5: Orr 2D 22
Sherborne Av. WN2: Hin 6E 27
Sherborne Rd. WN5: Orr 3C 22
Sherbourne Pl.
WN3: Ince M 6E 25
Sheridan Av. WA3: Low 2B 58
Sheri Dr. WA12: Newt W 6D 56
Sheriffs Dr. M29: Tyld 4D 40
Sherlock Av. WA11: Hay 2G 55
Sherrat St. WN8: Skel 2D 18
Sherwood Av. M29: Asty 1A 52
WN4: Ash M 3C 46
Sherwood Ct. WN2: Platt B 3G 35
Sherwood Cres.
WN2: Platt B 3G 35
WN5: Wigan 4F 23
Sherwood Dr. WN5: Wigan 5F 23
WN8: Skel 6B 10
Sherwood Gro. WN5: Wigan 4F 23
WN7: Leigh 5D 50
Sherwood Way WN2: Platt B . . .3G 35
SHEVINGTON 3C 12
Shevington La.
WN6: Shev, Stan 6D 4
SHEVINGTON MOOR 5C 4
Shevington Moor WN6: Stan 5C 4
SHEVINGTON VALE 2H 11
Shildon Cl. WN2: Wigan 1F 25
Shillington Cl. M28: Walk 2F 41
Shipham Cl. WN7: Leigh 5H 37
Shires Cl. WN2: Hin 1C 36
Shirewell Rd. WN5: Orr 6A 22
Shoemaker Gdns. WN2: Asp 4A 16
Short Cl. WA12: Newt W 6G 55
Shortland Pl. WN2: B'haw 5E 37
Short St. M46: Ath 4H 39
WA3: Golb 6H 47
WA11: Hay 3G 55
WA12: Newt W 6G 55
WN5: Wigan 5D 22
Shrewsbury Cl. WN2: Hin 5D 26
Shudehill Rd. M28: Worsl 4G 41
Shurdington Rd. BL5: O Hul 6H 29
M46: Ath 6H 29
Shuttle Hillock Rd.
WN2: B'haw 6D 36
Shuttle St. M29: Tyld 4H 39
WN2: Hin 5C 26
Sibley Av. WN4: Ash M 3D 46
Sicklefield WN1: Wigan 4C 14
Sidbrook St. WN2: Hin 6A 26
Siddeley Dr. WA12: Newt W 6H 55
Siddeley St. WN7: Leigh 2H 49
SIDDOW COMMON 4C 50
Siddow Comn. WN7: Leigh 4C 50
(not continuous)
Sidlaw Av. WA9: St H 6B 54
Sidmouth Gro. WN3: Wigan 2G 33
Sidney St. WN7: Leigh 2C 50
Silcock St. WA3: Golb 1G 57
Silk St. BL5: W'ton 2A 28
WN7: Leigh 2B 50
Sillitoe Dr. WN6: Wigan 2A 24
Silsbury Gro. WN6: Stan 1A 14
Silsden Av. WA3: Low 1F 59
Silver Av. WA11: Hay 4C 54
Silver Birch Gro.
WN4: Ash M 2A 46
Silverdale WN1: Wigan 1C 24
Silverdale Av. M44: Irlam 5H 63
WN2: Ince M 3G 25
Silverdale Ct. WN1: Wigan 4C 64
Silverdale Gro. WA11: St H 6E 43
Silverdale Rd.
WA12: Newt W 5B 56
WN2: Hin 6D 26
WN5: Orr 4D 22
Silver St. M44: Irlam 5H 63
WN2: Platt B 3G 35
Silver Ter.
WN1: Wigan 5C 64 (3D 24)
Silvington Way WN2: Asp 1G 25
Simfield Cl. WN6: Stan 6F 5
Simms Av. WA9: St H 6A 54
SIMM'S LANE END 2D 44
Simm's Sq. WN2: Asp 5B 16
Simms Yd. WN2: Asp 5C 16
Simpkin St. WN2: Abr 4H 35
Simpson Gro. M28: Worsl 1G 53
Simpson Rd. M28: Worsl 1G 53
Sinclair Pl. WN5: Wigan 3G 23
Singleton Av. WA11: St H 4A 54
Singleton Gro. BL5: W'ton 3D 28
Siskin Cl. WA12: Newt W 6C 56
WN7: Leigh 2D 50
Sittingbourne Rd.
WN1: Wigan 5C 14
Size Ho. Pl. WN7: Leigh 3C 50
SKELMERSDALE 2H 19
Skelmersdale Hall Dr.
WN8: Skel 6H 9
(not continuous)
Skelmersdale Rd. L39: Bic 4A 18
WN8: Skel 4A 18
Skelton St. WN4: Ash M 1H 45
Skiddaw Pl. WN5: Wigan 5E 23
Skipton Av. WN2: Hin 1E 37
Skitters Gro. WN4: Ash M 3G 45
Skull Ho. La. WN6: App B 1G 11
Skull Ho. M. WN6: App B 1G 11
Skyes Cres. WN3: Winst 4E 33
Sky Lark Ri. WA9: St H 6C 54
Slackey Fold WN2: Hin 4F 37
Slack La. BL5: W'ton 1B 28
Slag La. WA3: Low 1B 58
WA11: Hay 1D 54
(not continuous)
Slaidburn Cl. WN3: Wigan 2A 34
Slaidburn Cres. WA3: Golb 5F 47
Slate La. WN8: Skel 6C 8
Slater's Nook BL5: W'ton 2A 28
Slater St. Nth. WN7: Leigh 2H 49
Sledbrook St. WN5: Wigan 6E 23
Smallbrook La. WN7: Leigh 2A 38
Smalley St. WN6: Stan 6G 5
Smallshaw Cl. WN4: Ash M 5A 46
Smethurst Farm M.
WN5: Wigan 6E 23
Smethurst Hall Pk. WN5: Bil . . .3G 31
Smethurst La. WN5: Wigan 6E 23
Smethurst Rd.
WA11: Kings M 4F 31
WN5: Bil 3G 31
Smith Av. WN5: Orr 3D 22
Smithfold La. M28: Walk 2G 41
Smith's La. WN2: Hin 5E 37
Smith's Pl. M46: Ath 2F 39
Smith St. M46: Ath 2E 39
PR7: Adl 1F 7
WN2: Asp 4A 16
WN7: Leigh 2C 50
WN8: Skel 2D 18
Smithwood Av. WN2: Hin 5D 26
Smithy Brook Rd.
WN3: Wigan 1G 33
Smithy Ct. WN3: Wigan 1G 33
Smithy Glen Dr. WN5: Bil 1A 32
Smithy Grn. WN2: Ince M 4F 25
Smithy St. WN7: Leigh 3B 50
Smock La. WN4: Garsw 3E 45
Snowden Av. WN3: Wigan 1H 33
Snowshill Dr. WN3: Wigan 1E 33
Snydale Cl. BL5: W'ton 1C 28
Snydale Way
BL3: Bolt, W'ton 2E 29
Soane Cl. WN4: Ash M 4D 46
Soham Cl. WN2: Hin 1C 36
Soho St. WN5: Wigan 4H 23
Sole St. WN1: Wigan 2E 25
Solway Cl. WN4: Ash M 3A 46
Somerset Av. M29: Tyld 2H 39
Somerset Rd. M46: Ath 6D 28
WN5: Wigan 5E 23
Somerton Cl. WN6: Stan 6F 5
Somerville Rd. WN1: Wigan 5C 14
Sonning Dr. BL3: Bolt 1H 29
Sougher's La. WN4: Ash M 1G 45

A-Z Wigan 87

South Av.—Tarnbrook Dr.

South Av. WN7: Leigh 3D **48**
(North Av.)
WN7: Leigh 4E **51**
(West Av.)
South Ct. WN7: Leigh 1D **50**
Southdown Dr. M28: Worsl 1F **53**
Southern's Fold WN2: Asp 6G **15**
Southern's La. WA11: Rainf 5C **30**
Southern St. WN5: Wigan 6F **23**
Southery Av. WN3: Winst 2F **33**
Southfield WN2: Platt B 3H **35**
Southfield Dr. BL5: W'ton 4A **28**
South Gdns. M29: Asty 2A **52**
South Ga. PR7: Adl 1F **7**
Southgate WN3: Wigan 4A **24**
(not continuous)
South Gro. M28: Walk 3H **41**
South Hey WN7: Leigh 2G **49**
Sth. Lancashire Ind. Est.
WN4: Ash M 1B **46**
Southlands Av. WN6: Stan 1G **13**
South La. M29: Asty 1H **51**
Southover BL5: W'ton 5A **28**
Southport St. WA9: St H 6C **54**
Southside Ind. Pk. M46: Ath . . .1D **38**
South Vw. M46: Ath 2E **39**
Sth. Villa Ct. WN6: Stan 1G **13**
Southward Rd. WA11: Hay 2A **56**
Southway WN8: Skel 3H **19**
(not continuous)
Southwell Cl. WA3: Low 1A **58**
South Whiteacre WN6: Stan 5C **4**
Southworth Rd.
WA12: Newt W 6E **57**
Sovereign Bus. Pk.
WN1: Wigan 6D **64**
Sovereign Cl. WA3: Low 2C **58**
Sovereign Ent. Cen.
WN1: Wigan 6C **64** (4D **24**)
Sovereign Fold Rd.
WN7: Leigh 4A **38**
Sovereign Rd.
WN1: Wigan 5C **64** (4D **24**)
Spa Fold L40: Lath 5A **8**
Spa La. L40: Lath 5A **8**
Spa Rd. M46: Ath 6E **29**
Spawell Cl. WA3: Low 6C **48**
Speakman Av.
WA12: Newt W 4C **56**
WN7: Leigh 2D **50**
Speakmans Dr. WN6: App B . . .3G **11**
Speedwell Cl. WA3: Low 1C **58**
Spelding Dr. WN6: Stan 5F **13**
Spencer Rd. WN1: Wigan 6B **14**
Spencer Rd. W. WN6: Wigan . . .6A **14**
Spencer's La. WN5: Orr 4H **21**
Spencers La. WN8: Skel 3H **19**
Spenlow WN7: Leigh 4E **51**
Spey Cl. WN6: Stan 6F **5**
Spilsby Sq. WN3: Wigan 3A **34**
Spindle Hillock WN4: Garsw 2F **45**
Spindle Wlk. BL5: W'ton 1B **28**
Spindlewood Rd.
WN3: Ince M 5E **25**
Spinnerette Cl. WN7: Leigh 2C **50**
Spinney, The WA11: Rainf 4B **30**
WN5: Wigan 6G **23**
Spinney Apartments
WN8: Uph 2G **21**
Spinning Ga. Shop. Cen.
WN7: Leigh 3B **50**
Spinning Jenny Way
WN7: Leigh 3B **50**
Spion Kop WN4: Ash M 4A **46**
Spiredale Brow WN6: Stan 5H **5**
Spires Cft. WN7: Leigh 2D **50**
Sportsman St. WN7: Leigh 2H **49**
Sports Pavilion
Leigh 3H 49
SPRING BANK 5F 23
Spring Bank M29: Asty 1B **52**
WN6: App B 1G **11**
Springbank Gdns.
WN2: Platt B 2H **35**
Springbourne WN6: Wigan 1H **23**
Springburn Cl. BL6: Hor 1H **17**
M28: Worsl 1G **53**
SPRINGFIELD 1H 23
Springfield Av. WA3: Golb 1F **57**
Springfield Pk. WA11: Hay 2E **55**
Springfield Rd. BL6: Hor 1H **17**
M46: Ath 1G **39**
WN2: Hin 5A **26**
WN6: Wigan 6H **13**
Springfield St. WN1: Wigan 1C **24**
Spring Gdns. *M46: Ath 2F 39*
(off Mather St.)
WN1: Wigan 3B **24**
Spring Gro.
WN1: Wigan 5D **64** (4D **24**)
Springmount WA3: Low 1C **58**
Springpool WN3: Winst 3D **32**
Spring Rd. WN5: Orr 3B **22**
Springs Brow PR7: Cop 2F **5**
Spring St.
WN1: Wigan 5D **64** (4D **24**)
WN3: Ince M 1E **35**
SPRINGVALE 3C 30
SPRING VIEW 1F 35
Spruce Cl. WA3: Low 2D **58**
Spruce Rd. WN6: Wigan 6H **13**
Square, The M29: Tyld 4A **40**
Squires Cl. WA11: Hay 3D **54**
Squires La. M29: Tyld 5G **39**
Stableyard Cotts.
WA11: Crank 5C **42**
Stadium Way BL6: Hor 1G **17**
WN5: Wigan 2G **23**
Stafford St. WN2: Hin 6A **26**
WN7: Leigh 3F **51**
WN8: Skel 1D **18**
Stainburn Cl. WN6: Shev 3A **12**
Stainer Cl. WA12: Newt W 4B **56**
Stainforth Cl. WA3: Cul 5H **59**
Stamford Rd. WN8: Skel 1D **18**
Stamford St. M46: Ath 1G **39**
Stancliffe Gro. WN2: Asp 3A **16**
Standfield Cen. M28: Worsl 1G **53**
Standfield Dr. M28: Worsl 6G **41**
STANDISH 6G 5
Standish Av. WN5: Bil 2A **44**
Standish Dr. WA11: Rainf 4C **30**
Standish Gallery
WN1: Wigan 3B 64
(within The Galleries)
Standishgate
WN1: Wigan 3B **64** (3C **24**)
STANDISH LOWER GROUND . . .5F 13
Standish St. M29: Asty 5A **40**
Standish Wood La.
WN6: Stan, Wigan 1G **13**
Standside Pk. WN8: Skel 3D **18**
Stanedge Gro. WN3: Wigan 3B **34**
Stanhope St. WN7: Leigh 1H **49**
Stanley Av. WA11: Rainf 4A **30**
Stanley Bank Rd. WA11: Hay 2C **54**
Stanley Bank Way
WA11: Hay 3B **54**
Stanley Cl. BL5: W'ton 4C **28**
Stanley Dr. WN7: Leigh 5H **37**
Stanley Ind. Est. WN8: Skel 6E **9**
Stanley Island WN8: Skel 1E **19**
Stanley La. WN2: Asp, Haigh . . .1H **15**
Stanley Pl. WN1: Wigan 3E **25**
Stanley Rd. WN2: Asp 3A **16**
WN2: Platt B 2G **35**
WN8: Uph 4F **21**
Stanley St. M29: Tyld 4A **40**
M46: Ath 3E **39**
WA12: Newt W 6A **56**
WN5: Wigan 5H **23**
Stanley Way WN8: Skel 6E **9**
Stanmoor Dr. WN2: Asp 3B **16**
Stannanought Rd. WN8: Skel 6A **10**
(not continuous)
Stansfield Cl. WN7: Leigh 5E **51**
Stanstead Cl. WN2: Wigan 1F **25**
Stanton Cl. WA11: Hay 3E **55**
WN3: Wigan 2B **34**
Stapleford Cl. BL5: O Hul 5H **29**
Staplehurst Cl. WN7: Leigh 3G **37**
Stapleton St. WN2: Platt B 3G **35**
Stars Brow WN6: Stan 2F **5**
Startham Av. WN5: Bil 4H **43**
Statham Rd. WN8: Skel 5D **8**
Station App. M46: Ath 1G **39**
Station Av. WN2: B'haw 4B **36**
WN5: Orr 6H **21**
Station M. WN4: Garsw 4F **45**
Station Rd. PR7: Adl 1F **7**
WA11: Hay 3E **55**
WN1: Wigan 5B **64** (3C **24**)
WN4: Garsw 4E **45**
Station Ter. WN1: Haigh 1C **14**
Staveley Rd. WN8: Skel 6E **9**
Stavesacre WN7: Leigh 4B **50**
Stein Av. WA3: Low 1C **58**
Stephenson St. WN2: Abr 5H **35**
Stephen St. WN2: Platt B 3G **35**
Stephen's Way WN3: Wigan 6G **23**
Sterndale Av. WN6: Stan 5G **5**
Sterndale Rd. M28: Worsl 1F **53**
Stetchworth Dr. M28: Worsl 1H **53**
Stevenson Cl.
WN3: Wigan 6A **24**
Stevenson St. M28: Walk 2H **41**
Stewart Rd. WN3: Wigan 2A **34**
Stewerton Cl. WA3: Golb 5F **47**
Stirling Av. WN2: Ince M 3G **25**
Stirling Cl. WN7: Leigh 1F **51**
Stirling Dr. WN4: Garsw 3F **45**
Stirling Rd. WN2: Hin 1D **36**
Stirling St. WN1: Wigan 1C **24**
Stirrup Brook Gro.
M28: Worsl 2F **53**
Stirrup Fld. WA3: Golb 1G **57**
Stockley Dr. WN6: App B 1A **12**
Stockley M. WN6: Shev 2D **12**
Stocks Av. WA9: St H 6A **54**
Stocks Ct., The WA3: Low 1B **58**
Stocksfield Dr. M38: L Hult 1F **41**
Stockwell Cl. WN3: Winst 2F **33**
Stonebeck Ct. BL5: O Hul 3H **29**
Stonebridge M. M29: Asty 2A **52**
Stonechat Cl. M28: Worsl 5H **41**
WA3: Low 1C **58**
Stone Ct. WA11: Hay 3D **54**
Stonecrop WN6: App B 1H **11**
Stone Cross La. Nth.
WA3: Low 2A **58**
Stone Cross La. Sth.
WA3: Low 4A **58**
STONE CROSS PARK 2H 57
Stonefield M29: Tyld 4C **40**
Stone Hall La. WN8: Dalt 5D **10**
Stonehaven BL3: Bolt 1H **29**
WN3: Winst 3F **33**
Stone Ho. Rd. WN5: Wigan 2F **23**
Stone Lea Way *M46: Ath 3C 38*
(off Gadbury Fold)
Stonemill Ri. WN6: App B 2H **11**
Stone Pit Cl. WA3: Low 6D **48**
Stone Row WN2: Asp 6G **15**
Stonethwaite Cl.
WN3: Wigan 3A **34**
Stoney Brow WN8: Roby M 6F **11**
Stoney La. PR7: Adl 3E **7**
Stonyhurst Av.
WN3: Ince M 5D **24**
Stonyhurst Cres. WA3: Cul 4H **59**
Stopford St. WN2: Ince M 4F **25**
Stopforth St. WN6: Wigan 2A **24**
Storwood Cl. WN5: Orr 6A **22**
Stott Wharf WN7: Leigh 3D **50**
Stour Rd. M29: Asty 5B **40**
Stout St. WN7: Leigh 2G **49**
Stowe Gdns. WN7: Leigh 2C **50**
Stradbroke Cl. WA3: Low 2E **59**
Straits, The M29: Asty 1C **52**
Strand, The WN4: Ash M 3B **46**
Strand Av. WN4: Ash M 3B **46**
Strange Rd. WN4: Garsw 4F **45**
Strange St. WN7: Leigh 3F **49**
Stranraer Rd. WN5: Wigan 2E **23**
Stratford St. WN6: Wigan 2A **24**
Strathmore Av. WN4: Ash M 2A **46**
Stratton Dr. WN2: Platt B 4F **35**
Streetgate M38: L Hult 1F **41**
Stretton Av. WA3: Low 2C **58**
WA9: St H 6B **54**
WN5: Bil 2A **44**
Stretton Cl. WN6: Stan 1F **13**
Strines Cl. WN2: Hin 5B **26**
Stringer St. WN7: Leigh 2B **50**
Stroud Cl. WN2: Wigan 1F **25**
Stuart Av. WN2: Hin 2F **37**
Stuart Cl. WN2: Platt B 3F **35**
Stuart Cres. WN5: Bil 2H **43**
STUBSHAW CROSS 2D 46
Studley Ct. M29: Tyld 4H **39**
Sturgess St. WA12: Newt W 6H **55**
Sturton Av. WN3: Wigan 2G **33**
Sudbrook Cl. WA3: Low 1C **58**
Sudbury Cl. WN3: Wigan 3B **34**
Suez St. WA12: Newt W 6A **56**
Suffolk Cl. WN1: Stan 1B **14**
Suffolk Gro. WN7: Leigh 2G **49**
Sullivan Way
WN1: Wigan 2D **64** (2D **24**)
Summercroft Cl. WA3: Golb 2G **57**
Summerfield Dr. M29: Asty 5B **40**
Summer St. WN8: Skel 6F **9**
Sumner St. M46: Ath 2E **39**
WA11: Hay 3C **54**
WN2: Asp 4B **16**
Sunbeam St. WA12: Newt W . . .6C **56**
Sunderland Pl. WN5: Wigan 2F **23**
(not continuous)
Sundial Ho. WA3: Cul 6B **60**
Sunflower Mdw. M44: Irlam 6H **63**
Sunleigh Rd. WN2: Hin 5C **26**
Sunningdale Dr. M44: Irlam 6F **63**
Sunningdale Gro.
WN7: Leigh 6F **39**
Sunnybank Cl.
WA12: Newt W 5C **56**
Sunnybank Rd. M29: Asty 6B **40**
Sunny Dr. WN5: Orr 5B **22**
Sunnyfields WN3: Winst 3E **33**
Sunny Gth. BL5: W'ton 3A **28**
Sunnyside Rd. WN4: Ash M 1H **45**
Surrey Av. WN7: Leigh 3G **51**
Sussex Cl. WN1: Stan 6B **6**
WN2: Hin 6E **27**
Sussex Pl. M29: Tyld 2A **40**
Sussex St. WN7: Leigh 3G **51**
Sutherland Rd. WN3: Wigan . . .2A **34**
Sutherland St. WN2: Hin 6A **26**
WN5: Wigan 5H **23**
Sutton Av. WA3: Cul 5A **60**
Swallow Dr. M44: Irlam 6G **63**
Swallowfield WN7: Leigh 2C **50**
Swanfield Wlk. *WA3: Golb 5F 47*
(off Walters Grn. Cres.)
Swan Gro. M46: Ath 3D **38**
Swan La. WN2: Hin 1F **37**
Swan Mdw. Ind. Est.
WN3: Wigan 4B **24**
Swan Mdw. Rd. WN3: Wigan . . .4B **24**
Swann St. WN3: Wigan 4B **24**
Swan Rd. WA12: Newt W 5F **55**
Swifts Fold WN8: Skel 3D **18**
Swift St. WN5: Wigan 4A **24**
Swinburn Gro. WN5: Bil 4H **31**
Swinhoe Pl. WA3: Cul 6H **59**
SWINLEY 1C 24
Swinley La. WN1: Wigan 1C **24**
Swinley Rd.
WN1: Wigan 1A **64** (1C **24**)
Swinley St. WN1: Wigan 1C **24**
Swinside WN1: Wigan 2F **25**
Sycamore Av. M29: Tyld 4D **40**
WA3: Golb 6G **47**
WA11: Hay 4C **54**
WA12: Newt W 6C **56**
WN2: Hin 2D **36**
WN6: Wigan 5H **13**
Sycamore Dr. WN3: Winst 3D **32**
WN8: Skel 1E **19**
Sycamore Rd. M46: Ath 2G **39**
Syderstone Cl. WN2: Hin 1C **36**
Sydney Av. WN7: Leigh 5H **49**
Sydney St. WN2: Platt B 2G **35**
Sykefield Cl. WN2: Hin 2G **37**
Syresham St. WN2: Platt B 3H **35**

T

Tabby's Nook WN8: Newb 1G **9**
Taberner Cl. WN6: Stan 6H **5**
Tadmor Cl. M38: L Hult 1F **41**
Talbot St. WA3: Golb 1G **57**
Tallies Cl. WN2: Abr 6A **36**
Talman Gro. WN4: Ash M 4D **46**
Tamar Rd. WA11: Hay 3E **55**
Tamer Gro. WN7: Leigh 5G **37**
TAMER LANE END 5G 37
Tamneys, The WN8: Skel 2F **19**
Tamworth Dr. WN2: Wigan 1F **25**
Tamworth St. WA12: Newt W . . .6A **56**
Tancaster WN8: Skel 2E **19**
Tanfields WN8: Skel 2F **19**
TANHOUSE 2B 20
Tanhouse Av. M29: Asty 6D **40**
Tan Ho. Dr. WN3: Winst 3E **33**
Tan Ho. La. WN3: Winst 3E **33**
Tanhouse Rd. WN8: Skel 3A **20**
Tanner's La. WA3: Golb 1G **57**
Tan Pit Cotts. WN3: Winst 3F **33**
Tan Pit La. WN3: Winst 3F **33**
Tan Pits Cl. M29: Asty 6C **40**
Tansley Sq. WN5: Wigan 6F **23**
Tarleton Av. M46: Ath 6D **28**
Tarlswood WN8: Skel 2F **19**
Tarnbrook Dr. WN2: Asp 4H **15**

88 A-Z Wigan

Tarn Cl.—Valley Rd.

Tarn Cl. WN4: Ash M 2B 46
Tarnrigg Cl. WN3: Wigan 2G 33
Tarnside Rd. WN5: Orr 5A 22
Tarnway WA3: Low 2D 58
Tarrant Cl. WN3: Winst 3F 33
Tarvin Cl. WA3: Low 2C 58
Tatham Gro. WN3: Winst 4F 33
Tatlock Cl. WN5: Bil 2A 44
Tatton Dr. WN4: Ash M 2H 45
Taunton Av. WN7: Leigh 3H 37
Tavistock Rd. WN2: Hin 1E 37
Tavistock St. M46: Ath 2D 38
TAWD BRIDGE 4A 20
Tawd Rd. WN8: Skel 3A 20
Taylor Gro. WN2: Hin 2G 37
Taylor Rd. WA11: Hay 3G 55
WN2: Hin 2G 37
Taylor's La. WN3: Ince M 2E 35
Taylor St. *WA3: Golb 6A 48*
(off Lowton Rd.)
WN3: Wigan 3B 24
WN7: Leigh 5H 37
WN8: Skel 2C 18
Tayton Cl. M29: Tyld 4C 40
Taywood Rd. BL3: Bolt 1F 29
Teal Cl. WN3: Wigan 1D 32
Tears La. WN8: Newb 1F 9
Tebworth Dr. WN2: Hin 1C 36
Teesdale Dr. WN7: Leigh 2E 51
Teesdale Rd. WA11: Hay 2E 55
Telford Cres. WN7: Leigh 5H 37
Telford St. M46: Ath 3C 38
Tellers Cl. M46: Ath 2F 39
Templegate Cl. WN6: Stan 5H 5
Templemartin *WN8: Skel 1F 19*
(off Thorpe)
Templeton Cl. BL5: W'ton 3A 28
Templeton Rd. WN2: Platt B 3H 35
(not continuous)
Tenbury Dr. WN4: Ash M 3H 45
Tenby WN8: Skel 1E 19
Tenement St. WN2: Abr 4H 35
Tennyson Av. WN7: Leigh 5G 37
Tennyson Dr. WN1: Wigan 6C 14
WN5: Bil 4H 31
Tensing Av. M46: Ath 6E 29
Tenter Dr. WN6: Stan 2B 14
Tetbury Cl. WN5: Wigan 2F 23
Teversham WN8: Skel 1F 19
Teviot WN8: Skel 1E 19
Tewkesbury *WN8: Skel 1E 19*
(off Tenby)
Tewkesbury Rd. WA3: Golb 1H 57
Thackeray Ho.
WN3: Wigan 6A 24
(off Thackeray Pl.)
Thackeray Pl. WN3: Wigan 6A 24
Thames Av. WN7: Leigh 6B 50
Thames Dr. WN5: Orr 4B 22
Thames Rd. WA3: Cul 6B 60
Thanet WN8: Skel 1F 19
Thanet Gro. WN7: Leigh 2C 50
The ....
Names prefixed with 'The' for example 'The Alders' are indexed under the main name such as 'Alders, The'
Thealby Cl. WN8: Skel 1E 19
Thelwall Cl. WN7: Leigh 3F 49
Thetford Cl. WN2: Hin 1C 36
Thicknesse Av. WN6: Wigan 6H 13
Thickwood Moss La.
WA11: Rainf 6B 30
Third Av. M29: Asty 3B 52
WN6: Wigan 1A 24
Third St. WN2: Bam 6F 35
Thirlmere Av. M29: Asty 6A 40
WN2: Abr 5H 35
WN2: Ince M 4H 25
WN4: Ash M 3C 46
WN5: Orr 4B 22
WN6: Stan 2A 14
WN8: Uph 4F 21
Thirlmere Dr. M38: L Hult 1G 41
Thirlmere Rd. BL5: O Hul 4H 29
WA3: Golb 6A 48
WN2: Hin 6C 26
WN5: Wigan 4D 22
Thirlmere St. WN7: Leigh 2A 50
Thirsk WN8: Skel 1F 19
Thistledown Cl. WN6: Wigan 1A 24
Thistleton Cl. WA9: St H 5A 54
THOMAS LINACRE CENTRE 2A 64 (2B 24)
Thomas More Gdns.
WN5: Wigan 4H 23
Thomas St. BL5: W'ton 1A 28
M46: Ath 2F 39
WA3: Golb 1G 57
WN2: Hin 2F 37
WN5: Wigan 4H 23
WN7: Leigh 3D 50
Thompson Av. WA3: Cul 6A 60
Thompson Ho. *M46: Ath 2E 39*
(off Rosedale Av.)
Thompson St. WN1: Wigan 2E 25
WN3: Wigan 1A 34
WN4: Ash M 3D 46
WN7: Leigh 2F 49
Thorburn Ho. WN5: Wigan 4E 23
Thorburn La. WN5: Wigan 4F 23
Thorburn Rd. WN5: Wigan 5E 23
Thoresby Cl. WN3: Wigan 2G 33
Thorlby Rd. WA3: Cul 6B 60
Thornbury WN8: Skel 1F 19
Thornbury Av. WA3: Low 2C 58
Thornbush Cl. WA3: Low 6C 48
Thornby WN8: Skel 1F 19
Thorncroft Av. M29: Asty 6H 39
Thorndale WN8: Skel 1F 19
Thorneycroft WN7: Leigh 2E 51
Thornfield Cl. WA3: Golb 1A 58
THORN HILL 4B 14
Thornhill WN1: Stan 4B 14
Thorn Hill Gdns. WN1: Stan 3B 14
Thornhill Rd. WN4: Garsw 3E 45
Thorn Lea M46: Ath 3G 39
Thorn St. WN2: Hin 1B 36
Thorns Villa Gdns.
M28: Worsl 2G 53
Thornton WN8: Skel 1F 19
Thornton Cl. M28: Worsl 6E 41
WA3: Low 6E 49
WN4: Ash M 3H 45
WN7: Leigh 6B 50
Thornton Rd. M28: Worsl 6E 41
Thornvale WN2: Abr 6A 36
Thornway M28: Worsl 6G 41
Thorn Well BL5: W'ton 4A 28
Thornwood WN8: Skel 1F 19
Thorpe WN8: Skel 1F 19
Three Sisters Ent. Pk., The
WN4: Ash M 1B 46
Three Sisters Race Circuit 6C 34
Three Sisters Rd.
WN4: Ash M 1B 46
Throstlenest Av. WN6: Wigan 1A 24
Thurcroft Dr. WN8: Skel 1E 19
Thurlby Cl. WN4: Ash M 3D 46
Thurlow WA3: Low 2C 58
Thurlwood Cft. BL5: W'ton 2A 28
Thursby Ho. *WN5: Wigan 4E 23*
(off Saddleback Rd.)
Thurstan Cl. WN6: Shev 5C 12
Thurstan St. WN3: Ince M 1E 35
Thurston WN8: Skel 1E 19
(not continuous)
Thurston Av. WN3: Wigan 2B 34
Thurstons *BL5: W'ton 3A 28*
(off Wigan Rd.)
Tickle Av. WA9: St H 6A 54
Tideswell Av. WN5: Orr 2C 22
Tiernan Lodge WN6: Wigan 2A 24
Tilbury Gro. WN6: Shev 2H 11
Tilcroft WN8: Skel 1E 19
Timperley La. WN7: Leigh 5D 50
Tinkersfield WN7: Leigh 6H 37
Tinsley Grn. Way WN7: Leigh 3E 49
Tintagel WN8: Skel 1D 18
Tintagel Rd. WN2: Hin 1E 37
Tintern Av. M29: Asty 6C 40
WN4: Ash M 4D 46
Tinwald Pl. WN1: Wigan 2F 25
Tipping St. WN3: Wigan 5B 24
Tithebarn Rd. WN4: Garsw 5E 45
Tithe Barn St. BL5: W'ton 2A 28
Tithebarn St. WN8: Uph 4F 21
Tiverton Av. WN7: Leigh 3H 37
WN8: Skel 1E 19
Tiverton Cl. M29: Asty 6C 40
Tobermory Cl. WA11: Hay 4C 54
Toby Island WN8: Skel 6H 9
Toddington La. WN2: Haigh 1H 15
Tollgreen Cl. WN2: Hin 4B 26
Toll St. WN2: Platt B 4G 35
Tolver Rd. WN4: Ash M 1A 46
Tongbarn WN8: Skel 1E 19
TONTINE 6H 21
Tontine Rd. WN5: Orr 6G 21
WN8: Uph 5G 21
Toothill Cl. WN4: Ash M 2B 46
Top Acre Rd. WN8: Skel 4A 20
Topcliffe St. WN2: Hin 5D 26
TOP LOCK 1H 25
Torquay Dr. WN5: Bil 5A 32
Torridon Cl. WN6: Stan 2A 14
Torside Cl. WN2: Hin 5B 26
Torver Cl. WN3: Wigan 3A 34
Total Fitness
Wigan 3H 33
Toulston Rd. WN6: Wigan 1H 23
Tower Ent. Pk. WN3: Wigan 3B 24
Tower Gro. WN7: Leigh 1F 51
Tower Hill Rd. WN8: Uph 6D 20
Tower Nook WN8: Uph 6E 21
Tower Vw. BL6: B'rod 4H 7
Townfield Av. WN4: Ash M 5B 46
Townfields WN4: Ash M 4A 46
Townfield Wlk.
WA12: Newt W 5B 56
Towngate Bus. Cen.
M38: L Hult 1E 41
TOWN GREEN 4D 46
TOWN LANE 3A 52
TOWN OF LOWTON 4H 57
Townsfield Rd. BL5: W'ton 4A 28
Townson Dr. WN7: Leigh 6B 50
Trackside App. BL5: W'ton 1A 28
Tracks La. WN5: Bil 2H 31
Tracy Dr. WA12: Newt W 6E 57
Trafalgar Rd.
WN1: Wigan 1A 64 (2C 24)
WN2: Hin 6B 26
Trafford Dr. M38: L Hult 1H 41
Trafford Rd. WN2: Hin 6A 26
Tram St. WN2: Platt B 4G 35
Trecastell Cl. WN1: Wigan 2F 25
Treen Rd. M29: Asty 5C 40
Tregaron Gro. WN2: Hin 2E 37
Trencherfield Mill
WN3: Wigan 6A 64 (4B 24)
Trencherfield Mill Engine 4B 24
(within Trencherfield Mill)
Trencherfield Mill Leisure Arts & Heritage Cen. 4B 24
(off Heritage Way)
Trent Dr. M28: Walk 3H 41
WN2: Hin 2G 37
Trent Gro. WN7: Leigh 3G 49
Trent Rd. WN4: Ash M 2E 47
WN5: Bil 3G 43
WN5: Wigan 4E 23
Trescott M. WN6: Stan 1G 13
Treswell Cl. WN2: Hin 3B 36
Trevelyan Dr. WN5: Bil 4H 31
Trevore Dr. WN1: Stan 6B 6
Trinity Gdns. WN4: Ash M 3H 45
Trinity Pl. BL5: W'ton 1A 28
WN7: Leigh 5A 38
Troon Cl. WA11: Hay 4C 54
Troutbeck Av. WA12: Newt W 5G 55
Troutbeck Dr. M29: Asty 6A 40
Troutbeck Gro. WA11: St H 5F 43
Troutbeck Ri. WN5: Wigan 5D 22
Troutbeck Rd. WN4: Ash M 2C 46
Truro Cl. WA11: St H 2A 54
Truro Rd. M29: Asty 5C 40
TUCKER'S HILL 6H 7
Tuckers Hill Brow WN2: Haigh 6H 7
Tudor Cl. WA11: Rainf 3A 30
Tudor Ct. WN7: Leigh 2E 51
Tudor Gro. WN3: Winst 3G 33
Tulip Dr. WN6: Wigan 6H 13
Tulip Rd. WA11: Hay 3H 55
Tully Av. WA12: Newt W 6G 55
Tunley La. WN6: Wright 2A 4
Tunley Moss WN6: Wright 3A 4
Tunnicliffe's New Row
WN7: Leigh 2G 49
Tunstall La. WN5: Wigan 6F 23
Turnberry BL3: Bolt 1H 29
WN8: Skel 1D 18
Turnberry Cl. M29: Asty 5C 40
Turncroft Way M28: Worsl 6F 41
Turnditch Cl. WN6: Wigan 5A 14
Turner Av. M44: Irlam 6G 63
WN2: B'haw 4C 36
Turner St. BL5: W'ton 6A 28
WN1: Wigan 3C 64 (2D 24)
WN2: Hin 4B 26
WN7: Leigh 3C 50
Turners Yd. WN5: Orr 6H 21
Turner Way WN7: Leigh 4H 49
Turnill Dr. WN4: Ash M 5B 46
Turnpike Gallery 2B 50
(off St Mary's Way)
Turnstone Av. WA12: Newt W 5C 56
Turnstone Cl. WN7: Leigh 1C 50
Turret Hall Dr. WA3: Low 1C 58
Turriff Gro. WN2: Ince M 3G 25
Turton St. WA3: Golb 1G 57
Tutor Bank Dr.
WA12: Newt W 6D 56
Tweed St. WN7: Leigh 3D 50
Tweed St. Ind. Est.
WN7: Leigh 3D 50
Twelve Yards Rd. M30: Ecc 4F 63
(not continuous)
M44: Irlam 5C 62
TWISS GREEN 5A 60
Twiss Grn. Dr. WA3: Cul 5A 60
Twiss Grn. La. WA3: Cul 5H 59
Twist Av. WA3: Golb 1A 58
Twist La. WN7: Leigh 2H 49
Tybyrne Cl. M28: Worsl 6F 41
TYLDESLEY 4A 40
Tyldesley Arc. WN1: Wigan 3B 64
Tyldesley Little Theatre 5H 39
Tyldesley Old Rd. M46: Ath 3F 39
Tyldesley (Park & Ride) 5A 40
Tyldesley Pas. M29: Tyld 4H 39
Tyldesley Rd. M46: Ath 2F 39
Tyrer Av. WN3: Wigan 6H 23
Tyrer Wlk. WA3: Low 1D 58

U

Ulleswater St. WN7: Leigh 2A 50
Ullswater Av. WN4: Ash M 3B 46
WN5: Orr 4B 22
Ullswater Dr. WN2: Ince M 4H 25
Ullswater Ho. WA3: Golb 6A 48
Ullswater Rd. M29: Asty 6A 40
WA3: Golb 6A 48
Ulverston Cl. WA11: Hay 3C 54
Ulverston Rd. WN3: Wigan 2H 33
Umberton Rd. BL5: O Hul 4H 29
Underwood Ter. M29: Tyld 4A 40
Union Cl. WN5: Orr 6A 22
Union St. M29: Tyld 4H 39
WN2: Ince M 3G 25
WN7: Leigh 2B 50
Unity Ho. WN3: Wigan 5C 24
Unsworth Av. M29: Tyld 5B 40
WA3: Low 6C 48
Unsworth St. M29: Tyld 4B 40
WN2: Hin 1B 36
WN7: Leigh 6A 38
Unsworth Ter. WN2: Hin 6A 26
UP HOLLAND 4F 21
Upholland Rd. WN5: Bil 1H 31
Upholland Station (Rail) 1D 30
Upland Dr. WN4: Ash M 3D 46
Up. Broom Way BL5: W'ton 1C 28
Up. Dicconson St.
WN1: Wigan 2B 64 (2C 24)
Up. George St. M29: Tyld 5A 40
Up. Lees Dr. BL5: W'ton 2C 28
Up. St Stephen St.
WN6: Wigan 3B 24
Uppingham WN8: Skel 2D 18
Upton Cl. WA3: Low 1B 58
Upton La. M29: Tyld 5C 40
Upton Rd. M46: Ath 1G 39
Upwood Rd. WA3: Low 2B 58
Urmston Av. WA12: Newt W 4B 56
Urmston St. WN7: Leigh 2H 49
(not continuous)

V

Vale, The WN6: App B 1H 11
Vale Cl. WN6: App B 1A 12
Vale Cft. WN8: Uph 5E 21
Vale Gdns. WN3: Ince M 6F 25
Vale La. L40: Lath 5D 8
(not continuous)
Valentine Rd.
WA12: Newt W 6H 55
Valentines Rd. M46: Ath 4C 38
Valiant Rd. WN5: Wigan 3F 23
Valley Cl. WN6: Wigan 1G 23
Valley Ga. WN1: Wigan 5D 14
Valley Rd. WN5: Wigan 6F 23

A-Z Wigan 89

Vanbrugh Gro.—Westleigh La.

Vanbrugh Gro. WN5: Orr 2D **22**
Vauxhall Rd.
WN1: Wigan 3D **64** (3D **24**)
Verda St. WN2: Abr 5H **35**
Verne Wlk. WN4: Ash M 4D **46**
Vernon St. WN7: Leigh 2B **50**
Viaduct St. WA12: Newt W 6A **56**
Vicarage Cl. WN2: Platt B 3G **35**
Vicarage Dr. WA11: Hay 2C **54**
Vicarage Gdns. WN2: Abr 4H **35**
WN5: Orr 1H **31**
Vicarage La. WN6: Shev 4C **12**
Vicarage Rd. WA11: Hay 2C **54**
WN2: Abr 4H **35**
WN4: Ash M 5A **46**
WN5: Orr 1H **31**
Vicarage Rd. W. BL6: B'rod 5H **7**
Vicarage Sq. WN7: Leigh 2B **50**
Vicars Hall Gdns.
M28: Worsl 1F **53**
Vicars Hall La. M28: Worsl 2F **53**
Vickers Dr. WN8: Skel 3C **20**
Victor Cl. WN5: Wigan 3F **23**
Victoria Av. WN2: B'haw 4C **36**
WN6: Wigan 2A **24**
Victoria Cl. *BL5: W'ton 3B **28***
(off Victoria St.)
M28: Worsl 1G **53**
WN2: Asp 3H **15**
Victoria Ct. *WN2: Platt B 2G **35***
(off Neville St.)
*WN8: Skel 2D **18***
(off Ormskirk Rd.)
Victoria Cres. WN6: Stan 1G **13**
Victoria Ind. Est. WN7: Leigh . . 6A **38**
Victoria Pk. WN8: Skel 2C **18**
Victoria Rd. WA12: Newt W 5C **56**
WN2: Platt B 4G **35**
WN4: Garsw 4F **45**
Victoria St. BL5: W'ton 3B **28**
M28: Worsl 1G **53**
WA11: Rainf 4B **30**
WN2: Platt B 3G **35**
WN5: Wigan 6G **23**
WN7: Leigh 1A **50**
Victoria Ter. WN2: B'haw 5D **36**
Victoria Way WN7: Leigh 1A **50**
Vigo St. WN2: Asp 1F **25**
Villa Av. WN6: Wigan 5A **14**
Village Cl. WN8: Skel 3D **18**
Village Pl. WN7: Leigh 1E **51**
Village Vw. WN5: Bil 2A **44**
WN7: Leigh 3D **50**
Village Way WN8: Skel 3D **18**
Vincent Way WN5: Wigan 3F **23**
Vine Gro.
WN3: Wigan 5A **64** (4C **24**)
Vine St.
WN1: Wigan 1D **64** (2D **24**)
WN2: Hin 5B **26**
Viola Cl. WN6: Stan 5F **5**
Violet St. WN3: Ince M 5E **25**
WN4: Ash M 5B **46**
Virginia Way WN5: Wigan 3E **23**
Viscount Rd. WN5: Wigan 3F **23**
Vista Av. WA12: Newt W 5A **56**
Vista Rd. WA11: Hay 2A **56**
WA12: Newt W 2A **56**
Vista Way WA12: Newt W 5A **56**
Vue Cinema
Bolton 1H 17
Vulcan Dr.
WN1: Wigan 5D **64** (4D **24**)
Vulcan Rd. WN5: Wigan 3F **23**

W

Waddington Cl. WA3: Low 1D **58**
Wade Bank BL5: W'ton 3B **28**
Wadsworth Dr. WN6: Wigan . . . 1H **23**
Wagon La. WA11: Hay 5D **54**
Waine St. WA11: Hay 3B **54**
Wainfleet Cl. WN3: Winst 2G **33**
Wain Ho. WN7: Leigh 4D **50**
Wainscot Cl. M29: Asty 6B **40**
Wakefield Cres. WN6: Stan 2A **14**
Wakefield St. WA3: Golb 2G **57**
Wakes Cl. WN2: Hin 6D **26**
Walcot Pl. WN3: Wigan 3H **33**
Walden Cl. WN2: Hin 1D **36**
Waldorf Cl. WN3: Winst 3F **33**
Waldron WN8: Skel 3D **18**
Walford Rd. WN4: Ash M 4C **46**
Walk, The M46: Ath 2F **39**
WALKDEN 1H 41
Walkden Av. WN1: Wigan 1B **24**
Walkden Av. E.
WN1: Wigan 1C **24**
Walkdene Dr. M28: Walk 2H **41**
Walkden Ho. WN4: Ash M 2H **45**
Walkdens Av. M46: Ath 3C **38**
Walkers Dr. WN7: Leigh 2C **50**
Walker St. BL5: W'ton 3A **28**
Wallace La. WN1: Wigan 2E **25**
Wallbrook Av. WN5: Bil 4H **31**
Wallcroft St. WN8: Skel 3E **19**
Wallgarth Cl. WN3: Winst 3G **33**
WALLGATE 4B 24
Wallgate
WN1: Wigan 5A **64** (4C **24**)
WN3: Wigan 5A **64** (4A **24**)
WN5: Wigan 4A **24**
Walls St. WN2: Hin 3G **37**
Wall St. WN6: Wigan 2H **23**
Wallwork Rd. M29: Asty 1D **52**
Walmer Rd. WN2: Hin 6E **27**
Walmesley Dr. WN2: Ince M . . . 4H **25**
Walmesley Rd. WN7: Leigh . . . 2A **50**
Walmesley St.
WN1: Wigan 5C **64** (4D **24**)
Walmsley Dr. WA11: Rainf 6C **30**
Walmsley St. WA12: Newt W . . 5D **56**
Walney Rd. WN3: Winst 3F **33**
Walnut Av. WN1: Wigan 1D **24**
Walnut Gro. WN7: Leigh 5B **38**
Walpole Av. WN3: Wigan 2H **33**
Walsh Cl. WA12: Newt W 4C **56**
Walsh Ho. *M46: Ath 1F **39***
(off Brooklands Av.)
Walter Leigh Way WA3: Low . . . 6E **49**
WN7: Leigh 6E **49**
Walter Scott Av.
WN1: Wigan 5B **14**
Walters Grn. Cres.
WA3: Golb 5F **47**
Walter St. WN4: Ash M 2D **46**
WN5: Wigan 5F **23**
WN7: Leigh 2F **49**
Waltham Av. WA3: G'bury 2E **61**
WN6: Wigan 6H **13**
Waltham Gdns. WN7: Leigh . . . 4E **51**
WALTHEW GREEN 6G 11
Walthew Ho. La.
WN5: Wigan 2D **22**
Walthew La. WN2: Platt B 2G **35**
(not continuous)
WN5: Wigan 1E **23**
Walton Rd. WA3: Cul 6B **60**
Walton St. M46: Ath 1G **39**
PR7: Adl 1G **7**
Wanborough Cl. WN7: Leigh . . . 6B **38**
Warbeck Cl. WN2: Hin 2C **36**
Warburton Pl. M46: Ath 2F **39**
Wardens Bank BL5: W'ton 6A **28**
Wardham Cl. BL5: W'ton 6B **28**
Wardley Av. M28: Walk 2H **41**
Wardley Rd. M29: Tyld 5D **40**
Wardley Sq. M29: Tyld 5D **40**
Wardley St. WN5: Wigan 6D **22**
Wardlow Av. WN5: Orr 2C **22**
Wardour St. M46: Ath 3E **39**
(not continuous)
Wards Pl. WN7: Leigh 3D **50**
Ward St. WN2: Hin 4B **26**
Ware Cl. WN4: Ash M 3D **46**
Wareham Cl. WA11: Hay 2E **55**
Wareing St. M29: Tyld 5H **39**
WARGRAVE 6C 56
Wargrave Rd.
WA12: Newt W 6B **56**
Waring Av. WA9: St H 6D **54**
Warlow Dr. WN7: Leigh 4H **37**
Warminster Gro. WN3: Winst . . 3F **33**
Warncliffe St. WN5: Wigan 6F **23**
Warnford St. WN1: Wigan 1C **24**
Warren, The WA12: Newt W . . . 6A **56**
Warren Cl. M46: Ath 1G **39**
Warren Dr. WA12: Newt W 5F **57**
Warrington La.
WN1: Wigan 4C **64** (3D **24**)
Warrington Rd.
WA3: Cul, G'bury 5D **50**
WA3: Golb 2G **57**
WA12: Newt W 4G **57**
WN1: Ince M 6D **64** (4D **24**)
WN2: Abr, Platt B 3G **35**
WN3: Ince M 6D **64** (6E **25**)
Warrington Rd. WN3: Wigan . . . 4H **33**
WN4: Ash M 5B **46**
WN5: Wigan 5H **23**
WN7: Leigh 5D **50**
Warrington Rd. Ind. Est.
WN3: Wigan 6H **23**
Warwick Av. WA12: Newt W . . . 6D **56**
WN4: Ash M 5D **46**
Warwick Dr. WN2: Hin 5D **26**
Warwick Rd. M29: Tyld 3A **40**
M46: Ath 6D **28**
WN2: Asp 4A **16**
Warwick St. PR7: Adl 1F **7**
WN7: Leigh 4G **51**
Wasdale Av. WA11: St H 6F **43**
Washacre BL5: W'ton 4B **28**
Washacre Cl. BL5: W'ton 4B **28**
Washbrook Av. M28: Worsl . . . 4H **41**
Washburn Cl. BL5: W'ton 1B **28**
WASH END 1F 59
Wash End WA3: Low 1F **59**
Wash La. WN7: Leigh 1D **50**
Wastdale Rd. WN4: Ash M 5A **34**
Waterbeck Cl. WN1: Wigan 2F **25**
Waterdale Cl. M28: Worsl 1H **53**
Water Dr. WN6: Stan 2B **14**
Wateredge Cl. WN7: Leigh 4H **49**
Waterford Cl. WN2: Platt B 3G **35**
WATER HEYES 2C 64 (2D 24)
Waterhouse Ct. *WN7: Leigh 3B **50***
(off Ellesmere St.)
Waterhouse Nook BL6: B'rod . . . 2G **7**
Waterloo St. WN6: Wigan 2A **24**
Watermede WN5: Bil 2A **32**
Waterside Dr.
WN3: Wigan 6A **64** (5B **24**)
(not continuous)
Waterside Ho.
WN3: Wigan 6A **64** (5C **24**)
Waterside Trad. Est.
WN7: Leigh 3D **50**
WATER'S NOOK 2C 28
Waters Nook Cl. BL5: W'ton . . . 2C **28**
Water's Nook Rd. BL5: W'ton . . 3C **28**
Waters Reach WN1: Ince M . . . 3F **25**
Water St. M46: Ath 2F **39**
PR7: Adl 1G **7**
WA12: Newt W 5C **56**
WN1: Wigan 3B **64** (3C **24**)
Waterview Pk. WN7: Leigh 3A **50**
Waterworks Dr.
WA12: Newt W 5F **57**
Watkin Cl. WN3: Wigan 1F **33**
Watkins Av. WA12: Newt W 6H **55**
Watson Av. WA3: Golb 6F **47**
WN4: Ash M 4C **46**
Waverley WN8: Skel 2D **18**
Waverley Ct. WN3: Winst 2F **33**
Waverley Gro. WN7: Leigh 1F **51**
Waverley Rd. M28: Worsl 4H **41**
WA3: Low 6B **48**
WN2: Hin 6A **26**
Wavertree Av. M46: Ath 1E **39**
Wayfarers Dr. M29: Tyld 5A **40**
WA12: Newt W 6E **57**
Wayfaring BL5: W'ton 1B **28**
Wearhead Cl. WA3: Golb 2G **57**
Wearish La. BL5: W'ton 6G **27**
Weaste Av. M38: L Hult 1H **41**
Weaver Av. M28: Walk 3G **41**
Weaver Gro. WA9: St H 6C **54**
WN7: Leigh 3G **49**
Weavermill Pk. WN4: Ash M . . . 5C **46**
Webster St. WN2: Platt B 2G **35**
Wedge Av. WA11: Hay 4C **54**
Wedgewood Dr. WN6: Stan 6F **13**
Weedon Av. WA12: Newt W 4B **56**
Weighbridge Ct. M44: Irlam . . . 6H **63**
Welbeck Rd. WN3: Wigan 2G **33**
WN4: Ash M 2C **46**
Welbourne WN8: Skel 3D **18**
Welburn Cl. WN5: Orr 6A **22**
Welch Hill St. WN7: Leigh 3A **50**
Weldon Gro. WN1: Wigan 1E **25**
Welford Av. WA3: Low 2A **58**
Welham Rd. WN3: Wigan 2B **34**
Welland, The BL5: W'ton 3A **28**
Welland Rd. WN4: Ash M 2E **47**
Wellbrooke Cl. WN4: Ash M . . . 4C **46**
Wellburn Cl. BL3: Bolt 1H **29**
Well Ct. WN6: Stan 6G **5**
Wellcross Rd. WN8: Uph 5F **21**
Wellesley Cl. WA12: Newt W . . . 4B **56**
WN5: Wigan 3G **23**
Wellfield Rd. WA3: Cul 5A **60**
WN2: Hin 1E **37**
WN6: Wigan 5H **13**
Wellington Cl.
WA12: Newt W 6A **56**
WN8: Skel 3C **20**
Wellington Dr. M29: Tyld 4E **41**
Wellington Gdns.
WA12: Newt W 6A **56**
Wellington Gro.
WN3: Ince M 6D **24**
Wellington Rd. M46: Ath 6H **29**
Wellington St. BL5: W'ton 1A **28**
WA12: Newt W 6A **56**
WN1: Wigan 4D **64** (3D **24**)
Well Rd. WN7: Leigh 4H **37**
Wells Av. WN5: Bil 1H **43**
Wells Cl. M29: Asty 5C **40**
Wells Dr. WN2: Wigan 1F **25**
Wells Pl. WN1: Wigan 3E **25**
Well St. M29: Tyld 5A **40**
*WN1: Wigan 3E **25***
(off Caunce Rd.)
Welton Cl. WN7: Leigh 2E **51**
Wendlebury Cl. WN7: Leigh 6A **50**
Wendover Cl. WA11: Hay 2F **55**
Wenlock Gro. WN2: Hin 1B **36**
Wenlock Rd. WN2: Hin 1B **36**
WN7: Leigh 5A **50**
Wenlock St. WN2: Hin 1B **36**
Wennington Rd. WN3: Wigan . . . 1E **33**
Wenning Wlk. WN2: Platt B 3G **35**
Wensleydale Rd. WN7: Leigh . . . 2E **51**
Wensley Rd. WA3: Low 2C **58**
Wentworth Av. M44: Irlam 6G **63**
Wentworth Rd. WN4: Ash M 2A **46**
Wescoe Cl. WN5: Orr 6A **22**
Wesley Av. WA11: Hay 2H **55**
Wesley Cl. BL5: W'ton 1A **28**
Wesley Ct. *BL5: W'ton 1A **28***
(off Wesley St.)
Wesley St. BL5: W'ton 1A **28**
M46: Ath 2G **39**
WN5: Wigan 6F **23**
Wessex Cl. WN1: Stan 6B **6**
Wessex Dr. WN3: Ince M 1F **35**
Wessex Rd. WN5: Wigan 2F **23**
West Av. M28: Walk 2H **41**
WA3: Golb 6H **47**
WN7: Leigh 4E **51**
W. Bank St. M46: Ath 4G **39**
Westbourne Av. WN7: Leigh . . . 6A **38**
(not continuous)
Westbourne Cl. WN3: Ince M . . 1E **35**
Westbridge M.
WN1: Wigan 5B **64** (4C **24**)
W. Bridgewater St.
WN7: Leigh 3B **50**
Westbury Av. WN3: Winst 3F **33**
Westbury Cl. BL5: W'ton 2C **28**
West Cl. M46: Ath 4G **39**
Westcott Dr. WN3: Wigan 1E **33**
Westcroft WN2: Platt B 3H **35**
W. End Gro. WA11: Hay 3B **54**
W. End Rd. WA11: Hay 3B **54**
Westerdale Cl. M29: Tyld 5B **40**
Westfield Av. WN4: Ash M 3A **46**
Westfield Gro. WN1: Wigan . . . 6B **14**
Westfield Rd. M46: Ath 4G **39**
Westgate WN8: Skel 2D **18**
Westgate Dr. M29: Asty 1C **52**
WN5: Orr 6H **21**
Westgate Health & Fitness 3D 18
Westgate Ind. Est.
WN8: Skel 3D **18**
Westgate M. *WN8: Skel 2D **18***
(off Westgate)
WEST GILLIBRANDS 3C 18
West Gro. BL5: W'ton 5A **28**
Westhead Av. WA3: Low 6C **48**
WESTHOUGHTON 3A 28
Westhoughton Golf Course . . . 2H 27
Westhoughton Leisure Cen. . . . 3B 28
Westhoughton
(Park & Ride) 1B 28
Westhoughton Station
(Rail) 1A 28
Westinghouse Cl.
WN6: Wigan 3A **24**
Westlake Gro. WN2: Hin 1F **37**
W. Lancashire Investment Cen.
WN8: Skel 5F **19**
WESTLEIGH 5A 38
Westleigh La. WN7: Leigh 3H **37**

90 A-Z Wigan

Westleigh Vw.—Wolfson Sq.

Westleigh Vw. WN7: Leigh 5A 38
Westlock WN3: Wigan 5C 24
Westmead WN6: Stan 1G 13
Westminster Dr. WA11: Hay 2H 55
WN7: Leigh 6G 39
Westminster St. WN5: Wigan ..5H 23
Westmoreland St.
WN1: Wigan 2E 25
Westmorland Rd. M29: Tyld 3A 40
West Mt.
WN1: Wigan 1D 64 (2D 24)
WN5: Orr 5B 22
Westonby Ct. WN4: Ash M 4D 46
Weston Pk. WN6: Stan 6F 13
Weston St. M46: Ath 1G 39
West Pk. Cl. WN8: Skel 3D 18
WEST PIMBO 1B 30
Westrees WN7: Leigh 6C 38
West Side Av. WA11: Hay 3C 54
West St. M46: Ath 4G 39
WN2: Ince M 3G 25
WN6: Wigan 2B 24
West Way M38: L Hult 1G 41
Westwell Gro. WN7: Leigh 5A 38
Westwell St. WN7: Leigh 5A 38
Westwood Av. M28: Walk 2G 41
Westwood La. WN3: Ince M 6D 24
Westwood Pk. Dr.
WN3: Wigan 5C 24
Westwood Rd. WN3: Wigan 5C 24
Westwood Ter. WN3: Ince M ...6E 25
Westwood Way WN3: Wigan ...5C 24
Wetheral Cl. WN2: Hin 2G 37
Wetherby Cl. WA12: Newt W ...4C 56
Wexford Cl. WA11: Hay 2F 55
Wexham Gdns. WN2: Platt B ...2G 35
Weybourne Dr. WN3: Wigan ...2G 33
Weydale Gro. WN2: Hin 1C 36
Weymouth Dr. WN2: Hin 1E 37
Whalley Av. WA3: G'bury 2E 61
WA11: Rainf 5B 30
Whalley Cl. WN3: Wigan 2A 34
Whalley Cotts. BL6: B'rod 1B 16
Whalley Gro. WN7: Leigh 4H 37
WHALLEYS 4H 9
Whalleys Rd. WN8: Skel 4G 9
Wharfdale WN7: Leigh 3C 50
Wharfedale BL5: W'ton 1B 28
Wharf Rd. WA12: Newt W 6G 55
Wharfside
WN3: Wigan 6A 64 (4B 24)
Wharmby Rd. WA11: Hay 3G 55
Wharncliffe St. WN2: Hin 6B 26
Wharton Hall Cl. M29: Tyld 4B 40
Wharton La. M38: L Hult 1D 40
Wheatacre WN8: Skel 3E 19
Wheatlea Ind. Est.
WN3: Wigan 4H 33
Wheatlea Rd. WN3: Wigan 3H 33
Wheatley Av. WA12: Newt W ...4C 56
Wheatsheaf Wlk. WN6: Stan 6F 5
WHELLEY 2E 25
Whelley WN1: Wigan 2E 25
WN2: Wigan 2E 25
Whelmar Ho. WN8: Skel 2A 20
Whewell St. M29: Tyld 4A 40
Whimbrel Av. WA12: Newt W ...6C 56
Whimbrel Rd. M29: Asty 1B 52
Whinchat Av. WA12: Newt W ...5C 56
Whinchat Cl. WA3: Low 2C 58
Whinfield Cl. WN6: Wigan 3A 24
Whistlecroft Ct. WN3: Ince M ...5F 25
Whistley St. WN2: Platt B 2H 35
Whitbeam Gro. WN2: Hin 3C 36
Whitburn WN8: Skel 2D 18
Whitburn Cl. WN4: Garsw 3F 45
Whitby Cl. WA12: Newt W 6A 56
Whiteacre WN6: Stan 5C 4
Whitebeam Wlk. BL5: W'ton ...1B 28
Whitecroft Av. WA3: Low 6C 48
Whitecroft Rd. WN3: Wigan 3A 34
White Cross Cl.
WA12: Newt W 5B 56
Whitefield Av.
WA12: Newt W 6F 57
Whitefield Cl. WA3: Golb 1G 57
Whitegate BL3: Bolt 1E 29
Whitegate Av. WA3: Cul 6B 60
Whitehall Av. WN6: App B 1A 12
Whitehall St. WN3: Ince M 5E 25
Whitehead La. M29: Asty 2C 52
Whitehey WN8: Skel 3E 19
Whitehey Island WN8: Skel 3E 19
Whitehey Rd. WN8: Skel 3E 19
White Horse Gro. BL5: W'ton ...1C 28
White Ho. Cl. WA11: Hay 3D 54
White Lady Cl. M28: Walk 2F 41
Whiteledge Rd. WN8: Skel 4H 19
White Lee Cft. M46: Ath 2D 38
White Lodge Dr.
WN4: Ash M 3D 46
WHITE MOSS 4E 19
Whitemoss Bus. Pk.
WN8: Skel 5E 19
White Moss Rd. WN8: Skel 3D 18
White Moss Rd. Sth.
WN8: Skel 4C 18
Whiteside Av. WA11: St H 4A 54
WN2: Hin 4B 26
WN6: Wigan 2A 24
Whiteside Rd. WA11: Hay 3D 54
Whitestocks WN8: Skel 3E 19
White St. WN5: Wigan 5D 22
WN7: Leigh 3E 51
Whitewood Cl. WN4: Ash M 1A 46
Whitfield Gro. WA11: Hay 3C 54
Whitfield St. WN7: Leigh 3E 51
Whithill Wlk. WN4: Ash M 2A 46
Whitledge Grn. WN4: Ash M ...2A 46
Whitledge Rd. WN4: Ash M 2A 46
WHITLEY 5B 14
Whitley Cres. WN1: Wigan 5B 14
WN2: Abr 6H 35
Whitley Rd.
WN8: Roby M, Uph 6G 11
Whitlow Av. WA3: Golb 6F 47
Whitsbury Av. WN2: Hin 1B 36
Whitstone Dr. WN8: Skel 4B 20
Whitsundale BL5: W'ton 1B 28
Whittle Av. WA11: Hay 4C 54
Whittle Ct. WN3: Winst 3G 33
Whittle's Ter. *BL5: W'ton 2A 28*
(off Church St.)
Whitwell Cl. WN6: Stan 5F 5
Whitworth Way WN6: Wigan ...1G 23
Wichbrook Rd. M28: Walk 2F 41
Wicheaves Cres. M28: Walk 2F 41
Wicheries, The M28: Walk 2F 41
Widdow's St. WN7: Leigh 3D 50
Widdrington Rd.
WN1: Wigan 1D 24
Widford Wlk. BL6: B'rod 1B 16
Wiend, The
WN1: Wigan 4B 64 (3C 24)
Wiend Hall BL5: W'ton 1B 28
WIGAN 4A 64 (3C 24)
WIGAN & LEIGH HOSPICE 6A 26
Wigan Athletic FC 3H 23
Wigan Bus Station 3A 64 (3C 24)
Wigan Crematorium
WN3: Ince M 1D 34
Wigan Ent. Pk. WN2: Ince M ...5F 25
Wigan Gallery
WN1: Wigan 3A 64 (3C 24)
Wigan Golf Course 5D 6
Wigan Investment Cen.
WN3: Wigan 6A 64 (5B 24)
Wigan La. PR7: Cop 1C 6
WN1: Wigan 1B 64 (4B 14)
(not continuous)
Wigan Little Theatre
..............3C 64 (3D 24)
Wigan Lwr. Rd. WN6: Stan 5E 13
Wigan North Western Station
(Rail) 5A 64 (4C 24)
Wigan Pier WN3: Wigan 4A 24
Wigan Rd. BL3: Bolt 1F 29
BL5: W'ton 4E 27
M46: Ath 2B 38
WA3: Golb 5H 47
WN1: Stan 3B 14
WN2: Asp, Wigan 1F 25
WN2: Hin 5A 26
WN4: Ash M 5H 33
WN5: Bil 6B 32
WN6: Shev, Stan 3D 12
WN6: Stan 1H 13
WN7: Leigh 5G 37
WN8: Skel 2F 19
Wigan Roller Rink 5B 24
Wigan Sailing Club 1B 34
Wigan Sq. WN1: Wigan 3A 64
Wigan St. WN2: Platt B 4G 35
Wigan Wallgate Station
(Rail) 4A 64 (3C 24)
Wigan Warriors RLFC 3H 23
Wightman Av.
WA12: Newt W 4C 56
WIGSHAW 6H 59
Wigshaw Cl. WN7: Leigh 6B 50
Wigshaw La. WA3: Cul 6H 59
Wilbraham St. BL5: W'ton 3A 28
WN7: Leigh 2G 49
Wilcock Rd. WA11: Hay 1A 56
Wilcock St. WN3: Wigan 4A 24
Wilcove WN8: Skel 2F 19
Wild Arum Cl. WA3: Low 1C 58
Wildbrook Cl. M38: L Hult 2E 41
Wildbrook Gro. M38: L Hult 2E 41
Wildbrook Rd. M38: L Hult 1E 41
Wilding St. WN3: Ince M 5E 25
Wild's Pas. WN7: Leigh 3B 50
Wilfred St. WN5: Wigan 4H 23
Wilkesley Av. WN6: Stan 1F 13
Wilkinson Pk. Dr.
WN7: Leigh 3E 49
Wilkinson Pk. Gro.
WN7: Leigh 3E 49
Wilkinson St. WN7: Leigh 2A 50
Willard Av. WN5: Bil 2H 31
William Rd. WA11: Hay 4B 54
Williams Av. WA12: Newt W ...4C 56
William St. WN2: Hin 6C 26
WN3: Ince M 5D 24
WN7: Leigh 2C 50
William Way WN7: Leigh 6F 49
Willow Av. M29: Asty 1A 52
WA12: Newt W 5D 56
Willow Bank WA12: Newt W 6F 57
Willowbrook Dr. WN6: Shev 2D 12
Willow Ct. WA12: Newt W 5D 56
WN6: Stan 5G 5
Willow Cres. WN7: Leigh 5A 38
Willowcroft Av. WN2: Asp 6D 16
Willowdale WA12: Newt W 6E 57
Willow Dr. WN2: Hin 2D 36
WN8: Skel 2E 19
Willowfield Gro.
WN4: Ash M 5A 46
Willow Gro. WA3: Golb 6G 47
WN4: Ash M 2E 47
Willow Hey WN8: Skel 2F 19
Willow Lodge WN2: Abr 4H 35
Willow Rd. WA11: Hay 2G 55
WA12: Newt W 5E 57
WN6: Wigan 5H 13
Willows, The *M46: Ath 2F 39*
(off Water St.)
Willow St. M46: Ath 1E 39
WN2: Abr 4H 35
Willow Tree Cl. WN1: Wigan ...5B 14
Willow Wlk. WN8: Skel 5H 9
Wilmot Dr. WA3: Golb 2F 57
Wilsford Cl. WA3: Golb 6H 47
Wilsham Rd. WN5: Orr 6A 22
Wilson Av. WN6: Wigan 1B 24
Wilton Av. WN2: Wigan 1F 25
Wilton La. WA3: Cul 4E 59
Wilton Rd. WN6: Shev 3C 12
Wilton St.
WN1: Wigan 6C 64 (4D 24)
WN4: Ash M 1A 46
Wiltshire Pl. WN5: Wigan 5E 23
Wimberry Hill Rd.
BL5: W'ton 6H 17
Wimborne Rd. WN5: Orr 3C 22
Winchcombe Cl. WN7: Leigh 6A 50
Winchester Av. M29: Asty 6C 40
WN4: Ash M 4A 46
Winchester Cl. WN5: Orr 4B 22
Winchester Gro.
WN3: Ince M 5D 24
Winchester Rd. WA11: Hay 6G 45
WN5: Bil 3H 31
Windale M28: Walk 2H 41
Windermere Av. M46: Ath 6F 29
WA11: St H 6F 43
Windermere Ct. *WN7: Leigh ...2A 50*
(off Windermere Rd.)
Windermere Gro.
WN7: Leigh 1A 50
Windermere Rd. WA11: Hay ...3D 54
WN2: Abr 5H 35
WN2: Hin 6C 26
WN2: Ince M 4G 25
WN5: Orr 3B 22
WN7: Leigh 2A 50
Windermere St. WN1: Wigan ...2E 25
Windgate WN8: Skel 3F 19
Windle Gdns. WN5: Wigan 6D 22
Windlehurst Dr. M28: Worsl 6H 41
Windleshaw St. WN3: Ince M ...5E 25
Windmill Cl.
WN1: Wigan 3D 64 (3D 24)
Windmill Gdns. WA9: St H 5A 54
Windmill Hgts. WN8: Uph 3E 21
Windmill La. M29: Asty 3H 51
Windmill Ri. M28: Worsl 1G 53
Windmill Rd. M28: Walk 1H 41
WN8: Uph 4D 20
WINDMILL RDBT. 4D 20
Windover Cl. BL5: O Hul 4H 29
Windrows WN8: Skel 2F 19
Windrush Dr. BL5: W'ton 2B 28
Windsor Av. M29: Asty 1A 52
M38: L Hult 1H 41
M44: Irlam 6H 63
PR7: Adl 1F 7
WA12: Newt W 6D 56
Windsor Cl. M29: Asty 1A 52
Windsor Cres. WN2: Asp 4B 16
Windsor Dr. WA11: Hay 2A 56
Windsor Gro. WN2: Hin 2F 37
Windsor Rd. WA3: Golb 1A 58
WN4: Ash M 5B 46
WN5: Bil 2A 44
WN7: Leigh 1G 51
WN8: Uph 3E 21
Windsor St. M46: Ath 3G 39
WN1: Wigan 2D 64 (2D 24)
WINDY ARBOUR 5C 32
Windy Bank Av. WA3: Low 1C 58
Windyhill Dr. BL3: Bolt 1H 29
Wingate Rd. M38: L Hult 1H 41
WINGATES 6H 17
Wingates Gro. BL5: W'ton 6H 17
Wingates Ind. Est.
BL5: W'ton 1G 27
Wingates Ind. Pk.
BL5: W'ton 6H 17
Wingates La. BL5: W'ton 4H 17
Wingates Rd. WN1: Wigan 4C 14
Wingfield Cl. WN6: Wigan 5A 14
Winifred Kettle Ho.
BL5: W'ton 4B 28
Winifred St. WN3: Ince M 5E 25
Winmarleigh Gdns.
WN7: Leigh 4A 50
Winnard St. WA3: Golb 5H 47
Winscar Rd. WN2: Hin 5B 26
Winsford Cl. WA11: Hay 2H 55
Winslow Rd. BL3: Bolt 1E 29
Winsmoor Dr. WN2: Hin 1C 36
WINSTANLEY 2F 33
Winstanley Pl. WN3: Ince M ...6E 25
Winstanley Rd. WN2: Bam 5F 35
WN4: Ash M 1D 44
WN5: Bil 1A 32
WN8: Skel 3F 19
Winstanley Shop. Cen.
WN3: Winst 3F 33
Winstanley St. WN5: Wigan ...5H 23
Winstanley Tennis Club 1B 32
Winster Ho. *WN5: Wigan 4E 23*
(off Helvellyn Rd.)
Winsters, The WN8: Skel 2F 19
Winston Av. WA12: Newt W 6C 56
Wintergreen Cl. WN7: Leigh ...3H 49
Winter Gro. WA9: St H 6D 54
Winterton Cl. BL5: W'ton 2C 28
Winton Av. WN5: Wigan 6F 23
Winton Rd. WA3: Low 3C 58
Winward St. BL5: W'ton 2A 28
WN7: Leigh 2F 49
Winwick La. WA3: Croft, Low ...6B 58
Wirral Cl. WA3: Cul 6A 60
Wirral Dr. WN3: Winst 3E 33
Witham Cl. WN6: Stan 6F 5
Witham Rd. WN8: Skel 2D 18
Withington Av. WA3: Cul 5C 60
Withington Cl. M46: Ath 1D 38
Withington Dr. M29: Asty 6C 40
Withington Grange
WN2: Asp 1H 25
Withington La. WN2: Asp 6G 15
Withinlea Cl. BL5: W'ton 1C 20
WN2: Hin 2G 37
Withins Rd. WA3: Cul 6B 60
WA11: Hay 1G 55
Withnell Cl. WN6: Wigan 1A 24
Witton Way WA11: Rainf 4B 30
Woburn Av. WA12: Newt W 6D 56
WN7: Leigh 4H 37
Woburn Cl. WA11: Hay 2H 55
Wolford Dr. M29: Tyld 4C 40
Wolfson Sq. WN4: Ash M 3H 45

A-Z Wigan 91

Wolmer St.—Zara Ct.

Wolmer St. WN4: Ash M 3A 46
Wolsey Cl. WN4: Ash M 2A 46
Wolverton WN8: Skel 3F 19
Woodbine Ter. M44: Irlam 6G 63
Woodbrook Dr.
   WN3: Wigan 1F 33
Woodburn Row M29: Asty 4C 52
Woodchurch WN1: Wigan 2F 25
Woodcock Dr. WN2: Platt B 3H 35
Woodcock Ho.
   WN1: Wigan 4C 64 (3D 24)
Woodcock Sq. WN1: Wigan 3A 64
Wood Cott. Cl. M28: Walk 2F 41
Woodcourt WN3: Wigan 5B 24
Woodcroft WN6: Shev 3A 12
   WN8: Skel 3F 19
Wood Dagger Cl. WN2: Hin 6D 26
Woodedge WN4: Ash M 4H 45
Wood End WN7: Leigh 1D 50
Woodfield Cres.
   WN4: Ash M 5A 46
Woodfield Dr. M28: Worsl 1H 53
Woodfield St. WN2: Asp 6G 15
Woodford Av. WA3: Low 2B 58
Woodford Ct. WN2: Hin 5C 26
                (off Woodford St.)
Woodford St. WN1: Hin 5C 26
   WN5: Wigan 5D 22
Woodgarth WN7:-Leigh 2G 49
Woodgreen Cl. WN2: Hin 1B 36
Wood Grn. Gdns.
   WN5: Wigan 2D 22
Woodhead Gro. WN3: Wigan . . .3B 34
Woodhouse Dr. WN6: Wigan . . .6G 13
Woodhouse La. WN6: Wigan . . .1G 23
                (not continuous)
Woodhouse St. M46: Ath 3F 39
Woodhurst Dr. WN6: Stan 6F 5
Woodland Av. WA12: Newt W . .6F 57
Woodland Dr. WN4: Ash M 2B 46
   WN6: Stan 5G 5
Woodland Gro. WN1: Wigan . . .1D 24
Woodlands, The
   WN1: Wigan 6D 14
Woodlands Av. M44: Irlam 6G 63
   WN3: Ince M 5F 25
   WN7: Leigh 4B 50
Woodlands Dr. M46: Ath 6G 29
   WN6: Shev 5B 12
WOODLANDS HOSPITAL 1F 41

Woodlands Pk.
   WA12: Newt W 3C 56
Woodlands Pk. Cl.
   WN1: Wigan 4C 14
Woodlands Rd. M29: Asty 6B 40
Woodlands Rd. WN7: Leigh 2H 49
Woodley Gro. WN6: App B 1A 12
Woodley Pk. Cen. 5H 9
Woodley Pk. Rd. WN8: Skel 5H 9
Woodnook Rd. WN6: App B 1A 12
Woodrow WN8: Skel 3E 19
Woodrush Rd. WN6: Stan 6F 13
Woodside Av. WN4: Ash M 5A 34
Woodside Cl. WN8: Uph 3G 21
Woodside Rd. WA11: Hay 2G 55
Woodside Vw. M46: Ath 6G 29
Woods La. M46: Ash M 2C 46
Wood Sorrel Way WA3: Low . . .1C 58
Wood St. WN2: Asp 5A 16
Wood's St.
   WN3: Wigan 6A 64 (4C 24)
Woodstock Cl. WN7: Leigh 6A 50
Wood St. BL5: W'ton 3A 28
   M29: Tyld 5B 40
   M46: Ath 1D 38
   WA3: Golb 1H 57
   WN2: Hin 2F 37
   WN3: Wigan 6B 64 (4C 24)
   WN5: Wigan 4H 23
Woodvale Av. M46: Ath 2D 38
   WN2: Asp 6D 16
Woodvale Dr. WA3: Low 6C 48
Woodview WN6: Shev 3D 12
Wood Vw. Cl. WN3: Winst 4F 33
Woodville Rd. WN3: Ince M 1F 35
Woodwards Rd. BL5: W'ton 5B 28
Woodyates St. WN5: Wigan 5H 23
Woolden St. WN5: Wigan 5H 23
Wooler Gro. WN2: Hin 3B 36
Woolston Dr. M29: Tyld 5C 40
Woolton Cl. WN4: Ash M 2H 45
Worcester Av. WA3: Golb 1H 57
Wordsworth Av. M46: Ath 6G 29
   WN1: Wigan 6C 14
   WN5: Bil 4H 31
   WN5: Orr 5B 22
   WN7: Leigh 6H 37
Worsley Av. WN28: Walk 2G 41
Worsley Bus. Pk. M28: Worsl . .5F 41
Worsley Cl. WN5: Wigan 6E 23

Worsley Grn. WN5: Wigan 6D 22
Worsley Gro. M28: Walk 3G 41
WORSLEY HALL 4H 23
WORSLEY MESNES 1H 33
Worsley Mesnes Dr.
   WN3: Wigan 6H 23
Worsley Pk. Golf Course 6H 41
Worsley St. WA3: Golb 1G 57
   WA11: Hay 3B 54
   WN5: Wigan 6D 22
Worsley Ter.
   WN1: Wigan 2B 64 (2C 24)
Worsley Trad. Est.
   M38: L Hult 1E 41
Worsley Vw. M29: Asty 2C 52
Worthing Gro. M46: Ath 2D 38
Worthington Fold M46: Ath 2D 38
Worthington Lakes Country Pk.
   . . . . .5C 6
Worthington Lakes Vis. Cen. . . .6C 6
Worthington St. WN2: Hin 5B 26
Worthington Way
   WN3: Wigan 3G 33
Wotton Dr. WN4: Ash M 4D 46
Wraxall Cres. WN7: Leigh 6H 37
Wray St. WN1: Ince M 3E 25
Wrenbury Cl. WN5: Wigan 6D 22
Wren Cl. WN5: Orr 2D 22
Wren Dr. M44: Irlam 5G 63
WRIGHTINGTON HOSPITAL . . .5A 4
Wrightington St.
   WN1: Wigan 2A 64 (2C 24)
Wright St. WN1: Wigan 2E 25
   WN2: Abr 6H 35
   WN2: Platt B 2G 35
   WN4: Ash M 1H 45
Wrigley Rd. WA11: Hay 3G 55
Wrington Cl. WN7: Leigh 5H 37
Wyatt Gro. WN4: Ash M 4D 46
Wycliffe Rd. WA11: Hay 2G 55
Wycombe Dr. M29: Asty 6B 40
Wyedale Rd. WA11: Hay 2E 55
Wykeham Cl. WN3: Ince M 5F 25
Wynard Av.
   WN1: Wigan 1D 64 (2D 24)
Wynne St. M29: Tyld 4H 39
   M38: L Hult 1G 41
Wynton Cl. WN7: Leigh 5A 50
Wyre Av. WN2: Platt B 3G 35
Wyredale Cl. WN2: Platt B 3F 35
Wyre Dr. M28: Worsl 6H 41

Wyrevale Gro. WN4: Ash M 4C 46
Wythburn Cres. WA11: St H 6F 43

X

XL Business Pk. WN8: Skel 6C 8

Y

Yarn Cft. M29: Asty 5B 40
Yarrow St. WN2: Hin 1A 36
Yates Dr. M28: Walk 2G 41
Yates Gro. WN6: Wigan 5H 13
Yates St. WN3: Wigan 4A 24
   WN7: Leigh 6A 38
Yealand Gro. WN2: Hin 6E 27
Yellow Brook Cl. WN2: Asp 3A 16
Yellow Lodge Dr. BL5: W'ton . . .2D 28
Yewbarrow Cl. M29: Asty 6B 40
Yewdale WN6: Shev 3D 12
   WN8: Skel 2G 19
Yewdale Av. WA11: St H 6F 43
Yewdale Cres. WN1: Wigan . . .6B 14
Yewdale Rd. WN4: Ash M 6A 34
Yew Gro. WN6: Wigan 6H 13
Yew Tree Av. M46: Ath 1E 39
   WA12: Newt W 5A 56
Yew Tree Trad. Est.
   WA11: Hay 1H 55
Yew Tree Way WA3: Golb 2H 57
York Av. M29: Tyld 3H 39
   WA3: Cul 6B 60
York Chambers
   WN1: Wigan 4A 64
York Rd. WN2: Hin 6D 26
   WN4: Ash M 4B 46
York Rd. Sth. WN4: Ash M 5C 46
York St. M46: Ath 2F 39
   WA3: Golb 6G 47
   WN3: Wigan 3B 24
   WN7: Leigh 3F 51
Youd St. WN7: Leigh 2B 50
Young St. WN7: Leigh 3G 51
Yvonne Cl. WN4: Ash M 2D 46

Z

Zara Ct. WA11: Hay 2E 55